习近平新时代中国特色社会主义思想的河南实践
系列丛书

THE HENAN PRACTICE OF INTEGRATING DEEPLY INTO "THE BELT AND ROAD" COOPERATION

深度融入“一带一路”建设的河南实践

郜永军　马子占　唐晓旺 ◎ 主编

社会科学文献出版社
SOCIAL SCIENCES ACADEMIC PRESS (CHINA)

“习近平新时代中国特色社会主义思想的河南实践”系列丛书（第三辑）
编委会

前　言

习近平总书记和党中央对河南工作高度重视和寄予厚望。党的十八大以来，习近平总书记先后五次亲临河南视察，作出了一系列重要讲话和重要指示，为河南发展指方向、定目标、明方略、绘蓝图。全省上下深入学习贯彻习近平新时代中国特色社会主义思想和习近平总书记对河南工作的重要讲话、重要指示批示精神，砥砺奋进、实干笃行，全面推动习近平总书记重要讲话、重要指示批示和党中央各项决策部署在河南落地落实、见行见效，中国式现代化建设河南实践稳步推进，为全面建设社会主义现代化国家贡献河南力量。

“习近平新时代中国特色社会主义思想的河南实践”系列丛书由河南省社会科学院研创。该系列丛书充分展示了河南贯彻落实习近平新时代中国特色社会主义思想的具体举措和成功经验，既是推动习近平新时代中国特色社会主义思想主题教育走深走实的重要步骤，又是以习近平文化思想为指引落实 2023 年河南兴文化工程文化研究计划的重要抓手，同时也是为锚定确保高质量建设现代化河南、确保高水平实现现代化河南“两个确保”奋斗目标，实施“十大战略”凝聚强大精神力量的重要参考。

“习近平新时代中国特色社会主义思想的河南实践”系列丛书（第三辑）包括《传承弘扬红旗渠精神的河南实践》《制造业高质量发展的河南实践》《农业强省建设的河南实践》《加强和创新社会治理的河南实践》《深度融入“一带一路”建设的河南实践》《中华文明探源的河南实践》6 部。该系列丛书围绕习近平总书记关于河南工作的重要讲话、重要指示批示精神，深刻领会习近平新时代中国特色社会主义思想的精髓要义和丰富内涵，旨在系统梳理和展示习近平新时代中国特色社会主义思想在河南的生动实践，不断总结新经验、探索新路径，奋力推进中国式现代化建设河南实践，向着“两个确保”目标勇毅前行，交出争先出彩的过硬答卷。

目　录

第一章 “一带一路”倡议的时代背景和重大意义

当前，世界多极化、经济全球化、区域一体化快速发展，对各国的影响日益深刻，全球治理体系正在进行深刻变革，国际格局及国际秩序调整持续加快。新兴市场国家和发展中国家群体性崛起，国际力量对比朝着更加均衡的方向发展，各国相互联系和依存日益加深。同时，世界面临的不稳定性、不确定性突出，世界经济增长乏力，地缘冲突、“逆全球化”等现象时有发生，面临的全球性挑战日趋严重。面对如此形势，习近平主席发出了“世界怎么了，我们怎么办?”的“时代之问”“世界之问”。2013 年，习近平主席提出共建“一带一路”倡议，用以回答并解决该问题，力求推动各国人民“求和平、谋发展、促合作、图共赢”的愿望和信念达成，为世界的稳定繁荣不断贡献中国智慧、中国方案和中国力量。

第一节 “一带一路”倡议的国际背景

新兴市场国家和发展中国家快速发展，与世界的政治经济联系日益加强，推动了百年未有之大变局的形成，世界多极化、经济全球化、区域经济一体化加速发展，呈现出新的阶段性特征，也给中国的发展带来了前所未有的机遇与挑战。中国融入、推动经济全球化、区域经济一体化的步伐持续加快，始终高举“和平、发展、合作、共赢”的旗帜，在和平共处五项原则基础上拓展同各国的友好合作，积极推动构建新型国际关系。

一 世界正在经历百年未有之大变局

2017 年 12 月 28 日，习近平主席在接见驻外使节的讲话中指出：“放眼世界，我们面对的是百年未有之大变局。新世纪以来一大批新兴市场国家和发展中国家快速发展，世界多极化、经济全球化势不可挡、加速发展，国际格局日趋均衡，国际潮流大势不可逆转。”这是中央首次明确提出“百年未有之大变局”。在 2018 年 6 月 22～23 日召开的中央外事工作会议上，习近平主席进一步指出：“当前，我国处于近代以来最好的发展时期，世界处于百年未有之大变局，两者同步交织、相互激荡。”党的十九届五中全会深刻分析了我国发展环境面临的深刻复杂变化，指出：“当前和今后一个时期，我国发展仍然处于重要战略机遇期，但机遇和挑战都有新的发展变化。当今世界正经历百年未有之大变局，新一轮科技革命和产业变革深入发展，国际力量对比深刻调整。”习近平主席提出的百年未有之大变局主要是从世界格局变化的角度分析得出，也和中国的国际地位变化有关，指的是以中国为代表的新兴经济体崛起引起的世界格局之变。

（一）世界政治经济格局正在发生深刻变化

18 世纪中期以来，西方国家通过工业革命，积累了雄厚的经济实力和军事力量，构建了由其主导的世界政治经济格局和国际秩序。第一次世界大战后，世界政治格局交替更迭向前演进，世界政治格局包含中心体系和全球体系两方面，中心体系的发展方向影响着全球体系的调整，两者的结构变化以及互动关系决定着世界格局的演进方向。中心体系经历了华盛顿—凡尔赛体系（1918～1945 年）、雅尔塔体系（1945～1991 年）、一超多强体系（1991 年至今）三次更迭。在冷战结束、雅尔塔体系瓦解之后，全球体系的国家都面临着发展的重大机遇，中心体系成员持续变化，目前，随着中国、俄罗斯、印度等国影响力的扩大，中心体系的地理位置和范围逐渐扩大，“一超多强”的格局更加明确，逐渐达成相对稳定的多极权力均衡。经济全球化也使得中心体系和全球体系之间的关系更加密切，全球体系成员越来越多地参与到世界格局的秩序演进和规则制定中来。

百年未有之大变局出现的基础条件是世界经济格局的日益变化，在 1900 年八国联军侵略中国时，英国、美国、法国、德国、意大利、俄国、日本、奥匈帝国这 8 个国家的 GDP 按购买力平价计算加起来占全世界的 50.4%。在 1900～2000 年的 100 年间所占的比重只下降了 3.4 个百分点，表明 20 世纪的国际政治经济仍由这些老牌资本主义国家主导。但是在 2021 年，按照名义 GDP 计算，8 国 GDP 占全世界的 41.65%，按购买力平价计算，已经下降到 33.56%。[①] 在上述政治经济格局的变化中，中国用几十年时间走过了发达国家几百年完成的工业化历程，实现了快速工业化进程，中国式现代化建设取得新的历史性成就，跃升为世界第二大经济体，经济实力、科技实力、综合国力、国际影响力持续增强，以中国为代表的一批发展中国家快速崛起，使国际力量从“西强东弱”历史性地转变为“东升西降”，发展中国家的国际地位和全球政治体系及经济格局正在悄然发生变化。

（二）“百年未有之大变局”中国的机遇与挑战

“百年未有之大变局”给中国经济持续发展、推进中华民族伟大复兴历史进程带来了重大机遇。一是“经过新中国成立以来特别是改革开放 40 多年的不懈奋斗，我们已经拥有开启新征程、实现新的更高目标的雄厚物质基础”。自 1978 年中国实施改革开放以来，中国综合国力快速提升，国际地位显著提高，是形成“百年未有之大变局”的重要推动力量，也标志着中国在世界政治经济体系中的话语权不断增强，有足够的实力去影响甚至塑造世界格局。今天的中国不再是被动地接受外部环境的变化，而是可以依靠自身的实力、国际地位和影响力去主动塑造外部环境，创造新的发展机会，争取更多的国际交流与合作，推进和平发展、互利共赢。二是国际力量对比格局“东升西降”的发展趋势，为中国崛起提供了更为广阔的发展空间和战略机遇。公正合理的国际秩序和组织规则，和平、稳定的国际环境对于任何一个国家来说都是极为重要的，在中国等新兴国家崛起的过程中，不可避免地会动摇西方资本主义国家对世界政治经济体系的控制，尤其是对美国等西方国家霸权主义产生了极大程度的制约。2008 年世界金融危机爆发以来，西方国家经济受到严重冲击，金融危机、债务危机使其自顾不暇，经济急剧下滑，大规模抗议游行等事件屡屡发生，社会矛盾持续激化，社会不稳定因素日渐增多。而中国在国际事务中的话语权进一步增强，为实现中华民族的伟大复兴和中国式现代化提供了更为广阔的战略空间。三是第四次科技革命为中国实现弯道超车带来了重大机遇。“当今世界正经历百年未有之大变局，科技创新是其中一个关键变量。我们要于危

---

① 奥匈帝国解体后，主要分裂为四个国家：奥地利、匈牙利、捷克、斯洛伐克，故此处按照四国数据总和计算。

机中育先机、于变局中开新局，必须向科技创新要答案。”近代以来发生的三次科技革命宏大深刻地改变了世界、国家和社会，每一次都会对国际分工、产业布局和各国经济发展带来根本性调整，在此基础上构建的国际政治经济秩序也重新洗牌，一个国家或民族想要快速提升自身经济实力和综合国力，就必须率先掌握最新核心科学技术并运营取得显著成效，如此才能在世界政治经济体系中获取话语权和主动权。方兴未艾的第四次科技革命也将为重塑世界经济、政治格局创造极为重要的先导条件。中国只要采取行之有效的经济、科技战略，大力推进科技创新，乘着第四次科技革命的东风大势，完全有可能实现弯道超车，在某些关键核心领域率先取得革命性创新和重大突破，带动大量新产业、新模式的涌现。这将为中国产业结构优化升级、经济高质量发展提供重要动力，有助于大幅提升中国在世界经济、政治中的影响力与话语权。

“百年未有之大变局”也给中国的发展带来了一些挑战。一是发展不平衡不充分问题依然是各国面临的共同挑战。一方面，新兴市场国家和发展中国家同发达国家的南北差距仍很明显；另一方面，在各国内部，也都不同程度地存在发展差距。许多发展中国家在参与全球经济贸易时成为被剥夺者，导致各国的收益更加不均衡，部分国家之间发展严重失衡，贫富差距存在固化风险，产业空心化、失业率上升，政治经济危机四伏，这些问题成为“逆全球化”现象的导火索。在这样的背景下，许多国家极端民族主义不断扩展，民粹主义、保护主义、虚无主义等愈加活跃，对全球化浪潮持续推进产生了一定的冲击，严重影响着世界政治经济格局。中国致力于推动经济全球化、区域经济一体化发展必然将面临更加严峻的挑战。二是当今世界正在经历百年未有之大变局带来的挑战。英国脱欧、美国“退群”、俄乌冲突等“黑天鹅”“灰犀牛”事件频发，霸权主义依然活跃，西方国家为了确保其霸权地位及攫取更多利益，利用其强大的军事、经济实力侵略、压榨积贫积弱的国家，企图把控世界政治经济规则、主宰世界秩序，致使国际争端事件频发。同时西方国家忌惮中国崛起，开始对中国经济、技术进行全面围堵，中兴、华为事件是较为典型的案例，试图限制中国产业结构、经济结构优化升级，使中国陷入“代工—微利化—自主创新能力缺失”的低水平循环，严重威胁中国的供应链、产业链安全，阻碍中国创新能力、对外贸易的发展，严重影响中国对外合作的正常、稳定、有序开展，严重威胁中国的安全和发展环境。

二 经济全球化在曲折中继续前行

（一）经济全球化遭遇逆流

从 20 世纪 70 年代开始正式使用经济全球化概念算起，50 多年来，经济全球化快速发展，在全世界范围内产生了力度、深度空前的影响，几乎没有哪个国家能脱离经济全球化而独自前行。但是随着经济全球化的持续推进，尤其是 2008 年全球金融危机爆发以来，西方国家内部积聚的矛盾开始凸显并不断激化，经济开始显现颓势，西方国家开始采取措施以维持其国内经济并确保其国际地位，许多措施偏离了经济全球化的发展方向，导致“逆全球化”现象的出现。具体表现为新贸易保护主义，也即 20 世纪 80 年代兴起的以绿色壁垒、技术壁垒、反倾销和知识产权保护等非关税壁垒措施为主的贸易保护主义，随着贸易保护主义的不断升级，自由贸易理念逐渐被边缘化，严重阻碍了全球多边贸易体系的发展。当前，世界范围内逆全球化思潮涌动，经济全球化正面临发展失衡、规则滞后、公平赤字等多重困境。

（二）经济全球化阶段性扩张收缩，呈螺旋式上升态势

经济全球化是人类社会经济发展的潮流趋势，这已经被诸多经济理论和历史实践所证实。经济全球化既是世界经济发展的客观规律，也是全球经济发展的最终归宿，虽然目前经济全球化遭遇逆流，发展过程中出现一些波折，但是经济全球化的大势不会改变，从历史经验及各国价值关系来看，经济全球化必然会呈现曲折中前进、螺旋式上升的发展状态，阶段性的扩张和收缩不会改变全球化的方向，这是矛盾的积累及逐步消解转化的持续过程。在经济全球化的浪潮之下，没有任何一个经济体能够仅依靠自身实现经济的可持续发展，目前世界各个经济体都因经济全球化而相互联系、相互嵌入、不可分割。

三 区域经济一体化深入推进

（一）全球区域经济一体化发展形势

当前，受俄乌冲突不确定性加剧以及中美之间在经贸、科技的竞争等

方面影响，世界经济格局及区域经济态势发生了重大变革。大国博弈下地缘政治深刻影响地缘经济，经贸问题泛政治化，世界进入新的动荡变革期，世界经济正由多极化向欧美跨大西洋联盟和欧亚大陆联盟两个平行的体系演变，区域经济一体化对重塑全球经济贸易规则产生愈加显著的影响，正在呈现巨型化、跨区域化、深度一体化等新特征。

大国博弈深刻影响区域经济格局演变。近年来由于中国综合国力的上升和在世界范围内影响力的提高，美国为了维护自身竞争优势，保持其在世界政治经济格局中的领导者、主宰者地位，不断挑起针对中国的贸易摩擦，实行经济、科技等多方的封锁，处处限制打压中国的发展。启动“印太经济框架（IPEF）”抗衡中国的“一带一路”倡议，力图增强美国在太平洋经济带的影响力，抢夺未来经贸规则制定的主导权。西方国家意在保持新形势下的经贸规则、技术和供应链标准的制定权，以维护其在世界经济中的竞争力。意识形态成为影响区域经济一体化的重要因素。

俄乌冲突的持续进一步加剧了全球经济下行的风险，阻碍了世界多边贸易体系的发展。俄罗斯是能源、粮食和化肥的主要出口国，对世界能源供应有着举足轻重的影响，俄乌冲突以来，美国联合北约等国家对俄罗斯实施全面无差别的制裁，严重阻碍了俄罗斯的进出口贸易，导致世界能源、粮食等基础物资价格上涨，这也给能源依存度较高的国家带来了极大的挑战，全球供应链格局加速重构，同时美国威胁取消俄罗斯的贸易最惠国待遇，欲将俄罗斯驱逐出 WTO，并拉拢政治盟友对俄罗斯进行制裁并妄图遏制中国发展，致使矛盾从地缘政治层面延伸到地缘经济层面，加速了东西对立的态势形成。

随着国际分工、通信技术、国际物流运输能力的持续提升，供应链、价值链合作范围延伸，区域经济一体化越来越呈现出巨型化、跨区域化的现象。2012 年东盟发起的《区域全面经济伙伴关系协定》（RCEP）目前包含中、日、韩、澳、新及东盟十国共 15 个国家，已完成核准全面生效，RCEP 是亚太地区规模最大、最重要的自由贸易协定，覆盖世界近一半人口和近 1/3 的贸易量。2013 年习近平主席提出建设“一带一路”的合作倡议后，截至 2023 年 1 月 6 日，中国已经同涵盖亚欧非、大洋洲、南美洲和北美洲等地区的 151 个国家和 32 个国际组织签署 200 余份共建“一带一路”合作文件。2021 年美国与欧盟启动的 TTC，涉及全球四成的经济产出和一半的贸易量。这些区域一体化的协定或组织合作跨越大洋、连接全球，超越了原有地理位置的限制，正在覆盖全球主要经贸参与者。随着经贸联系的加深，当前的区域贸易协定也强调了建立货物、服务、资本、人员的自由流动的四项“经济一体化”权利，相比以前，涵盖了更多的政策领域，在服务、投资贸易、资本流动等范畴增加了较多广范围、深层次的承诺；目前有效的300多项区域贸易协定中，超过50%的涉及竞争、补贴和监管标准等政策领域，无论是在密集边际（政策领域内的具体承诺）还是在广泛边际（涵盖的政策领域数量）上，都呈现出明显的深度一体化趋势。

（二）中国在区域经济一体化发展中的作用愈发重要

新中国成立70多年来，积极加强周边交往，开展对外经贸合作，参与WTO、二十国集团、APEC、中亚区域经济合作、RCEP等区域合作机制，提出“一带一路”倡议，积极贡献中国智慧，为推动各方实现共同繁荣发展贡献中国力量。

近年来，中国—东盟经贸合作持续加深加密，合作前景更为明朗，成为推动多边贸易合作、切实推进区域经济一体化的国际典范。2010年，中国—东盟自贸区全面建成。2015年11月，中国与东盟自贸区升级版协议正式签署。2020年，中国与日本、韩国、澳大利亚、新西兰、东盟十国共同签署区域全面经济伙伴关系协定（RCEP），有助于构建开放型世界经济、支持多边贸易体制建设。此外，在中国的积极倡导下，2001年6月，上海合作组织成立，截至目前，上合组织已经拥有9个成员国、3个观察员国和9个对话伙伴国，其成员国人口占世界的近一半，国内生产总值占全球的20%以上，拥有巨大的市场潜力，上海合作组织对于维护地区和平与稳定，深化地区经贸及人文合作，推进区域经济一体化发挥了巨大作用。

亚太地区成为全球经济增长引擎，拥有世界人口的近三成，占世界经济总量的逾六成、贸易总量的近五成，是世界经济活力最强的区域之一，APEC成员在世界经济中的重要性持续提升。中国是APEC的重要成员，自加入该组织以来，中国一直积极参与区域经济合作，在APEC中发挥重要作用，为区域经济作出了建设性贡献。习近平主席指出，中国经济同亚太经济相互依存、深度融合，中国已经成为许多亚太经济体的主要贸易伙伴和地区产业链供应链的重要节点。中国将坚定不移推动构建亚太命运共同体，为亚太稳定繁荣作出更多贡献。

2013 年秋，习近平主席西行哈萨克斯坦、南下印度尼西亚，先后提出建设“丝绸之路经济带”和“21 世纪海上丝绸之路”重大倡议。十年来，“一带一路”建设的参与国不断增加，影响力逐步提升，已成为全球最大的跨大陆巨型国际区域合作与发展平台；共建“一带一路”倡议及其核心理念已被写入联合国、二十国集团、亚太经合组织以及其他区域组织等有关文件中，联合国呼吁国际社会通过“一带一路”建设加强区域经济合作。自倡议提出以来，“一带一路”建设已经从理念转化为行动，持续走深走实，为共建国家人民带来了福祉，朝着高质量发展的方向转变。共建“一带一路”为合作伙伴进行投资贸易，开展人文交流合作提供了开放包容、互利共赢的国际平台，“一带一路”重大合作理念为推动国内、国际实现创新、协调、绿色、开放、共享发展提供了先进的合作平台和合作机制，正在为全球和平稳定的国际环境搭建及平等友好的开放合作作出积极贡献。

（三）中国坚定不移融入、推动区域经济一体化发展

改革开放后，中国与国际上的联系越来越密切，对外开放水平持续提高，接下来，中国开放的大门只会越开越大，中国与世界合作共赢的机遇只会越来越多。中国坚持实施更大范围、更宽领域、更深层次对外开放，依托我国超大规模市场优势，促进国际合作，实现互利共赢，推动共建“一带一路”行稳致远，推动构建人类命运共同体。

作为世界上经济体量第二大国，中国不仅拥有丰富的自然资源、人力资源及广阔的市场空间，更具有强劲的发展韧性和长期向好的经济预期，经济的稳定性和开放性使得中国能够为区域经济一体化持续推进源源不断地注入强大动力，发挥重要的引擎作用。习近平主席指出：“我们将更加注重对外开放，加快推进高标准自由贸易区网络建设，与各方一道尽早完成区域全面经济伙伴关系谈判。中国利用外资的政策不会变，对外商投资企业合法权益的保护不会变，为各国企业在华投资兴业提供更好服务的方向不会变，中国开放的大门永远不会关上。”

未来一个时期，一方面，中国将持续深化改革开放，推进实施创新驱动发展战略，加快高标准国际经贸规则及区域合作机制在国内落地实施，开展更大范围、更高水平、更深层次的区域合作。作为 WTO、RCEP 重要成

员国，“一带一路”倡议的发起者，上合组织的首批成员国，中国将全面并充分履行相关义务，开展与周边国家的友好合作与平等交流，促进相关贸易协定和合作机制释放红利，惠及各国人民。另一方面，中国将持续加快构建以国内大循环为主体、国内国际双循环相互促进的新发展格局，依托国内超大市场规模和产业链优势，深入挖掘内需潜力，加强国内经济稳定性，提升市场吸引力。构建“双循环”格局，持续扩大产品进出口规模，优化产品进出口结构，使更多外国企业顺利进入中国市场，力促中国企业及资本更好地在区域经济中发挥影响力，带动周边国家经济发展，保持中国对区域经济增长较高的贡献率，坚定不移推动区域经济深度一体化发展。

四 求和平、谋发展、促合作、图共赢

（一）和平、发展、合作、共赢的时代潮流不可阻挡

“世界潮流，浩浩荡荡，顺之者昌，逆之者亡”，求和平、谋发展仍然是时代的主题，随着经济全球化和区域经济一体化的深入发展，促合作、图共赢成为各国人民的普遍愿望。和平、发展、合作、共赢的历史潮流不可阻挡，人心所向、大势所趋决定了人类前途终归光明。

纵观历史长河，没有任何一个国家或经济体能够在动乱的条件下“独善其身”，人类社会发展史，就是一部不断挑战和战胜各种困难的历史。今天，随着经济全球化的持续推进，各国的来往日益密切，人类已进入互联互通的新时代，人类命运共同体意识持续加深，各国利益休戚相关。当前，在百年未有之大变局背景下，世界各国面临着霸权主义、强权主义、单边主义、保护主义、民粹主义等多重挑战，但是和平与发展仍是时代的主题。面对各种全球性威胁和挑战，国际社会更需要团结合作，更需要维护多边主义，更需要坚持国际公正和道义。在联系愈发紧密的当今世界，各国人民已经构成了“命运共同体”，必须跳出小圈子和零和博弈思维，树立合作共赢理念，才能实现更好的发展。

历史和现实充分表明，大小国家相互尊重、平等相待是时代进步的要求，任何国家无权主宰别国命运、独占发展机会，每一个国家或民族的发展权都应当得到保障，搞霸权、霸凌，搞零和游戏无法独善其身，亦无益于应对人类共同面临的挑战。只有以对话取代冲突，以协商取代胁迫，以

共赢取代零和，合力增加各国共同利益的汇合点，秉持人类命运共同体理念，坚守和平发展、合作共赢的人间正道，始终站在历史正确的一边，共同努力解决当今时代面对的全球性难题，才能共享世界和平发展创造的利益，建成持久和平、共同繁荣的和谐世界。

（二）中国始终高举和平、发展、合作、共赢旗帜，积极推动构建新型国际关系

习近平主席指出，中华民族历来爱好和平，和平、和睦、和谐的追求深深植根于中华民族的精神世界。中国自古就倡导“强不执弱，富不侮贫”，深刻总结了“国虽大，好战必亡”的箴言。以和为贵、和而不同、化干戈为玉帛、天下大同等理念在中国世代相传。古代中国曾经长期是世界强国，但中国对外传播的是和平理念，输出的是丝绸、茶叶、瓷器等丰富物产。

中华民族是爱好和平的民族，中国人民是爱好和平的人民。近代以来，中华民族饱受列强侵略，中国人民经受战火蹂躏伤害极深，近代中国百年多历史是贫穷落后屈辱挨打的历史，是中华民族不屈不挠抗争的历史，由此中国人民更加坚定了维护和平的信念。新中国成立 70 多年来，我们从未主动挑起过一场战争，从未侵占过别国的一寸土地。中国永远不搞霸权主义，永远不搞扩张，永远不会侵害别国的主权和利益。中国始终肩负大国责任，致力于维护和平、发展、公平、正义、民主、自由的全人类共同价值，始终坚持共商共建共享的全球治理观，坚定不移推动世界和平发展、共同繁荣，始终做世界和平的建设者、全球发展的贡献者、国际秩序的维护者。

习近平主席多次在重要国际活动上提出我们坚定站在历史正确的一边、站在人类文明进步的一边，我国始终坚持独立自主的和平外交政策，推动全球治理体系朝着更加公正合理的方向发展。中国人民最希望看到的是和平稳定，走和平发展道路是根据中国人民根本利益作出的战略抉择，在坚定维护世界和平与发展中谋求自身发展，又通过自身发展更好维护世界和平与发展，坚持互利共赢的开放战略，把合作共赢理念体现到政治、经济、安全、文化等对外合作的方方面面。

新兴市场国家和发展中国家快速发展，与世界的政治经济联系日益加强，推动了百年未有之大变局的形成，世界多极化、经济全球化、区域经

济一体化加速发展，呈现出新的阶段性特征，也给中国的发展带来了前所未有的机遇与挑战，中国融入、推动经济全球化、区域经济一体化的步伐持续加快，始终高举“和平、发展、合作、共赢”的旗帜，在和平共处五项原则基础上拓展同各国的友好合作，积极推动构建新型国际关系。

第二节 “一带一路”倡议的科学内涵

2013年，习近平主席首次提出“一带一路”倡议，在之后的重要指示批示中不断丰富“一带一路”倡议的具体思路和科学内涵。十年来，在习近平主席亲自谋划、亲自部署、亲自推动下，共建“一带一路”落地生根，持久发展，从理念转化为行动，从愿景转变为现实。党的十八大以来，习近平主席五次视察河南，多次对河南融入“一带一路”建设作出重要指示。河南牢记嘱托，抓住促进中部地区崛起战略机遇，加快打造内陆开放高地，以枢纽经济闯出一条开放发展新路径。

一 习近平主席“一带一路”倡议的提出

（一）首次提出“一带一路”倡议

2013年9月7日，习近平主席在哈萨克斯坦纳扎尔巴耶夫大学作了题为《弘扬人民友谊 共创美好未来》的演讲，提出共同建设“丝绸之路经济带”；同年10月3日，习近平主席在印度尼西亚国会发表了题为《携手建设中国—东盟命运共同体》的演讲，提出共同建设“21世纪海上丝绸之路”。“丝绸之路经济带”与“21世纪海上丝绸之路”简称“一带一路”倡议。

（二）“一带一路”建设推进阶段（2013~2018年）

“一带一路”倡议提出后，习近平主席多次在重要会议及同外国领导人会晤中，对“一带一路”建设的重要意义、合作内容、核心理念、建设目标和顶层框架等方面进行了系统的论述，指出在当前世界经济形势下，“一带一路”建设对于挖掘新的经济增长点、增强各国内生发展动力、促进全球经济增长具有重要意义，有利于推动经济全球化向包容普惠方向发展。各国一道努力，加强政策协调和发展战略对接，努力实现协同联动发展。

习近平主席多次强调，共建“一带一路”倡议不是地缘政治工具，而是务实合作的平台；不是对外援助计划，而是共商共建共享的联动发展倡议。“一带一路”建设不是要替代现有地区合作机制和倡议，而是要在已有基础上，推动共建国家实现发展战略相互对接、优势互补。“一带一路”建设是共赢的，各国共同参与，遵循共商共建共享原则，实现共同发展繁荣。这条路不是某一方的私家小路，而是大家携手前进的阳光大道。要本着互利共赢的原则同共建国家开展合作，实行包容发展，坚持各国共享机遇、共迎挑战、共创繁荣。

(三)“一带一路”建设深化阶段（2018 年至今）

至 2018 年，“一带一路”建设经过了 5 年，基本完成了总体布局，绘就了一幅“大写意”，今后要聚焦重点、精雕细琢，共同绘制好精谨细腻的“工笔画”。“一带一路”建设开始将走深走实作为主要方向，实现高质量发展。习近平主席提出了几方面具体的“要”：要在项目建设上下功夫，建立监理工作机制，完善配套支持；要在开拓市场上下功夫，搭建更多贸易促进平台，引导双向投资合作，发展跨境电商；要在金融保障上下功夫，形成金融支持共建“一带一路”的政策体系；要推动教育、科技、文化、体育、民生、考古等领域交流；要规范企业投资行为，合法合规经营，履行社会责任；要高度重视境外风险防范，完善安全风险防范体系，提高安全保障和应对风险能力；要加强党对“一带一路”工作的领导等，为“一带一路”稳步扎实推进提供更为明确具体的根本遵循，促进“一带一路”建设行稳致远。

习近平主席提出“一带一路”倡议以来，引发越来越多的国家积极响应，共建“一带一路”正在成为我国参与全球开放合作、改善全球经济治理体系、促进全球共同发展繁荣、推动构建人类命运共同体的中国方案。

二　习近平主席“一带一路”倡议的科学内涵

(一)“一带一路”建设坚持“三共”原则

习近平主席提出，在“一带一路”建设国际合作框架内，各方秉持共商、共建、共享原则，携手应对世界经济面临的挑战，开创发展新机遇，谋求发展新动力，拓展发展新空间，实现优势互补、互利共赢，不断朝着人类命运共同体方向迈进。

共商，就是集思广益，好事大家商量着办，强调“平等参与，共同协商”，以平等自愿为基础，通过充分的沟通对话找到认识的相通点、合作的交汇点、共同发展的着力点，使“一带一路”建设兼顾各方的利益和关切，体现各方智慧和创意。通过打造国家文化交流的平台与载体，举办国际会议、大型展会等重要平台，充分交换各方意见，了解各方合理需求，强化多边机制，坚持平等协商、开放包容，发挥各国智慧，推动“一带一路”建设高质量发展。

共建，就是在“一带一路”合作建设中优化资源配置，调动多方主体积极参与，各施所长，各尽所能，把各方优势和潜能充分发挥出来，聚沙成塔，积水成渊，持之以恒加以推进。“一带一路”共建各国在地理位置、自然资源、资金、技术、人才等方面各有优势，在“一带一路”建设中，以共建为途径，优势互补，才能把各方的优势和潜能发挥出来，各施所长，各尽所能，适应各国的发展需要。

共享，就是兼顾合作方的利益和关切，寻求利益契合点，实现互利共赢，让建设成果更多更公平惠及各国人民，给各国人民带来更多更公平的福祉。“一带一路”共建国家大多是发展中国家，面临着诸多经济发展等问题，“一带一路”建设坚持互利共赢，为解决这些问题提供新的框架，从发展理念、发展模式、经贸合作、互联互通、文化交流等多方面、全方位实现成果共享，打造利益共同体和命运共同体。

（二）“一带一路”建设加强“五通”

共建“一带一路”以政策沟通、设施联通、贸易畅通、资金融通、民心相通为主要内容，在开展基础设施建设联通、投资贸易、要素流动等重点领域合作的同时，也注重加强共建国家之间的人文交流及政策交流，以点带面，从线到片，实现经济、社会、文化多方面的共同繁荣发展。

政策沟通。加强政策沟通是“一带一路”建设的重要保障，是携手推进共建的重要向导，是“一带一路”共建国家加强政治互信、开展务实合作、深化利益融合的基础。本着求同存异的理念，构建政府间经济发展战略和宏观政策交流对接机制，促进共建国沟通和理解，协商制定推动区域合作的规划及措施，促进政治互信，推动形成广泛合作共识，为务实合作及项目实施提供政策支持。

设施联通。加快设施联通是“一带一路”建设的关键，在尊重国家主权和安全的基础上，加速推进共建国家的基础设施建设规划、技术标准体系、工程建设管理的对接，加强项目建设合作，积极推动共建国在公路、铁路、航空、港口、桥梁、通信管网、能源管网等全方位、多层次、复合型国际骨干通道互联互通，形成连接亚欧非拉之间的基础设施网络，为贸易畅通、资金融通、民心相通提供保障。

贸易融通。投资贸易合作是“一带一路”建设的重点内容。消除贸易壁垒，促进贸易投资自由化、便利化，降低交易成本和营商成本。共建国宜加强信息互换、规则互认，拓宽贸易领域，优化贸易结构，创新贸易方式，促进贸易平衡。优化产业链分工布局，使各国在加工、贸易、投资活动中实现互利共赢。

资金融通。资金融通是“一带一路”建设的重要支撑。各国持续深化金融合作，推进货币稳定体系、融资合作平台和信用体系建设，为资金融通提供保障，为共建“一带一路”提供稳定、透明、高质量的资金支持。组建“丝路基金”、组建亚洲基础设施投资银行、金砖国家开发银行等金融机构，并鼓励各国金融机构积极参与到“一带一路”建设中去，推动各金融机构合作水平持续提升，充分发挥多边金融合作的支撑作用，加大对基础设施互联互通、贸易投资、产能合作等领域的融资支持。推进金融互联互通，扩大共建国家双边本币互换安排。加强金融监管合作，推动签署双边监管合作文件，逐步建立有助于促进公平合作、各方协调参与、高效且常态化的监管机制。

民心相通。民心相通是“一带一路”建设的社会根基。国之交在于民相亲，民相亲在于心相通。传承和弘扬丝绸之路友好合作精神，广泛开展文化互通、学术交流、人才流动、旅游合作等，加强共建国家民众思想文化交流，为进一步开展双多边合作夯实民意基础。共建国家加强在住房、供水、医疗、教育等民生项目的合作，补齐基础设施和公共服务短板，给民众带来实实在在、触手可及的实惠，真正让共建国家民众感受到“一带一路”建设带来的和平、安宁、富足，过上更加美好的生活，更有助于增进相互理解和认同，达成民心相通。

（三）把“一带一路”建设成为“六路”

习近平主席提出我们要把“一带一路”建设成为和平之路、繁荣之路、开放之路、绿色之路、创新之路、文明之路。

建设和平之路就是要尊重各国的主权、尊严和领土完整，尊重各国的社会制度和发展道路，尊重各国的核心利益和重大关切。根据各国自主意愿参与到“一带一路”建设中，打造对话而不对抗、结伴而不结盟的伙伴关系，携手打造和平发展的大格局。

建设繁荣之路就是要实现各国互利共赢、共同发展、造福百姓。“一带一路”聚焦发展这个根本性问题，是世界各国共同受益的国际公共产品。需要深入开展产业合作，充分发挥各国比较优势，发掘释放各国发展潜力，达成经贸合作、发展联动、共同受益的良好局面。

建设开放之路。开放共建是“一带一路”鲜明的标志。“一带一路”建设面向世界，旨在引领全球开放合作，通过打造开放型合作平台，构建多边贸易合作体制，深化共建国家开展全方位开放合作，促使世界经济朝着开放包容方向迈进。“一带一路”建设强调开放合作，需共建国家共同打造有利于开放合作的环境，促进贸易自由化便利化，共享公正、合理、透明的国际经贸投资规则所带来的效益，协助共建国家解决发展失衡、分配差距及治理困境等问题，以持续深化开放合作推动各国繁荣发展。

建设绿色之路。2017 年 5 月，习近平主席在“一带一路”国际合作高峰论坛上明确指出，“要践行绿色发展新理念，倡导绿色、低碳、循环、可持续的生产生活方式，加强生态环保合作，建设生态文明，共同实现 2030 年可持续发展目标”。“一带一路”参与主体主要为发展中国家和新兴经济体，经济和科技发展水平较低，产业发展精细化程度、产品科技含量及附加值较低，主要依赖自然资源开展生产加工，对生产、生活垃圾分拣处置能力较弱，生态环境较为脆弱，面临着产业结构转型升级、科技创新能力不足和资源环境束缚等多重挑战。将绿色发展理念融入“一带一路”建设，是共建国家实现可持续发展的必然选择。

建设创新之路。习近平主席指出，“一带一路”建设本身就是一个创举，搞好“一带一路”建设也要向创新要动力。在首届“一带一路”国际合作高峰论坛上，习近平主席宣布启动“一带一路”科技创新行动计划，强调创新驱动发展，在科技人文交流、数字经济、人工智能、共建联合实验室、量子计算机、科技园区合作、技术联合开发应用等方面与共建国家加强合作。建设“创新之路”，要将科技创新合作的带动和支撑效应最大化，深入开展科技人文交流，增加各国科技创新合作内容，提高合作水平，打造“一带一路”创新共同体。

建设文明之路。“一带一路”是一条跨越了种族隔阂，充分尊重文化多样性，多种文化包容互鉴，通过文化互鉴促进发展的路子。“一带一路”共建国家社会历史发展历程不同，经济产业发展差异大，文化发展呈现多样化。建设“文明之路”，要深化文化领域的交流，建立多层次人文合作机制，以文明交流超越文明隔阂、文明互鉴超越文明冲突、文明共存超越文明优越，增进共建国家之间的信任、理解与尊重，把“一带一路”建设得更富活力和吸引力。

（四）“一带一路”建设中坚持弘扬丝路精神

千百年来，古丝绸之路上积淀了以和平合作、开放包容、互学互鉴、互利共赢为核心的丝路精神，而今我们推进共建“一带一路”，要从古丝绸之路中汲取智慧和力量，结合新的历史条件，传承并弘扬丝路精神。

弘扬丝路精神，就是要促进文明互鉴。人类文明没有高低优劣之分，因为平等交流而变得丰富多彩，正所谓“五色交辉，相得益彰；八音合奏，终和且平”。我们应该一道努力，倡导文明宽容，防止极端势力和思想在不同文明之间制造断层线。

弘扬丝路精神，就是要尊重道路选择。“履不必同，期于适足；治不必同，期于利民。”一个国家发展道路合不合适，只有这个国家的人民才最有发言权。我们必须尊重不同文化习俗、历史进程、社会现实的国家发展模式的多样化。

弘扬丝路精神，就是要坚持合作共赢。中国追求的是共同发展，我们既要让自己过得好，也要让别人过得好。

弘扬丝路精神，就是要倡导对话和平。中国将以建设性姿态参与地区事务，主持公道、伸张正义，推动通过对话找到各方关切的最大公约数，为妥善解决地区热点问题提供更多公共产品。

(五)共建"一带一路"的顶层框架

根据习近平主席共建"一带一路"的倡议和新形势下开展区域合作发展的愿景,结合古代陆海丝绸之路的走向,确定了五大方向和主体框架(见图 1-1)。

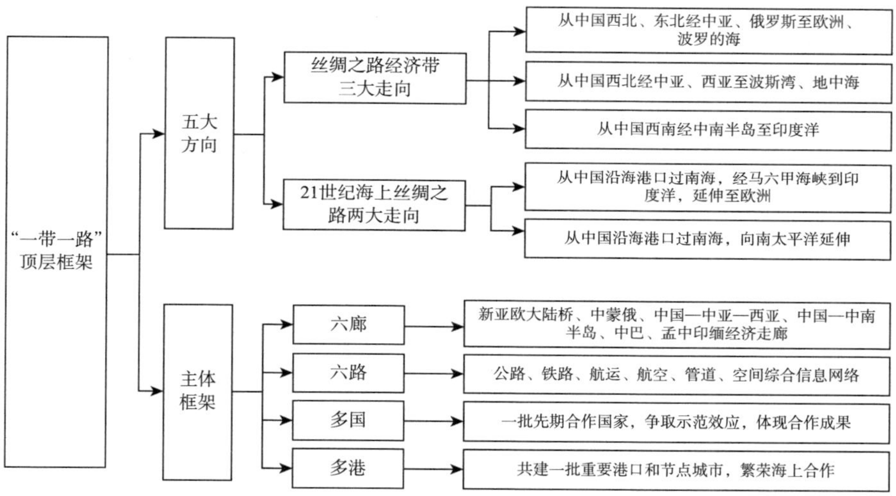

图 1-1 "一带一路"顶层框架结构

三 习近平主席关于河南融入"一带一路"的指示精神

2014 年 5 月 10 日,习近平主席视察河南期间,强调河南要建成连通境内外、辐射东中西的物流通道枢纽,为丝绸之路经济带建设多作贡献,这为河南对接"一带一路"指明了方向。同日,习近平主席在郑州考察时,对郑州跨境电商提出"买全球、卖全球"的殷切希望。近年来,郑州始终牢记习近平主席的殷殷嘱托,用创新和汗水助力跨境贸易快速增长,真正实现了"买全球卖全球,大门在郑州"。

2017 年 6 月 14 日,习近平主席在会见卢森堡时任首相贝泰尔时,明确提出要深化双方在"一带一路"建设框架内金融、产能等合作,中方支持建设郑州—卢森堡"空中丝绸之路"。

2019 年 9 月 17 日,习近平主席在考察河南听取河南省委和省政府工作汇报时的讲话中指出，要推动经济高质量发展，抓住促进中部地区崛起战略机遇，立足省情实际、扬长避短，把制造业高质量发展作为主攻方向，把创新摆在发展全局的突出位置，加强重大基础设施建设，坚持以人为核心推进新型城镇化，善于用改革的办法解决经济社会发展中的突出问题，积极融入共建“一带一路”，加快打造内陆开放高地，加快建设现代化经济体系。

2022 年，习近平主席在致中卢建交 50 周年的贺电中指出，两国各领域交流合作成果丰硕，郑州—卢森堡“空中丝路”搭建了中欧互联互通的空中桥梁。习近平主席高度重视郑州—卢森堡“空中丝绸之路”建设，5 年来，“空中丝绸之路”建设取得了一系列务实成果，货物贸易已覆盖欧洲 24 个国家 200 多个城市，辐射中国 90 多个城市，成为共建“一带一路”的鲜明品牌。中国愿继续同卢森堡一道，推动这条“空中丝绸之路”再上新台阶。

2022 年，习近平主席在会见卢森堡大公亨利时强调，中国坚持扩大对外开放，愿意拥抱整个世界，欢迎卢森堡企业对接中国新发展格局和新开放举措，深入挖掘高新技术、绿色经济等领域合作潜力，做大做强中卢货运航线“空中丝路”。要坚持交流互鉴，举办丰富多彩的文化活动，增进两国人民感情，夯实两国关系民意基础。

《黄河流域生态保护和高质量发展规划纲要》对河南提出了“建设黄河流域对外开放门户”“建设郑（州）洛（阳）西（安）高质量发展合作带”等具体要求，《中共中央 国务院关于新时代推动中部地区高质量发展的意见》对河南提出了“推动省际交界地区合作”“深化与长江经济带、京津冀、长三角、粤港澳大湾区等地区通关合作”“打造内陆高水平开放平台”等具体要求，为河南加快建立更加有效的区域协调发展新机制、新路径、新模式指明了前进方向，提供了根本遵循。

第三节 河南在“一带一路”中的方位

河南由于自身优越的地理位置和良好的要素禀赋，在历史上就是古代丝绸之路的重要节点，洛阳、开封、郑州在促进丝绸之路的兴起、繁荣中发挥了极为重要的作用。改革开放后，河南持续推进对外开放，发展外向型经济，与外部的经贸投资联系日益紧密，形成了全方位、多层次、宽领域的对外开放格局，加速打造为内陆开放型高地。

一 地理方位

作为中原大省，河南地理区位优越，是中国承东启西、连南贯北的重要交通枢纽，历来被视为兵家必争的战略要地，早就有逐鹿中原之说，得中原者得天下。同时，作为中华民族与中华文明的主要发祥地之一，河南是全国农产品主产区和重要的矿产资源大省、人口大省、新兴工业大省、重要经济大省，2021 年，河南省户籍人口 11533 万人，粮食产量 6544.20 万吨，占全国总产量的 9.5%，国内生产总值 5.89 万亿元，居中国第 5 位。不过，河南既不靠海，也不沿边，自改革开放以来，与其他沿海省份相比，河南尽管总量很大，但在中国发展中的影响力并不突出，在中国对外开放格局中的地位也不显要。“一带一路”建设的启动，则在很大程度上改变了河南在中国发展全局中的地位，河南不仅是中部崛起战略中的重要增长极，而且还是“一带一路”寻求中路突破的必经之地。尤其是随着郑州航空港经济综合实验区和河南国际保税物流中心的启动，河南地处中原和四通八达的交通枢纽地位使得河南一下子从改革开放的“内陆腹地”转变为“一带一路”的“前沿高地”。

河南目前初步形成了以“米”字形高铁、高密度高速公路、新兴航空港、铁海联运等为标志的“铁、公、机、海”综合大枢纽。2013 年习近平主席提出“一带一路”倡议以来，河南找准定位、突出特色，主动融入“一带一路”建设，把提升交通物流枢纽功能作为突破口，以郑州—卢森堡“空中丝绸之路”建设为统领，统筹推进空中、陆上、网上、海上丝绸之路“四路协同”发展。“空中丝绸之路”方面，郑州航空港区作为全国唯一的由国务院批复设立的国家级航空港经济实验区，以推动临空经济发展为主导，全力打造“航空+高铁+城际铁路+地铁+公路”多式联运综合交通枢纽，内陆国际航空物流枢纽地位已初步确立，全力建设空中丝绸之路先导区。郑卢空中丝绸之路目前已覆盖欧美亚 200 多个城市，服务 20 多个欧洲国家和国内 90 多个城市，覆盖面仍在持续扩大。郑州机场共开通了 56 条国际地区客货运航线，卢森堡货航在郑州机场航班由开航以来的每周 2 班加密至每周 18 班。“陆上丝绸之路”方面，中欧班列（中豫号）在境外形成共覆盖24个国家126个城市的6条集疏网络，遍布欧盟、俄罗斯、中亚及东盟地区，累计开行超7000班，境内外合作伙伴超过6000多家。“海上丝绸之路”方面，河南省依托郑州国际陆港和郑州铁路集装箱中心站等系统，不断推进铁海联运，建设东向、南向等铁海联运国际通道，加快与临海港口对接。

二 历史方位

2006年8月，联合国教科文组织明确洛阳是丝绸之路的中国段起点，肯定了洛阳在古代丝绸之路上的重要作用。历史上，中原地区为古代丝绸之路上的关键节点，对于促进丝绸之路的兴起、繁荣发挥了极为重要的作用。

回顾丝绸之路发展的整个历史进程，丝绸之路肇始于公元前2世纪张骞通西域，当时由西汉的首都长安起始，自“王莽篡位，贬易侯王，由是西域怨叛”，复受制于匈奴，丝路为之中断。在东汉时期洛阳因被定为都城而成为全国政治、经济、文化中心。随着古代中国的政治经济中心东渐，洛阳作为丝路东端起点，其为时之长、规模之大以及影响之深远，较之长安亦有过之而无不及。东汉时期，中国人的足迹延伸到波斯湾，贸易范围和规模更加宏大，对于丝绸之路上的风土人情、地理知识，相较于西汉开阔更多，倭奴国先后派遣使臣多次到都城洛阳，公元238年，倭奴国女王卑弥呼派遣使者从朝鲜半岛辗转来到魏都洛阳，上贡“班布”等礼品，魏明帝诏封卑弥呼为“亲魏倭王”，并回赠各种精美丝织物。而后女王多次派遣使臣到中国学习提花、印染等纺织技术，表明汉魏时期古都洛阳与东海国家的海上丝路开始兴起。魏晋时期由于洛阳地理位置上的重要性，仍以此为都，经数十年休养生息，经济复苏，成为“天下四方会利之所聚”的国际都市。西晋时，与西域各国来往继东汉之后仍久盛不衰。曹魏时，修建引谷水入洛的千金渠，首都洛阳与江淮运河畅通，南海国家由水道前来洛阳的海上丝绸之路开始兴起。

北魏时期，太武帝拓跋焘统一北方后，西域九国遣使来献，太武帝也派遣臣子出使西域九国，除使者以奉献为名，大月氏等国人“商贩京师”者，也接踵而来，商使往还，均由洛阳传输。隋唐时期，西域诸藩，往来相继，中外客商云集，西域和内地联系及经济文化交流日益频繁，中国的丝绸、瓷器等工艺品及汉族的文化典籍由此传往西域，西域的香料、珠宝、骏马、音乐由龟兹、西凉、疏勒等地传入内地。同时，由于京杭大运河的开凿，洛阳成为沟通南北的中枢，由南海前来的客商，自江都经山阳渎北上入淮，沿通济渠以达洛阳，洛阳成为海上丝绸之路的终点。

到北宋年间，开封成为首都，人口达100多万，为当时中国第一大都市，商业贸易额占全国的一半，同时随着大运河的开通，开封成为南北交通要冲。西域商人络绎不绝前往北宋，北宋也从西夏输入马匹等物资，同时宗教、社会文化等方面的交流也空前增多。南宋以后，中国的经济文化重心向南方偏移，长江三角洲取代河南成为中国新的经济文化中心，同时由于造船技术的发达，海上丝绸之路取代陆上丝路而兴，陆上丝路虽相沿不废，但洛阳已失去昔日光辉。河南失去以往的繁华鼎盛，除了仍然作为重要的人口集中地和粮食主产区外，作为内陆人口大省的河南一直没有复兴历史上的辉煌。

三 实践方位

改革开放以来，河南坚持以经济建设为中心，坚持对内、对外同步开放，主动将“引进来”与“走出去”相结合，拓展国际战略视野，持续加强对内改革、对外开放，开放型经济取得了优异的成绩，基本构建了海内外联动、国内外双向开放的新格局。河南开放型经济大致经历了孕育准备、萌芽起步、快速发展和飞跃发展四个阶段，为河南融入“一带一路”奠定了坚实的物质经济基础，积累了对外合作的丰富经验。

（一）孕育准备阶段（1978~1990年）

1978年，党的十一届三中全会在北京召开，这次会议实现了具有深远意义的伟大转折，全党的工作重点转移到社会主义现代化建设上来，全会作出了改革开放的新决策。1985年《河南利用外资管理办法》出台，1987年《河南省鼓励外商投资优惠办法》出台，吸引外国资本进入河南投资。1989年2月，河南省委工作会议提出“加快对外开放步伐，广泛开展横向联合”。同年3月，河南省委办公厅、省政府办公厅联合发出关于《深入开展生产力标准和沿海地区经济发展战略大讨论》的通知，要求加速实现“‘两个打出去’‘两个引进来’‘两个一起上’，提升经济增速”。

在这一阶段，河南的进出口总额飞速增长，1978年，河南进出口总额仅为1.99亿元，到1990年达到了48.18亿元，是1978年的24.2倍。这一阶段河南实施政企分开、精简政务，完成管理职能转变，进一步解放思想，大胆改革，促进开放，贸易管理体系得到完善。同时，加强对外贸易交流。在巩固港澳原有市场的基础上，拓展与苏联、东欧国家的贸易，并开辟第三世界市场，在巩固传统贸易的基础上，开始与其进行生产加工、投资合作、劳务出口等方面的合作。

（二）萌芽起步阶段（1991~2000年）

1991年3月，全省首次召开对外开放工作会议明确“优化环境、外引内联、四面辐射、梯次发展”的扩大对外开放的基本思路。1992年，邓小平南方谈话后，河南对外经济蓬勃发展、稳步增长。后东欧剧变、苏联解体等一系列国际局势变化影响了河南对外贸易的正常开展。1998年，全省第二次对外开放工作会议召开，会议出台了《中共河南省委、河南省人民政府关于提高外资利用水平，进一步扩大对外开放的意见》，明确了对外开放的指导思想和目标。同年9月，省政府出台《河南省鼓励外商投资办法》。1999年，河南省提出“东引西进”的战略思想并制定了具体实施的政策措施。

在这一阶段，河南开放型经济在扩大对外开放、实施开放带动战略上取得了显著的成绩。1991年河南的进出口贸易总额为64.39亿元，2000年河南的外贸进出口总额达188.36亿元，与1991年相比增幅达192.5%，对外贸易规模持续稳步扩大。河南对外联系的国家逐渐增多，合作范围逐步扩大，与其他国家的贸易、资本、技术、劳动力等方面的交流合作逐步密切，河南充分发挥劳动力及资源优势，积极参与国际分工，吸引外资、提高利用外资质量，紧抓机遇，不断拓展对外开放的广度和深度。对亚欧大陆桥情况开展调研，依据河南省情，探索适合河南的对外开放路径、制度及对策。

（三）快速发展阶段（2001~2010年）

进入21世纪，我国对外开放的广度和深度进一步扩大，尤其是在2001年加入WTO之后，我国对外开放迎来新的重大机遇，我国从之前的主要依靠政策性开放逐步向法律框架下的制度性开放转变，对外开放工作逐步向国际标准接轨。2002年，河南省从全局全方位的战略高度正式提出实施“走出去”战略。2003年8月，第四次全省对外开放工作会议召开，会议出台了《中共河南省委、河南省人民政府关于加快发展开放型经济的若干意见》，充分强调发展开放型经济的重要性，提出将大力引进外资作为发展开放型经济的重点，同时要逐步扩大对外贸易，实施“走出去”战略，把对外开放提升到战略高度。2008 年 5 月，第五次全省对外开放工作会议认为，对外开放要实现大跨越，就必须坚持“四个必须”，充分体现了实施开放带动战略的坚定信心。同年，河南省与铁道部签订了“五纵五横”铁路建设合作协议，郑州铁路枢纽地位进一步确立，铁路建设项目加快启动并全面开展。同年，中原城市群城际轨道交通网、郑州城市快速轨道交通线网被纳入国家规划，郑州机场被列入国家八大区域性枢纽机场。2009 年，河南 B 型保税物流中心获国家批准成立。2010 年，郑州新郑综合保税区获得国家批准，成为中部地区首个综合保税区。同年 12 月，全省对外开放工作会议召开，提出要大力实施对外开放主战略，推广“五个三”招商方法，把进一步扩大开放作为加快中原崛起的必由之路，着力打造内陆开放高地。

在这一阶段，河南的开放逐步向全方位、多层次、宽领域的新高度迈进。2009 年，河南外贸进出口总额达 231.13 亿元，在 2010 年上升到 1204.40 亿元，增长率高达 421%。河南在全省范围内组织学习世贸知识，引进专业国际贸易人才，培养专业化人才。加大重大外资项目招引力度，空前力度鼓励加工贸易，提高其在全省出口贸易中的比重。持续推动对外贸易体制机制优化，更加注重贸易发展的质量提升，选择集约化、多元化的发展路径，优化政府服务，帮助企业走向国际市场，促进企业在技术、创新、品牌等方面的国际交流。大力实施“走出去”战略，鼓励有条件的企业对外投资，推动出口模式更新和出口领域拓展，不断增加出口类型。在符合国家相关政策的前提下探索符合河南出口实际的相关举措，稳定已有出口市场，持续开拓非洲、拉美、俄罗斯等新兴国际市场，持续深化区域经济合作，促进河南商品、技术及服务出口。

（四）飞跃发展阶段（2011 年至今）

2011 年郑州航空港成为国家重要的航空客货运输及多种交通方式零换乘枢纽。同年，郑州新郑综合保税区封关运行，“区港联动”工程稳步实施，保税物流中心、出口加工区等开放平台建设取得重大成效。富士康电子、格力电器等龙头企业和项目战略布局河南，充分体现了河南的开放程度、承接水平及整体环境提升到了新的高度。2012 年，保税物流中心、海关口岸、出口加工区建设取得重大进展，郑州全国跨境贸易电子商务服务试点获批启动。2015 年印发《河南省参与建设丝绸之路经济带和 21 世纪海上丝绸之路实施方案》，为河南省融入“一带一路”建设，开展更大范围、更高水平、更深层次的区域经济合作构建了战略布局，明确了“一带一路”建设中的主要目标及重点任务。2016 年 1 月，中国（郑州）跨境电子商务综合试验区获批，同年 3 月，郑州海关启动“区港联动”模式。2017 年，中国（河南）自由贸易试验区正式挂牌运行，自贸区战略定位之一是打造服务于“一带一路”建设的现代综合交通枢纽和内陆开放型经济示范区。2021 年，河南省一带一路建设促进中心正式揭牌成立。2021 年，河南外贸进出口总值达 8524.1 亿元，是 2010 年的 7.08 倍，外贸结构更加均衡，国际贸易市场持续拓展，对外直接投资优化提升。

第四节　河南融入“一带一路”的重大意义

“一带一路”倡议是我国在新时代全方位对外开放管总性、纲领性的重大举措和系统安排。河南是古丝绸之路的东方起点，在“一带一路”建设中具有重要的地位。河南积极融入“一带一路”建设，推动与共建国家和地区在基础设施、能源资源、经贸投资和人文交流等方面加强合作，对于河南畅通“双循环”、打造内陆开放新高地、推动全方位高水平开放和高质量发展，具有重要的意义。

一　理论意义

（一）河南将“一带一路”倡议具体化为“四路协同”发展，丰富和发展了习近平主席“一带一路”倡议的科学内涵

习近平主席指出，共建“一带一路”倡议，目的是聚焦互联互通，深化务实合作，携手应对人类面临的各种风险挑战，实现互利共赢、共同发展。通过加强各国之间的互联互通与经贸合作，实现共同繁荣。河南充分发挥独特的内陆交通枢纽优势，在“一带一路”倡议的基础上，创造性地提出了以“空中丝绸之路”为引领，空中、陆上、网上、海上四条丝路协同发展的思想，为内陆地区融入“一带一路”探索出一条特色鲜明的路子。

“四路协同”将陆、海平面通路发展为“陆海空网”四维立体通路，是对“一带一路”合作空间理论的升级拓展，是以习近平主席“一带一路”倡议统领我国对外开放的鲜活“河南注脚”。

（二）通过参与共建“一带一路”推动国际产能合作，丰富和发展了国际产业分工及价值链重构理论

“一带一路”倡议的重要目的是推进国际产能合作，即通过推动互联互通，促进贸易和投资自由化便利化，提高产业链程度和贸易投资便利化水平，实现各国经济共同繁荣和发展。河南积极参与“一带一路”倡议下国际产能合作，有利于河南企业融入全球价值链分工体系，推动国际产业分工理论与实践的发展。河南把国际市场需求和自身产业结构相结合，通过引进和消化吸收再创新相结合，加快建设一批具有自主知识产权的技术含量高、附加值高、市场竞争力强的产业项目。通过引进“一带一路”共建国家的先进技术和管理经验，培育壮大装备制造、现代农业、食品加工、生物制药等产业集群，带动河南产业结构转型升级。通过国际产能合作，河南与共建国家建立起了稳定的战略联盟和利益共同体，推动国际产业分工和产业链的优化重构。

河南积极与“一带一路”共建国家开展国际产能合作，支持大型骨干企业参与境外资源合作开发和优势产能输出，鼓励有条件的企业组成联合体或采用联盟方式组团“出海”，加速带动装备、技术、服务、标准和品牌“走出去”，助力共建国家产业结构转型升级。通过“一带一路”框架下的国际产能合作，河南企业加快融入全球价值链分工体系，河南的产业结构得到进一步优化。

（三）通过“四条丝路”拓展对外合作空间，丰富和发展了内陆地区开放发展理论

长期以来，内陆地区不靠海、不沿边，在对外开放中处于弱势，内陆地区开放是新时期我国对外开放的重点领域。河南以“四条丝路”拓展内陆开放空间，丰富和发展了内陆地区开放发展理论。河南以“四路协同”铺设国际物流大通道，架起经贸合作桥梁，推动河南由内陆开放末梢迈向连天接地、陆海相通的开放前沿，开辟出一条撬动内陆地区开放发展的新

空间。“四路协同”推动河南的内陆交通区位优势正加快向开放枢纽经济优势转变，促进河南从内陆经济大省向对外开放大省转变，从理论上为内陆地区开放发展提供了新的依据。

二 实践意义

（一）融入“一带一路”有利于构建河南对外开放新格局

“一带一路”是习近平主席将中国发展置于更广阔国际空间谋划的主动开放战略，这一宏伟倡议，不仅对新时代中国对外开放布局进行了统筹谋划，而且对中国与世界实现开放共赢的路径进行了顶层设计，为河南推动高水平对外开放提供了总遵循。事实上，共建“一带一路”的理念就是推动开放合作，这与河南推动形成全面开放新格局的思路是一致的。河南充分发挥区位、交通、产业等方面的优势，以“四路协同”丰富河南“一带一路”现代综合立体交通枢纽，以“五区联动”构筑河南开放平台，加强与共建国家的经贸合作，主动融入全球产业链、供应链和价值链，推动形成河南全面开放新格局。

（二）融入“一带一路”有利于促进河南产业结构转型

长期以来，河南产业结构不合理，资源型产业比重较高，高新技术产业和服务业比重较低，产业层次和附加值较低，经济发展质量不高。融入“一带一路”为加快河南产业结构转型步伐提供了契机。“一带一路”框架下，河南扩大与共建国家农产品贸易合作，有利于河南现代农业产品的出口和推广，提高河南现代农业的国际竞争力。河南制造业通过融入“一带一路”拓展海外市场，深化国际贸易交流，扩大出口，促进供应链、产业链的延展，有利于河南制造业技术创新和科技合作。河南通过加强与共建国家的技术创新和科技合作，推动河南的先进制造业技术创新和升级，有利于河南制造业标准化和智能化改造。此外，融入“一带一路”，也有利于推动河南与共建国家的国际经济贸易合作，促进河南现代服务业的发展。

（三）融入“一带一路”有利于拓宽河南发展空间

河南地处中原腹地，地理位置优越，交通便利，具有丰富的资源和人力优势。长期以来，河南外向型经济发展相对滞后，对外合作空间有限。为了推动经济转型升级和提升综合竞争力，必须进一步拓宽经济发展空间。融入“一带一路”有利于河南拓展发展新空间，促进河南外向型经济的发展。河南积极融入“一带一路”，深化与“一带一路”共建国家的经贸交流、产业合作，有利于打破河南传统地理空间的不利束缚，打通国内国际两个市场，用好国内国际两种资源，激发河南开放潜力，形成新的经济增长点、增长极，有利于河南企业在广阔的国际市场中发展壮大，为河南经济高质量发展提供更大的空间。

（四）融入“一带一路”有利于培育河南竞争新优势

进入新发展阶段，为促进经济社会高质量发展、加快现代化河南建设，河南省委省政府实施以培育河南竞争新优势为目标的“优势再造”战略，重塑河南高质量发展新动能、新优势，为河南高质量发展更加出彩提供坚实保障。融入“一带一路”有利于促进河南优势再造战略，有助于培育河南竞争新优势，推动河南经济高质量发展。融入“一带一路”畅通河南对外经贸交流、产业合作，有利于提升经济发展能级和竞争力，推动河南传统产业优势向现代产业优势转变，推动河南与国际供应链、产业链分工体系深度融合，推动河南企业向产业链前端、价值链高端进军，向数字化、智能化方向升级，促进“河南制造”向“河南智造”转变，为河南在新发展格局下塑造新的竞争优势。

（五）融入“一带一路”有利于深化河南与世界的交流合作

第一，“一带一路”为深化河南与世界的文化交流提供机遇和平台。通过多种多样的文化交流活动，有利于加强与“一带一路”共建国家的文化交流。第二，“一带一路”架起河南与世界的教育合作之桥。河南推动与共建国家双边或多边院校之间的校际交流和合作，有利于促进青年人的互动和交流，提升中华文明在世界的传播力和影响力。第三，融入“一带一路”有利于推动河南与世界的文化旅游合作。河南丰富灿烂的文化旅游资源吸引国内外游客来河南旅游观光、学习交流，增进了海内外对中原文化、老家河南的认知和认同。第四，融入“一带一路”深化河南与世界的医疗卫生合作，有利于提升河南与世界的医疗卫生合作层次和水平。

三　示范意义

（一）为内陆省份扩大开放提供了借鉴

相较于沿海地区，内陆省份在基础设施建设、金融体系和投资环境等方面与沿海地区还存在一定的差距，这也在一定程度上制约了内陆省份的开放程度。随着我国新一轮全方位对外开放全面展开，内陆省份亟须找到扩大开放的突破点、着力点，缩小与沿海省份的差距，实现区域经济协同高质量发展。融入“一带一路”的河南实践为内陆省份扩大开放提供了示范。在融入“一带一路”的实践中，河南推进以“空中丝绸之路”为引领的“四路协同”，有利于强化河南链接内外的交通优势，推动内陆河南同沿海省份一样跻身开放前沿，为兄弟省份开放发展提供了示范。

（二）为欠发达地区开放转型提供了示范

相较于经济发达地区，欠发达地区在发展开放型经济、推动开放转型进程中面临诸多挑战。在新发展阶段，欠发达地区需要以扩大开放破解影响开放转型的不利因素，以开放促进经济转型发展，实现区域经济的高质量发展。河南融入“一带一路”为欠发达地区推动开放发展探索了新路子。河南围绕高质量融入“一带一路”、推动高水平开放目标，重点在实施制度型开放、创新驱动、开放通道建设、发展数字经济等方面持续发力，走出了一条以融入“一带一路”统领构建开放新格局，以扩大开放促进经济转型的河南实践之路，取得了突出的成效，为欠发达地区开放转型提供了示范。

（三）为经济大省扩大国际产能合作探索了新路

开展国际产能合作，推动产能“走出去”是经济大省经济高质量发展的必然途径。作为经济大省的河南，积极融入“一带一路”为全国其他相似省份扩大国际产能合作提供示范。通过合作项目的建设和发展，有利于提高河南与合作方的生产效率和质量，推动经济增长和民生改善。通过海外投资和合作，有助于帮助共建国家提升基础设施建设水平，带动河南相关产业转型升级，推动经济高质量发展。推动河南优势产业、优质产能加快出海，有利于促进河南外向型经济的发展壮大，由内陆洼地成为开放前沿。

（四）为中原文化走向世界提供了舞台

中原地区是中华文明的重要发源地，拥有极为丰富的历史遗存和文化资源，对中国乃至世界文化的发展都有着深远的影响。中原文化作为河南的名片，成为河南扩大开放的软实力。在融入“一带一路”的实践中，河南积极与共建国家进行文化交流，打造中原文化的“辐射带”“文化圈”，提升中外文化交流的层次和水平，为丰富“一带一路”中外人文交流合作作出了河南贡献。

第二章　河南融入“一带一路”的实践行动

为推动河南与“一带一路”共建国家开展更大范围、更高水平、更深层次的区域合作，近年来，河南紧紧围绕“一带一路”建设，不断拓展对外开放的深度与边界，推动实现更高层次的制度型开放。在加强组织学习并准确把握“一带一路”科学内涵及重大意义的基础上，河南省委省政府对融入“一带一路”进行总体部署，科学制定实施方案及一系列政策措施，积极推动河南融入“一带一路”建设，努力打造内陆地区对外开放新高地。

第一节　深入系统学习

“一带一路”是我国持续扩大对外开放的重大举措，习近平主席在多次讲话中全面阐述了“一带一路”涵盖的政治、经济、文化、民族等多方面内容，为新时代推进共建“一带一路”工作提供了根本遵循。系统学习、学深悟透“一带一路”的科学内涵和精神要义，是河南高质量融入“一带一路”建设的重要前提。

一　学习“一带一路”倡议的基本理念及精神实质

习近平主席提出的“一带一路”倡议，是基于百年未有之大变局和中华民族伟大复兴全局进行谋划的，是着眼于开创我国全方位对外开放新格局作出的重大战略决策。近年来，河南省委省政府紧紧围绕习近平主席关于“一带一路”重要论述和讲话精神，组织开展多种形式的学习，深刻领会和把握“一带一路”的科学内涵和精神实质，为河南融入“一带一路”夯实理论基础。

组织广大党员干部学原著、学文件、学经典。2013 年，习近平主席提出共建“一带一路”倡议后，河南积极组织全省各级政府部门、广大干部群众认真学习“一带一路”的科学内涵、核心理念及重大意义。通过读原著、学文件、学经典等学习形式，强化学习《习近平谈“一带一路”》、习近平主席在各项重要会议中的关于“一带一路”的重要讲话和指示批示，从习近平主席提出“一带一路”倡议的思想脉络追溯、习近平主席眼中的“一带一路”建设、习近平主席推动“一带一路”建设迈向高质量发展等方面，深入学习习近平主席关于“一带一路”建设重要论述的科学体系、精神内涵和实践要求。各级部门加强重视，提升学习积极主动性，通过人民日报网上客户端、学习强国 App、新华社资讯等网络信息媒介深入学习，组织专题讲座、专题学习及研讨会等活动，持续加深理解与认识，为更好地开展工作夯实理论基础。

全方位开展交流学习，组织科研活动。近年来，河南积极举办、参加“一带一路”国际性、区域性展会、研讨会及论坛。河南省积极参加“空中丝绸之路”国际合作峰会，举办“丝路电商”国际合作（郑州）高峰论坛、“一带一路”（洛阳）国际农业合作博览会、“一带一路”数贸发展与国际合作论坛、“一带一路”国际合作典型项目及研讨会、“一带一路”与枢纽经济发展论坛、郑州—卢森堡“空中丝绸之路”国际合作论坛、全球跨境电子商务大会、2019 河南—卢森堡“一带一路”经济合作论坛、“一带一路”多式联运创新发展合作交流会、河南企业文化中非大通道“一带一路”国际项目交流会、新时代“一带一路”城市产融合作论坛等国际、区域展会及论坛，将其作为对外交流学习的重要渠道，持续为推动“一带一路”建设贡献河南力量，并汲取世界智慧，加快河南融入“一带一路”建设步伐。各科研机构和高等院校充分发挥其学科优势、学术优势、话语优势，深入推进对“一带一路”倡议整体性、系统性、学理性研究，深刻领会其精神实质，并组织宣讲团到全省各地开展“一带一路”精神的宣讲。

常态化开展调研实践，加强对外交流合作。河南在深入学习习近平主席提出的“一带一路”倡议过程中坚持理论联系实际，用“一带一路”重大合作理念武装头脑、指导实践、推动工作。在实践过程中充分认识把握省情，坚持问题导向、目标导向，制定能够符合河南实际的、能实实在在落地的工作方案。河南常态化组织调研活动，围绕“一带一路”建设推进情况及面对的机遇和挑战、对外开放建设等专题，深入开展调研活动。此外，河南持续深化与“一带一路”共建国家的合作与交流。2016 年 3 月，河南省政府代表团访问柬埔寨、印度和以色列三国，随团河南企业与上述国家签署多项合作协议。2018 年 7 月，河南省代表团应邀对卢森堡、德国、俄罗斯进行友好访问，推动河南深度融入“一带一路”建设。2018 年 10 月 17 日，时任副省长何金平会见了法国专家“一带一路”考察团，并开展深入交流。2018 年 9 月 17 日，时任省委书记王国生在郑州会见参加“一带一路”国家海关贸易便利化高级研讨班的中外嘉宾。王国生表示，近年来河南积极落实习近平主席关于对外开放的一系列重要论述，加快对外开放步伐，积极融入“一带一路”建设，与世界的联系越来越密切、交流越来越频繁。2016 年 11 月，许昌经贸代表团赴德国和瑞士进行考察访问。许昌与“一带一路”共建国家经贸交流合作频繁，已与“一带一路”40 多个共建国家和地区建立经贸合作关系，与俄罗斯、保加利亚等 4 个国家的 5 个城市缔结为友好城市。

组织干群共同学习，利用媒体加强宣传。当前，信息网络和新媒体飞速发展，给干群学习习近平新时代中国特色社会主义思想及“一带一路”倡议的重要精神提供了丰富的手段，创造了极大的便利。河南省人民政府官网以及省发改委、省商务厅等部门官网及时对习近平主席“一带一路”最新论述进行转载，利用广播、电视、报刊、官方网站、新媒体等媒体渠道，第一时间宣传最新理论内容，持续加强宣传河南参与建设“一带一路”的历史渊源、文化背景、现实基础、规划蓝图，尤其是对重大项目和重要实施成效进行宣传，营造全社会关心支持“一带一路”建设的良好氛围。部分地市网站上设置“一带一路”专栏，及时公布建设方案、实施动态及成果，供广大干部群众学习并提出建议。河南还注重加强与共建国家主流媒体、华文媒体战略合作和舆论引导，开展双向宣介活动，提升河南在“一带一路”建设中的知名度和影响力，同时对共建国家的政策、市场、人文习俗等进行更多了解，便于开展投资贸易及文化交流合作。2015 年底，航空港卫视正式开播。航空港卫视覆盖“一带一路”共建国家和城市，覆盖河南航空港、中欧班列、跨境电商等联系紧密的城市和地区。航空港卫视将作为“互联网+”融媒体平台，发挥对外推介、经贸交流等重要作用，有助于增强河南企业与中原文化在海内外的影响力。

二 学习党中央、国务院“一带一路”建设部署

国家发展改革委、外交部、商务部联合发布的《推动共建丝绸之路经济带和21世纪海上丝绸之路的愿景与行动》指出，河南要发挥内陆腹地战略支撑作用，把中原城市群作为推动区域互动合作和产业集聚发展的重点区域，支持郑州建设航空港、国际陆港，加强内陆口岸与沿海、沿边口岸通关合作，开展跨境贸易电子商务服务试点，打造内陆开放型经济高地，无疑让河南参与“一带一路”建设找准了战略着力点。

省委省政府积极主动学习党中央、国务院关于“一带一路”建设重大战略部署并提出明确要求，要站在党和国家事业发展全局的高度，深入贯彻习近平主席重要讲话精神，切实增强积极性、自觉性和主动性，全面融入“一带一路”建设，全面谋划全方位对外开放大战略，提升河南在全国发展大局中的地位，打造内陆开放高地。

围绕“一带一路”建设，服务全国对外开放大局，河南行动迅速，全力以赴。省委省政府主动对接“一带一路”倡议，结合河南实际积极谋划，出台《河南省参与建设丝绸之路经济带和21世纪海上丝绸之路实施方案》，明晰河南在“一带一路”建设中的定位、目标、布局和任务，是河南参与“一带一路”建设的纲领性文件。河南积极抓好与“一带一路”建设具体政策措施、重点任务的衔接，基本形成纵向联系、横向对接的工作机制。

三 学习兄弟省份“一带一路”发展经验

河南地处内陆，经济发展水平相较于东部沿海及湖北等地区存在一定差距。近年来，河南省主动学习借鉴兄弟省市融入“一带一路”的发展经验，结合河南省实际，稳步推进“一带一路”建设的河南实践。

2015年5月，中部六省共同举办了共建“一带一路”国际研讨会，强化中部各省在经济、能源、贸易、科技、旅游、文化等领域开展更多交流合作，着力推进“一带一路”建设。2017年5月，郑州航空港经济综合实验区与青岛前湾保税港区管委会正式签署共建“‘一带一路’自贸驿站”战略合作协议。2017年，河南、湖北自由贸易区同时获批，时任河南省副省长舒庆表示，河南将认真学习借鉴兄弟省市先进经验做法，主动对接高标准，不断提升河南自贸试验区建设整体水平和能力。进一步巩固提升航空

货运网络优势，加大力度开辟“一带一路”共建国家、国际重要枢纽机场货运航线。

2020年11月，河南代表团赴沪苏浙学习考察，学习上海优化营商环境的做法，苏州工业园区发展与产业链水平提升、生态环境优化的协同推进方法，浙江推进数字经济引领发展及对创新创业的支持等先进理念及实施路径，为河南深度融入“一带一路”建设积累丰富经验、创造有利条件。2020年11月，河南省领导到上海学习考察并签署《豫沪全面深化战略合作协议》，提出建立“一带一路”豫沪合作机制，全力推动豫沪两地合作交流迈上新台阶，在更大市场空间中配置资源。

河南、广西两地海关加强互动交流，实现深度协作。2022年，双方签署《郑州海关 南宁海关服务“一带一路”高质量发展合作备忘录》，就推进西部陆海新通道建设、加强监管执法互助、加强优势资源共享3方面17项具体项目开展深度协作。河南在贸易、投资、物流、文旅等方面持续深化与广西和东盟的合作与交流。为促进豫桂东盟物流与贸易协同发展，河南主动对接融入西部陆海新通道，2018年举办了陆海新通道物流洽谈会，2019年举办了豫桂东盟西部陆海新通道多式联运物流合作洽谈会，2020年举办了豫桂东盟西部陆海贸易新通道合作洽谈会，不断为豫桂东盟交流合作赋能。2022年西部陆海新通道海铁联运班列首次拓展至河南，豫桂东盟交流合作又迈出坚实的一步。

第二节　注重总体部署

河南充分认识到融入“一带一路”对促进对外开放和经济发展的重要性，在深入系统学习习近平主席“一带一路”重大合作理念后，形成了统一的思想，凝聚各组织机构力量，加快投入实践，坚持在干中学、学中干。河南对“一带一路”推进工作进行总体部署，明确了组织领导架构，制定了具体的实施方案，逐步完善相关配套，加强实施过程的监督检查，保障政策有效落实。

一　统一思想，凝聚力量，调动各级各部门的积极主动性

经过深入系统学习，河南充分认识到“一带一路”建设对河南发展带

来的重大机遇，全省上下统一思想，凝聚力量，想方设法融入“一带一路”建设进程，积极采取行动，加快融入步伐。

洛阳市作为丝绸之路的东方起点，积极融入“一带一路”建设，印发《洛阳市开放发展行动计划》，打造“一带一路”双向开放新高地。开封市把“一带一路”建设作为着力抢抓的“三大机遇”之一，积极与“一带一路”共建国家城市深入开展文化交流，促进商贸、产业等更广泛领域的合作共赢。2017 年，南阳市政府印发了《南阳市融入丝绸之路经济带和 21 世纪海上丝绸之路建设实施方案（2017 年～2020 年）》，加快构建全方位、宽领域、多层次对外开放新格局。周口市明确“东拓西连、建港促融”的发展思路，填补了中原经济区内河航运交通的空白，实现了周口与国家“一带一路”建设的深度融合。漯河市认识到深度融入“一带一路”建设是漯河抢抓重大机遇、促进开放发展的必然选择。三门峡市积极响应国家实施“一带一路”建设和“走出去”战略，主动对接、深度融入“一带一路”建设。信阳市要求全市主动融入国家“一带一路”倡议，开拓创新，务实重干，努力把信阳打造成为内陆开放新高地。驻马店市主动融入“一带一路”倡议部署，与郑州航空港经济综合实验区开展多领域战略合作，双方携手推动两地对外开放和外向型经济发展。驻马店市加入“一带一路”城市旅游联盟。濮阳市主动把握“一带一路”建设带来的新的重大机遇，着力构建现代综合交通体系，加快产业转型升级，加强与共建国家文化交流，加快与“一带一路”通行规则接轨。

二　强化组织领导，完成责任分配

河南省委省政府高度重视参与建设“一带一路”工作，2016 年 8 月 10 日，成立了省参与建设“一带一路”工作领导小组，并建立领导小组成员单位联络员制度、信息报送和督察督办等工作制度。同日，河南参与建设“一带一路”工作领导小组第一次会议在郑州举行，会议研究审议了《河南省参与建设“一带一路”工作领导小组主要职责和议事规则》《河南省参与建设“一带一路”工作领导小组办公室主要职责和工作规则》《河南省参与建设“一带一路”2016 年工作方案（讨论稿）》，并对下一步河南参与建设“一带一路”工作进行了安排部署。

河南参与建设“一带一路”工作领导小组主要统筹指导全省参与建设

“一带一路”相关工作。具体包括统筹协调河南省参与建设“一带一路”对内对外工作，审议重大规划、重大政策、重大项目、重大宣传和年度重点工作安排，指导各专项规划编制和方案实施；协调指导各省辖市、省直管县（市）参与建设“一带一路”工作；向省委省政府提出河南省参与建设“一带一路”的决策建议；督促检查河南省参与建设“一带一路”进展和重大事项、主要政策落实情况；积极争取国家支持；强化战略谋划，研判国内外形势，做好重大问题研究及协调解决等。2019 年，印发并实施《关于以“一带一路”建设为统领加快构建内陆开放高地的意见》和《河南省参与“一带一路”建设三年工作要点（2019~2021 年）》。

近年来，河南省参与建设“一带一路”工作领导小组每年初印发参与“一带一路”建设工作年度要点，明确各部门参与“一带一路”建设工作的目标、任务、分工与完成期限，并定期跟踪督办，促进各级各部门协调联动、共同推进参与建设“一带一路”工作，凝聚起全省上下一盘棋的强大工作合力。

三　制定实施方案

2015 年 11 月，为贯彻党中央、国务院关于推进“一带一路”建设的战略部署，积极参与“一带一路”建设，根据河南省的实际，制定了《河南省参与建设“一带一路”实施方案》（以下简称《实施方案》）。《实施方案》中对“一带一路”的总体要求、战略布局、重点任务、创新开放型体制机制和推进实施做了明确部署。

《实施方案》明确河南在“一带一路”建设中的战略定位，要将河南建成“一带一路”重要的综合交通枢纽和商贸物流中心、新亚欧大陆桥经济走廊区域互动合作的重要平台、内陆对外开放的高地。《实施方案》提出了近期、中期、长期目标，就目前的实施情况来看，河南已经完成近期目标，正在奋力向着中期目标迈进。

《实施方案》中对重点任务进行了详细表述。提出促进基础设施互联互通、深化能源资源合作、开展国际产能合作、提升经贸合作水平、加强金融领域合作、密切人文交流合作等六个重要方面并制定重点任务。《实施方案》的各项重点任务具体翔实，可操作性强，截至 2023 年 6 月，如多式联运格局构建、郑州综合交通枢纽建设、自贸区建设、跨境电商综试区建设、中欧班列以及空中丝绸之路建设均已取得了令人瞩目的成绩，河南对外贸易取得了跨越式发展，市场布局更加多元，市场主体不断壮大，市场机制不断完善。接下来，河南将按照《实施方案》及每年的工作要点继续推进“一带一路”建设，将“工笔画”中每个细节用细腻的笔法描绘出来，巩固发展已有成果，推进实施未达目标任务，推动河南经济社会高质量发展。

四 加强过程监督，注重检查落实

注重过程管理，及时跟踪督办。河南省参与建设“一带一路”工作领导小组印发的《河南省加快“四路协同”发展工作方案》中明确了各任务牵头单位的责任分工，并指出要做好跟踪督办。省参与建设“一带一路”工作领导小组加强对工作方案中具体任务的统筹协调，会同相关单位及时解决工作推进中出现的问题，确保各项任务落到实处。建立信息报送制度，对落实情况按月进行跟踪督办，重大事项随时报告。省参与建设“一带一路”工作领导小组办公室对工作任务实行动态管理，加强全过程监督，定期汇总工作推进情况并对工作进展进行督查，注重工作落到实处。

明确工作要点，强化跟踪问效。省参与建设“一带一路”工作领导小组统筹谋划年度重大政策、重要事项、重点任务，于每年初印发参与“一带一路”建设工作年度要点，各有关部门和各地市根据年度工作要点分别研究制定具体行动方案和工作措施，明确时间表和责任人，主动与配合单位沟通对接，做好工作协同，推动积极落实。

第三节 强化政策保障

习近平主席多次就河南加快融入“一带一路”作出重要指示批示，河南积极响应，制定包含财税支持政策、金融支持政策、投资贸易合作支持政策、海关支持政策等在内的一揽子政策进行落实，推动“四条丝路”协同建设并取得较大进展。

一 财税支持政策

河南作为丝绸之路经济带的重要枢纽，对“一带一路”财税政策做了充分调研并进行了深入研究，提出了具体的支持政策。河南融入“一带一路”建设过程中实行的财税政策包含科技创新、生产加工、投资贸易、人才培养等多个方面。

（一）实施减税降费，精准援企稳岗

企业是参与“一带一路”建设的中坚力量，河南加大财政投入力度，落实新的组合式税费支持政策等各项助企惠企政策。实施规上工业企业满负荷生产财政奖励、国有房屋租金减免、大规模实施增值税留抵退税、实施增值税小规模纳税人“六税两费”优惠、“稳外贸”财政金融政策奖励等政策，支持有效降低外经贸企业运营成本，促进外贸产业发展。出台《支持中小企业发展若干财税政策》，聚力降低企业经营成本，充分释放政策红利，支持中小企业实施技术改造、提质增效发展，紧抓新机遇，更多地参与到“一带一路”贸易中。

2022 年河南累计“退减免缓”税费 1323.5 亿元，拨付 5.8 亿元奖励金至 4043 家企业，减免租金 14.8 亿元。2023 年 1~5 月，拨付 3.65 亿元奖励规上工业企业满负荷生产。2022 年度下达“稳外贸”财政金融政策奖励资金 1450 万元。

（二）完善基础设施，畅通贸易通道

为更好推动河南融入“一带一路”建设，省财政拨付资金设立铁路产业投资基金，助力形成较大规模铁路产业集群，支持河南铁路项目建设和相关产业发展。统筹资金，扶持郑州新郑国际机场开拓国内外航空市场，加快构建航空货运枢纽。河南省财政厅与邮储银行合作设立了“邮银豫资一带一路（河南）发展基金”，这也是河南省首只服务“一带一路”建设的投资基金，基金总规模预计达 1000 亿元，占基金规模 70%的功能类项目重点支持河南“一带一路”节点城市的基础设施建设、政府和社会资本合作项目、承接全省产业转移重大项目。

（三）支持招商引资，加大奖励力度

为加快建设内陆开放高地，推进“一带一路”建设进程，切实提升招商引资实效，河南省政府印发了《关于新形势下加强招商引资工作的若干

意见》，提出要加大奖励力度，鼓励各地设立招商引资专项资金，对招商引资落地项目给予不同等次的支持奖励。对引进的重大招商项目，按照“一企一策”“一事一议”制定推进方案和扶持政策。对成功引进外来资金的招商引资中介机构或企业，按规定给予相应奖励。省财政厅、省商务厅联合印发《河南省招商引资专项资金管理办法》，每年安排1亿元对重大招商引资项目给予奖励。近年来，河南省财政下达专项财政资金进行奖励，2022年以来，累计下达招商引资专项资金8975万元，用于重大招商引资项目、总部经济项目及公益事业项目，全力为促进全省高水平开放、高质量发展创造良好环境。

（四）建设国家创新高地，保障创新驱动战略实施

习近平主席指出，要将“一带一路”建成创新之路，开展重大科技合作，培养创新创业人才，提升科技创新能力。基于此，河南省政府出台《河南省支持科技创新发展若干财政政策》，形成了支持创新驱动发展的配套财政政策体系。强化企业创新主体地位，用好企业研发后补助、高新企业认定奖补、重大科技专项奖励、“揭榜挂帅”项目资金支持等政策。

河南推动完善财金联动机制，安排专项资金，充分运用“科技贷”政策工具，支持合作银行开展“科技信贷”业务，有效解决科技型企业融资难题。设立中原科创风险投资基金、新兴产业投资引导基金和创业投资引导基金等项目支持新兴产业及创新创业发展，加快国内外先进技术成果转移转化。下达省重大科技专项资金，支持河南师范大学、嵩山实验室、宇通客车等单位重大科技专项项目实施，助力河南科技创新领域核心关键技术创新和突破。河南高质量推进“人人持证、技能河南”建设，加快打造全国技能人才高地，为“一带一路”建设增加技能人才储备。

2022年全省科技支出411.1亿元，同比增长24.9%，高出全省一般公共预算支出增幅16.1个百分点。河南统筹安排资金7.1亿元，用于支持一流创新平台建设，支持稳定开展科学研究，支持科普与学会服务能力提升。自2016年开展“科技贷”业务以来，企业累计获得贷款110.61亿元，为企业创新升级提供了有力支撑。截至目前，省级共设立22只政府投资基金，方案设立总规模2153.7亿元，到位规模716.03亿元；累计投资项目777个，投资金额442.54亿元，有力推动了河南高质量发展和新发展格局构建。

二 金融支持政策

河南持续推动金融行业发展，完善多元化的筹融资机制，加强区域间金融合作，加强区域金融监管合作，促进金融机构双向进入，强化金融服务对河南融入“一带一路”的支持作用。

（一）财政金融联动，缓解融资难题

为解决融资难题，鼓励省辖市设立外贸信贷准备金，以财政资金投入撬动金融资本，建立外贸企业贷款损失补偿机制，引导金融机构降低对外贸中小微企业贷款资产抵质押要求，扩大出口信保保单、出口退税账户质押、应收账款、出口订单等贸易融资规模。下达省级金融业发展专项奖补资金，引导和支持河南企业积极开展多元化融资，提高金融服务实体经济效率。

民营企业作为河南参与“一带一路”共建国家外贸的主力军，进出口规模持续扩大。提升河南共建“一带一路”参与度，重点要保障民营企业持续稳定生产经营。河南持续运用政府采购合同融资、小微企业应急周转资金池、省级融资担保代偿补偿资金池、贷款保证保险、“稳外贸”财政金融支持政策5个支持市场主体发展的实施方案，加强对民营企业的支持，提高其参与“一带一路”建设的能力和意愿。

2018年以来先后与22家金融机构合作，累计为5141家中小企业实际融资133.1亿元。2022年全年为4800余家中小微企业实际融资631.2亿元，助力缓解企业融资难、融资贵问题。2019年以来，省财政累计安排奖补资金4亿元，支持洛阳建龙微纳新材料股份有限公司等98家企业上市，推动郑州宇通集团有限公司等255家（次）企业实现4481亿元融资规模。

（二）充分发挥金融企业服务效用

持续扩大出口信用保险覆盖面。鼓励银行、保险公司等金融机构根据外贸企业的业务开展需要，适度扩大出口信用保险保单融资规模，持续提升外贸金融服务质效，加大金融对“一带一路”参与企业的支持力度。2022年，河南省累计为2620家外贸企业提供风险支持114.1亿美元，同比增长19.5%，进一步扩大了受益企业覆盖面，增强了豫企出海信心。

发挥银行自律机制作用，创设“评价体系”，对高评价企业在贸易便利化、信贷支持、定价机制、创新金融产品等方面给予支持，破解中小企业融资难的问题。鼓励金融机构拓展服务覆盖面，支持金融资本进入基建、贸易、服务企业，为实体经济平稳健康发展引入更多金融活水。

为协调解决跨境电商企业面临的资金问题，推动跨境电商综试区和“网上丝绸之路”稳健运行，2020 年 4 月，省商务厅组织跨境电商企业与金融机构进行对接，推动企业降低成本、解决融资难等问题。

三　投资贸易合作支持政策

为持续促进河南投资贸易稳定发展，深度融入“一带一路”建设，突出“走出去”与“引进来”相结合，河南省出台了一系列政策保障措施。

促进投资方面。为深入实施开放带动战略，综合提高外资利用效率和规模，营造一流营商环境，打造内陆开放高地，2017 年 5 月，河南省发改委印发《扩大对外开放积极利用外资有关政策措施》，从扩大外资准入领域、营造公平竞争市场环境、完善引资载体和平台建设、强化利用外资要素、支持加强外资工作保障等 5 个方面提出了 22 条政策措施。2017 年 7 月，河南省人民政府印发《关于扩大对外开放积极利用外资的实施意见》，从贯彻落实国家进一步扩大开放政策、着力优化营商环境、充分发挥载体平台利用外资功能优势、加强吸引外资政策支持 4 个方面提出 24 条具体内容，并提出由省发改委、商务厅进行跟踪督查、总结经验，指导工作开展。2018 年，河南省人民政府出台了《关于促进外资增长的实施意见》，意见中提出扩大外资准入领域、加大财税支持力度、增强招商引资实效、优化外资营商环境等 18 条措施，有力促进了河南利用外资稳定增长。2020 年 7 月 21 日，河南省政府出台《关于加强新形势下招商引资工作的意见》《招商引资三年行动计划（2020~2022 年）》，编印《产业链招商图谱示例》，吹响招商引资新号角。2021 年，河南省政府印发《河南省“十四五”招商引资和承接产业转移规划》，旨在推动招商引资和承接产业转移持续取得新成就。

支持贸易方面。河南出台“稳外贸”10 条措施，以财政资金补贴中小外贸企业参加国际性展会、线上展会、境外展会，助力企业抢订单并持续丰富外贸政策工具箱。逐步恢复并扩大省内消费，扎实做好稳外贸工作；

着力提升豫企海外竞争力，对企业商标注册、专利申请费用、贸易救济案件费用，及出口信用保险统保平台保费进行大规模高额补贴；在出口退税、贸易融资、信用保险、跨境电商、加工贸易、保税维修等方面精准施策，进一步为外贸企业带来便利。持续深入开展“万人助万企”活动，积极组织业务宣讲和培训，指导企业用好“一带一路”优惠政策规则，精准开拓“一带一路”市场。

支持跨境电商等外贸新业态。为推动跨境电商持续健康发展，助推全省外贸稳定增长和转型升级，河南于2015年制定《河南省跨境电子商务示范园区和培训孵化基地认定管理暂行办法》，大力培育外贸新增长点及外贸新业态，促进跨境电子商务发展，对E贸易核心功能集聚区、省级跨境电商示范园区暨人才孵化平台、省级海外仓示范企业、省级外贸综合服务企业进行奖补。

河南省积极争取中央支持政策，2017年4月，河南自贸区正式挂牌成立，河南自贸区肩负着贯彻落实“国家自由贸易区战略”和“‘一带一路’倡议”的重任，自贸区建立以来，政府行政效率明显提高，对外贸易规模持续扩大，结构不断优化，利用外资水平持续提高，交通设施建设和产业体系逐步完善。为进一步推进自贸区发展，2023年2月，河南省政府印发了《中国（河南）自由贸易试验区2.0版建设实施方案》，对拓展“两体系、一枢纽”功能、推进贸易投资便利化、开展制度创新、引育并重发展重点产业、推动河南自贸试验区与综合保税区统筹发展、加强交流合作和复制推广等方面进行了具体的政策安排。

四　海关支持政策

为推进河南“一带一路”建设，提升通关效率，简化通关手续，优化通关服务，加强通关检查监管，满足日益增长的跨境电商业务需求，推动保税物流中心和自贸区业务开展，郑州海关采取了一系列支持举措。

推动提升通关效率。一是通过应用自动化分拣设备、CT智能审图等科技设备，对跨境电商包裹实现“非侵入查验直放”。二是郑州海关联合商务、税务等部门，提供“7×24”小时无障碍预约通关服务，实现货物即报即放、随到随检。三是推进“提前申报”“两步申报”业务改革。全面推广应用“互联网+预约通关”系统，提供节假日预约通关服务。四是属地查检系统上线。依托该系统，全省外贸企业可在中国国际贸易“单一窗口”全天候办理23种证书，实现企业证书“云签发，秒出证”。五是电子口岸入网办理实现“零跑腿”，通关业务办理实现“零接触”“一网通办”，加强属地口岸沟通协调，制定针对性通关保障措施，确保保税物流中心至铁路口岸的公铁联运无缝对接，提高通关时效，确保特殊用品通关“零延时”。

推进“放管服”改革工作。一是“单一窗口”“技贸通”服务应用创新。依托中国（河南）国际贸易“单一窗口”平台，打造地方特色应用，流程提交及审批全部电子化，便民惠企更进一步，实现让数据“多跑腿”、企业“少跑路”。外贸企业可通过“技贸通”服务应用及时收到由郑州海关推送的出口国贸易措施、风险预警等提醒信息，可第一时间规避风险，提升应对能力，保障企业自身利益。二是实施跨境电商零售进口商品条码。通过商品条码可以便捷获取产品信息，让零售进口商品从此有了“通行码”“安全码”，极大惠及民生。

推进区港一体化运行。郑州新郑综合保税区与郑州新郑国际机场“区港一体化”通过打通两个区域之间连接，优化区域之间申报模式，形成陆空上下联动、内外双向互济的开放格局。充分发挥“一线放开、二线管住、区内自由”的贸易便利化制度创新红利，搭建起“一个系统、一次理货、一次查验、一次提离”的大通关模式。

支持“空中丝路”。保障郑卢“空中丝路”的高效运转，郑州海关在机场实施“7×24小时”通关模式，运用“提前申报”“整板转运、空陆联运、机坪直提”等多种通关便利化措施，为郑州机场带来了全国领先的口岸通关时效，使得进出口货物在口岸“随到随走”。此外，郑州海关还逐步推广应用落装改配、直接改配等舱单管理功能模块，保障卢森堡货航灵活配置运力资源，使该航线航班平均装载率达到90%以上，大大节省了航线平均运输成本。

第四节　聚焦要素支撑

要素支撑体系建设是河南在“一带一路”实施过程中的一个重要方面，有利于促进要素自主有序流动，提高要素配置效率，促进市场深度融合。河南通过优化政策体系，逐步完善资源利用、人才队伍建设、资本配置、科技创新、组织管理、数字信息系统建设等方面配套要素体系，充分发挥河南比较优势，全面优化产业布局，推进基础设施建设，促进人才交流，推动科技创新发展，为河南高质量融入“一带一路”建设提供充沛动力。

一　充分发挥区位交通优势，高效利用资源

河南交通区位优势突出，是全国人口大省、农业大省和粮食生产核心区，是服务“一带一路”建设的现代综合交通枢纽，在多式联运发展方面具备良好的基础条件和较丰富的实施经验。“一带一路”建设十年来，河南充分发挥并不断扩大区位交通优势：扩机场、建高铁、强公路、畅水运，贯通水陆空，推动交通区位优势向枢纽经济优势转变。民航强枢增支，铁路拓展成网，公路加密提质，水运通江达海，基本建成了连通境内外、辐射东中西的现代立体交通体系和物流通道枢纽。综合交通线网总里程达28万公里，高速公路里程达7216公里，2021年出入境货运航班突破1万架次，货邮吞吐量达70.5万吨，内河航道里程达1725公里，综合交通运输体系的逐步完善对河南经济社会发展的支撑作用更加凸显。河南充分利用区位交通优势，相继打通“空陆网海”四条丝路，实现了从“腹地”到“高地”的一系列重大转变。

河南充分利用劳动力、自然资源等优势，加速发展先进制造业、现代服务业，充分利用“一带一路”建设过程中带来的机会，推进供给侧结构性改革，加大优势产品出口，劳动密集型产品、纺织纱线、服装、铝材、农产品等产品出口量持续攀升。加快推进先进制造业大省、高成长服务业大省、现代农业大省建设，持续深化创新驱动，推动产业升级，全面增强河南融入“一带一路”的经济实力、合作吸引力和综合竞争力。

二　优化劳动力结构，强化人才支撑

习近平主席指出：“人才是第一资源。要坚持人才引领发展的战略地位，走好人才自主培养之路，在全社会大兴识才、爱才、敬才、用才之风。”河南在融入“一带一路”的过程中深入实施科教兴省、人才强省战略，着力推动劳动力结构持续优化，保障劳动力数量和水平能够满足河南高质量发展的需要。

深入实施科教兴省战略，加大科研教育投入。2013年，河南省一般公

共预算支出中科学技术支出80亿元，教育支出1171.52亿元，而后每年对于科教的投入持续增长。2022年全省科学技术支出达411.1亿元，较上年增长24.9%，教育投入达1896.7亿元，较上年增长6.17%，持续保持了科技和教育投入的稳步增长。

抓紧人才培养，强化技能导向，加强高技能人才队伍建设。“一带一路”实施方案印发以来，河南持续开展职业技能培训，截至2022年底，河南技能人才总量达到1415万人。加强培养“一带一路”专业型人才，组织“一带一路”共建国家贸易便利化研修班、“一带一路”共建国家职业技能培训班（建筑类）及农产品加工业“一带一路”共建国家贸易经理人培训班等多类别、高频次培训。

统筹实施重大人才工程，引才蓄能、养才培能、聚才扩能。举办中国·河南招才引智创新发展大会，加强人才引入，奋力推进科创高地、创新载体建设，真正达到筑巢引凤的效果。建立健全人才服务保障机制，立足重点产业发展需求，引进具有国际视野的学科带头人、产业领军人才、知名豫籍人才和高水平团队来豫工作。建立人才双向交流合作机制，导入关键行业和核心领域人才。充分发挥国内外知名猎头公司和人力资源服务机构作用，拓宽国际化人才寻访途径，积极参与国际人才竞争与合作。加快发展高等教育和现代职业教育，加强国际化人才培养和智库建设，打造高级管理和技术人才队伍，服务“一带一路”建设。

三 优化资本配置，构建新发展格局

稳步推进“一带一路”建设，密切与共建国家金融合作，促进资金融通。加快与共建国家签署双边协议，推动河南金融机构布局海外，为企业“走出去”及共建国家产业发展提供金融服务，探索建立平等、透明、可持续的创新型区域金融合作机制。加大与共建国家金融机构合作力度，降低资本流动限制，减少准入壁垒，加强不同国家或地区间的政策交流学习及投融资规则协同对接，降低政策差异产生的成本，加速资金流动，充分利用外资并加强对外投资，提升资本配置效率。

增加有效金融服务供给，推动金融服务体系更加完善。随着“一带一路”建设的推进及共建国家金融合作的持续深化，建立较为完整的市场化金融机构体系迫在眉睫。充分发挥金融体系对实体经济的支持作用，确保满足河南产业发展的融资需求，制定完善合理的相关政策法规，建立金融市场风险防范体系，筛选优质资本进入河南，避免投机的非法资本对河南金融业产生冲击。优化“信豫融”平台和省金融服务共享平台功能，完善平台金融产品体系，更好地服务企业生产经营。搭建适合河南省情及各国国情的“一带一路”金融服务体系，根据金融市场成熟度及实际金融需求，因地制宜推进金融合作，最优化配置资本要素。

强化金融交流合作。积极争取具有竞争力和影响力的国内外金融机构在河南设立法人或分支机构。加大服务共建“一带一路”和中国（河南）自由贸易试验区金融创新力度，借助卢森堡金融中心地位，强化与欧盟有关机构的金融合作。

四　实施创新驱动发展战略，发挥科学技术引领作用

河南坚持创新在“一带一路”实施过程中的核心地位，把科技创新作为全省发展的战略支撑，深入实施科教兴豫战略、人才强省战略、创新驱动发展战略，完善创新体系，全面塑造发展新优势。

提升科技创新能力。加快推进科技强省建设，推进产业链创新链深度融合，完善技术创新与产业发展相融合的管理体制，实施战略性重大科技项目，优化学科布局和研发布局，推进学科交叉融合，支持高校、科研院所开展重大基础研究，引导河南各类创新主体积极参与到“一带一路”建设中去。

强化企业创新主体地位，加强人才储备，构建良好创新生态。促进各类创新要素向企业集聚，提升企业技术创新能力。加强产学研深度融合，支持企业牵头组建创新联合体，承担国家重大科技项目。加强企业家队伍培养，实施企业家素质提升工程，发挥企业家重要作用。深入实施创新型企业培育行动，推动产业链上中下游、大中小企业融通创新。深入实施“中原英才计划”，加强创新型人才培养，实施知识更新工程。完善科技激励和保障机制，优化创新环境，完善创新政策，健全科技人才评价体系，构建充分体现知识、技术等创新要素价值的收益分配机制。持续优化高端人才引进渠道，将各项人才政策落到实处。深化科技体制改革，增强科研院所、高校及科创企业的源头创新作用，大力支持基础前沿研究，推动重点领域项目、基地、人才、资金一体化配置，提高科技成果转移转化成效，

提高“一带一路”实施科技创新要素配置效益。建立财政投入稳定增长的支持体系，充分发挥金融支持作用。扩大与“一带一路”共建国家的科技开放合作，加强对话和合作，加强知识产权保护与交流，加强战略互信。

五　优化组织管理方式，充分激发各组织活力

构建与国际接轨的贸易投资便利化体系。依托河南自贸试验区郑州片区，深化贸易投资管理创新，精简贸易监管、许可和程序要求。更高水平建设国际贸易“单一窗口”，提升跨境贸易、投融资结算便利化水平，积极申请开展本外币合一银行结算账户试点，推进大宗商品贸易人民币结算，支持优质可信企业探索开展转口贸易跨境人民币结算。争取开展央行数字货币试点，推动在大宗商品期现交易中应用，进一步便民惠企。

创新便利高效贸易监管模式。加快综合保税区建设，在新郑综保区和郑州经开综保区实施更高标准的“一线放开、二线安全高效管住”贸易监管制度。依托信息化、诚信化监管手段，优化“一线”入区与“二线”报关的作业流程。以跨国企业“买全球、卖全球”一体化运营需求为导向，健全以智能化通关为支撑的国际贸易服务体系，推进“智慧口岸、智能边境、智享联通”建设。建设国际航运物流综合信息平台，对接航运物流企业管理系统和口岸监管系统，推动航运物流信息互联互通，提升航运物流“一站式”信息服务水平。加强与国际海关合作，推广经认证的经营者（AEO）互认制度。

打造对标国际一流的营商环境。在河南自贸试验区郑州片区、郑州航空港区设立国家营商环境改革创新实验区。全面贯彻落实《外商投资法》，实行准入前国民待遇加负面清单管理制度。积极申建国家服务业扩大开放综合试点，探索在数字经济、互联网、电信、医疗、文化、教育等领域率先开放，放宽准入限制。深化审批制度改革，推动“最多跑一次”改革扩面增效，健全多元化商事争议解决机制，推进重大知识产权平台载体建设，打造知识产权公共服务平台。构建多维知识产权保护体系，完善侵权维权案件受理审判机制，简化审理办结程序。

六　加快数字信息系统建设、促进信息交流共享

加强数字基础设施建设。加快建设涵盖 5G 网络、千兆光纤网络、数据

中心、物联网、区块链等信息通信设施，优化升级传统网络基础设施，持续提高其保障经济社会发展的能力；统筹优化算力基础设施布局，加快建设融合基础设施，为河南“一带一路”建设中国际信息互联互通、跨境电商发展、通关便利化、信息交互智能化等方面提供技术和设施基础。

壮大数字核心产业。注重培育通信设备、软件服务、集成电路、智能终端、智能传感器、网络安全、信息技术服务业等新兴数字产业集群，突破提升电子核心产业；推动农林牧渔业及现代制造业基础设施和生产装备智能化改造，推进机器视觉、机器学习等技术应用，壮大河南数字制造产业；加快算力网络枢纽节点建设，打造数字中心集群，加快发展数据服务产业，逐步提升河南数字产业参与“一带一路”贸易规模。

发展高效协同的数字政务。河南加快政务数字化建设，提升数字化服务水平和服务效能，全面建设数字政府，实施线上线下融合，“放管服”改革高质量推进，进一步优化营商环境，为“一带一路”建设提供更多动能；充分发挥数字信息技术对新型智慧城市建设的驱动作用，加速构建智慧城市平台，推动城市治理的精准化和预见化，注重提升交通、教育、健康等领域数字化治理能力。

第五节　加强监测考评

河南在“一带一路”建设过程中，加强监测评估与考核工作，明确了监测考评的范围及方式，对建设成效进行动态评估，完善奖惩机制，以掌握河南“一带一路”建设的总体推进情况，通过定期总结工作成果与短板，为下一步工作找准着力点，推动共建“一带一路”走深走实。

一　明确监测考评范围及方式、动态评估、奖惩机制

健全监测机制。将“一带一路”建设工作纳入省各级各部门年度重点工作，确保落实到位。督查部门会同各重点任务牵头单位，按照省委省政府统一部署定期对各级各部门“一带一路”建设工作推进情况开展专项督查，完善督导制度，明确目标任务，创新工作方法，明确监测考评范围方式，落实统计报表制度，跟踪落实情况，并对成果进行动态评估，推动政策有效落实。加大对未达工作的督导力度，定期对各有关部门问题解决情

况进行通报。

严格考核机制。把重点任务推进情况作为有关部门和单位目标考核的重要内容，完善工作目标考核体系，将重点任务列入相关考核项目。年末由省参与“一带一路”建设工作小组牵头，对各有关部门和单位工作情况进行综合考评，对工作落实不到位的，按照有关规定追究责任，对工作成绩突出的集体和个人给予表彰。

二 定期总结，巩固成果，弥补短板

河南省在推进“一带一路”建设过程中，积累了丰富的经验，同时发展中也存在一些短板，河南省定期进行研究总结，提出改进对策并指导实施。2022 年，河南对参与“一带一路”建设的好经验和好做法进行总结，同时也提出了存在的问题，如制度型开放认识理解不够到位，制度型开放工作研究不够系统，已形成制度成果运用不够充分，改革创新重点不够聚焦，自贸试验区联动创新发展不够超前等仍需持续推进等。针对这些问题，分析深层次原因，提出有针对性的对策建议，持续推动河南深度融入“一带一路”建设。

第三章 融入“一带一路”的郑州模式

郑州地处我国中部，是丝绸之路经济带和21世纪海上丝绸之路交汇区域，是“一带一路”建设中的重要节点城市。“一带一路”倡议提出以来，郑州市高度重视相关工作，将参与“一带一路”建设作为加快现代化建设的重要支撑。加快开放枢纽建设，坚持以“空中丝绸之路”为引领，推动空中、陆上、网上和海上丝绸之路“四路”协同发展，统筹推进开放平台构建、经贸产业合作和人文交流，主动作为，积极参与“一带一路”建设，走出了一条内陆地区开放新路径，取得显著成效。

第一节 以开放枢纽为基点奠定“一带一路”重要节点城市地位

郑州作为河南省省会、国家中心城市，是我国重要综合交通枢纽和商贸物流中心，是新亚欧大陆桥经济走廊主要节点，是河南对外开放和参与“一带一路”建设的强大引擎。2014年5月，习近平主席视察指导河南时，要求河南“建成连通境内外、辐射东中西的物流通道枢纽，为丝绸之路经济带建设多作贡献”。近年来，郑州以开放枢纽为基点，深度参与“一带一路”建设，奠定了郑州在“一带一路”建设中的重要节点城市地位。

一 郑州是“一带一路”上的重要节点城市

郑州地理区位优势突出，综合交通发达，城市地位重要，是中华民族和华夏文明的重要发祥地，是“一带一路”上的重要节点城市，在推进“一带一路”高质量建设中具有重要地位与作用。

（一）具有突出的交通区位优势

郑州地处我国中部，连接东西、贯通南北，具有十分优良的枢纽优势，交通便利性和综合型交通运输网络的可达性日益凸显。郑州地处我国中部地区的中心位置，公路、铁路、航空、通信兼具的交通网络体系十分完善，以郑州为中心，600公里范围内可达北京、武汉、西安、太原、济南、合肥、南京、徐州等大城市；1500公里内，可通达国内70%的省会城市。郑州“米”字形高铁的最后一笔“撇点”（郑渝高铁）已经开通，标志着郑州成为我国第一个建成“米”字形高铁网络的城市。此外，郑州处于丝绸之路经济带西向、南向和连接海上丝绸之路的交汇点，形成了通达的高速公路网。近年来，借力于郑州航空港、河南自贸区建设，郑州新郑机场的航空运输实现了跨越式发展，构建形成了郑州—卢森堡双枢纽货运模式，航空货运更是长期位居中部第一，2021年完成70.5万吨货运量规模，在我国内陆节点城市中高居榜首。

（二）具有重要的城市地位

郑州在我国城市体系中具有重要的城市地位与作用。郑州不仅是河南省的省会城市、中原城市群的核心城市，还是我国支持建设的国家中心城市。多年来河南省经济总量稳居全国第五位、中西部第一位，同时河南省是全国第一人口大省，2022年全省户籍人口总量1.15亿人，常住人口总量9872万人，为郑州市的发展提供了强大的腹地支持。中原城市群是我国重点支持建设的城市群，交通区位优势突出，综合实力较强，是中华民族的重要发祥地。2018年11月18日公布的《中共中央 国务院关于建立更加有效的区域协调发展新机制的意见》明确指出，以郑州为中心，引领中原城市群发展。2016年底，郑州建设国家中心城市被纳入《促进中部地区崛起“十三五”规划》。作为现有的全国支持建设的9个国家中心城市之一，位于我国中部地区的郑州市被赋予了更多的责任和更重要的地位。2018年底，郑州GDP突破1万亿元，人口突破1000万人，这是国家中心城市地位得到认可的两个硬性指标。2022年郑州GDP达到1.29万亿元，在全国24个GDP超万亿的城市中排在第16位；常住人口1282.8万人，在全国14个特大城市中排在第11位。这标志着郑州建设国家中心城市的底气更足了，也标志着郑州在“一带一路”上的节点地位更突出了。

（三）具有悠久的历史文化

郑州历史悠久，人文荟萃，是华夏文明的重要发祥地、中国八大古都之一、国家重点支持的六大遗址片区之一、世界历史都市联盟会员城市，对于加强我国与“一带一路”共建国家的人文交流具有非常重要的支撑作用。在华夏民族传统宇宙观中，郑州地区是“天地之中心”，自古以来就是文明交流的十字要冲。历史上，夏、商、管、郑、韩建都于此。拥有距今10万年的织机洞和5万年的老奶奶庙等旧石器时代人类遗址，有8000年的裴李岗文化、6000年的大河村文化，5000年的黄帝史诗和3600年的商都文明。文化遗产和历史名胜古迹非常丰富，拥有商城遗址、裴李岗遗址、少林寺、中岳庙、嵩阳书院、登封观星台、轩辕黄帝故里等著名文明遗存。作为华夏文明的重要发祥地，郑州拥有古老厚重的历史人文积淀和具有国际影响力的文化遗产，近年来在文化的传承创新方面也取得了亮眼的成绩，不仅吸引着海内外游客来此探寻中华文明之起源，在海内外形成了较强的文化影响力和感召力，也是加强国际人文交流、促进“一带一路”民心相通的重要基础。

（四）郑州在推进“一带一路”建设中具有重要作用

“一带一路”本质上是一条条连接亚欧经济圈的经济大通道，而这些经济大通道是由沿线的各个城市节点相互连接而成，“一带一路”倡议的前景如何，最终要靠这些城市作为支撑来实现，并充分发挥其“以点带面”和“从线到片”的辐射带动作用。因此，郑州作为“一带一路”上的重要节点城市，将是“一带一路”深入推进并不断发展的重要支撑。可以说，郑州是“一带一路”沿线地区成廊结网的“联结者”、“一带一路”各种要素流动的核心枢纽以及“一带一路”互联互通的关键节点之一。基于郑州的交通区位、城市地位以及历史人文优势，以开放枢纽为基点奠定其在“一带一路”中的重要节点城市地位，既具有可能性，也是非常必要的。

二　加强郑州现代化开放枢纽建设

（一）郑州国际航空物流枢纽建设取得突破性进展

在河南省委省政府2012年提出的“货运为先、国际为先、以干为先”

发展战略指导支持下，经过 10 年的发展，郑州国际航空物流枢纽建设取得突破性进展，为建设世界级航空物流枢纽奠定了良好基础。

基础设施建设保持领先。郑州机场是 4F 级国际民用机场，有两座航站楼、两条跑道；郑州高铁南站运行，郑合、郑万和机南城际铁路已通车，与郑州机场形成“空铁”双枢纽发展态势；“三纵两横”高速路网、“六横五纵”快速路网全部投用。深化智慧机场建设，建成投用大数据智能平台和机场运营综合管理平台，推进智慧货站功能落地。作为郑州机场三期工程先导项目，郑州机场北货运区已建成投用，成为运单电子化、设备自动化、操作无人化的新型超级智慧货站，郑州机场年货邮保障能力达 110 万吨以上。目前，郑州机场已完成中国民航局确定的航空电子货运、空空中转和海外货站试点任务，形成航空货运的中国标准，并向全世界推广，有助于提升全球货运电子化水平，促进“一单到底、物畅全球”。

货源聚集效应初步形成。郑州机场已形成国际与国内、全货机与腹舱、航空与公路运输衔接互转、无缝对接的货物集疏运体系，卡车航班网络通达全国 90 余座大中城市。吸引和集聚了汉莎航空、卢货航、Fedex、DHL、UPS、东航物流、顺丰等一批国内外航司和大型物流集成商。此外，河南首家主基地货运航空公司——中州航空公司在郑州机场正式开航运行。郑州航空港实验区内已初步形成了电子信息、新能源汽车、生物医药等产业集群，为航空物流提供了稳定货源。目前，在郑州机场运营的货运航空公司 30 余家、货运代理企业 160 余家、卡车企业 30 余家，形成了电子产品、跨境电商、国际快件、国际邮件、时尚服装、生鲜冷链、高端汽车零配件 7 大物流集散中心，集疏货物品类发展为 23 大类 1 万余种，有力带动了相关产业发展。

客货运总量持续快速增长。截至 2022 年底，累计在郑州运营的客、货运航空公司分别达到 44 家、32 家，客、货运航线分别为 214 条、44 条，基本形成横跨欧美亚三大经济区、覆盖全球主要经济体的航线网络。电子货运、海外货站、空空中转三大试点成效持续显现，客货运吞吐量高峰期分别达到 2912.9 万人次、70.5 万吨，行业排名分别上升至全国第 11 和第 6。郑州机场货运量从 2011 年首次突破 10 万吨，到 2013 年、2014 年、2015 年、2017 年、2020 年和 2021 年连续突破 20 万吨、30 万吨、40 万吨、50 万吨、60 万吨和 70 万吨大关，10 年间增长了 6 倍，年均增长率为 21%，行业位次由全国第 20 提升至第 6。同时，国际货邮量比重也不断提高，由 2011 年的 7%提升至 2021 年的 77.3%。

航空口岸体系日益完备。建成了“1+1+7”口岸体系，郑州航空口岸业务规模跻身全国前列，郑州新郑综合保税区稳居全国综保区第一方阵，相继建成投用了肉类、冰鲜水产品、水果、食用水生动物、药品、活体动物、邮件等 7 个功能性口岸。国际贸易“单一窗口”实现全覆盖。持续创新监管模式，实施“7×24”小时通关机制、“提前申报”通关模式，进出口通关效率领先全国。

（二）中欧班列郑州集结中心加快建设

2020 年国家发展改革委下达 2 亿元中央预算内投资，支持郑州、重庆、成都、西安、乌鲁木齐 5 个城市开展中欧班列集结中心示范工程建设。在 5 个获得国家支持开展中欧班列集结中心示范工程建设的城市中，郑州开展中欧班列集结中心示范工程建设的优势突出。一是区位条件优越。郑州位于国家地理中心，地处丝绸之路经济带和 21 世纪海上丝绸之路交汇区域，作为国家“一带一路”重要节点城市和新亚欧大陆桥经济走廊上综合实力最强的城市之一，可有效发挥向西对接丝绸之路经济带、向东向南对接海上丝绸之路的通道枢纽作用。二是经济承载能力较强。作为国家级中心城市，郑州 2018 年已进入万亿元城市俱乐部。目前，郑州已形成以汽车和装备制造、电子信息、生物医药为特色的现代产业体系。三是基础设施良好。郑州具备多式联运海关监管和一类铁路口岸功能，拥有亚洲解编作业量最大的列车编组站郑州北站、全国最大的零担货物转运站莆田西站和最大的高铁十字枢纽站郑州东站，以郑州为中心的“米”字形快速铁路网建成运营。四是战略定位突出。国家《中欧班列建设发展规划》将郑州确定为中欧班列内地主要货源地节点，《国家物流枢纽布局和建设规划》也将郑州明确为陆港型、空港型、商贸服务型、生产服务型四类国家物流枢纽承载城市。

目前，郑州正按照国家有关要求，会同有关部门和建设主体，大力推进示范工程建设，尽快将投资计划分解落实到具体项目，确保示范工程建设相关项目顺利实施，进一步巩固提升开放枢纽优势，加快形成“干支结合、枢纽集散”的高效集疏运体系。同时，郑州加快推进陆港基础设施建设，提升承载能力，拓展发展空间，采取有力措施，创新工作举措，切实提升班列平台等建设主体的规模和竞争力，推动中欧班列（郑州）高质量发展。

（三）全力打造现代综合交通物流枢纽

郑州地处地理要冲，区位优势明显。近年来，郑州全力打造现代综合交通枢纽，不断增强国际交通物流枢纽能级，国际性现代综合交通物流枢纽日益完备，目前初步形成了以“米”字形高铁、高密度高速公路、新兴航空港、铁海联运等为标志的“铁、公、机、海”综合大枢纽，在推动“一带一路”建设中起到了重要作用。2018 年 7 月，中国民航局与河南省政府联合印发实施《郑州国际航空货运枢纽战略规划》；2018 年 12 月，《郑州铁路枢纽总图规划（2016～2030 年）》获得中国铁路总公司和河南省人民政府的联合批复；“1+3+4+N”的枢纽发展格局加快构建。郑州机场二期工程投用并启动三期建设，以郑州为中心的“米”字形高铁率先成形，公路网、水路网越织越密，郑州航空港空港型国家物流枢纽等十大国家物流枢纽加快建设，贯通南北、连接东西的现代立体交通体系和现代物流体系建设深入推进。郑州作为唯一空港型枢纽入选首批国家物流枢纽，民航、铁路、公路“三网融合”和航空港、铁路港、公路港、出海港（国际陆港）“四港联动”的集疏运体系加速形成。郑州机场进入“双跑道+双候机楼”时代，是我国首个垂直整合各类交通方式于一体的航空机场，联通世界前 20 名货运枢纽机场中的 17 个航点，具备客运 4000 万人次、货运 70 万吨的运输能力。以郑州为中心的“米”字形高速铁路加快成网，同步建设高铁南站枢纽，联通郑州机场，“两横三纵”高速路网与快速路网建成投用。此外，开工建设小李庄站及陇海外绕线工程，启动西南外绕线及郑州北编组站搬迁前期工作，推进郑州国际交通门户枢纽建设。郑州国际陆港“一干三支”铁海公联运、河南机场集团空陆多式联运、中原铁道物流公司多式联运蓬勃发展。郑州国际航空物流园、河南保税物流中心、郑州国际物流园区入选国家级示范物流园区，国际贸易“单一窗口”覆盖航空、铁路、综保区等口岸核心区域，建立全国首个以机场为核心的多式联运数据交易服务平台，发起成立国际物流数据标准联盟。

第二节　以开放通道为核心，打造空中、陆上、网上、海上丝绸之路

空中、陆上、网上和海上丝绸之路是郑州开放的最大亮点。郑州先后开辟了以郑州—卢森堡航线为主要依托的“空中丝绸之路”、以中欧班列（郑州）为主要依托的“陆上丝绸之路”、以跨境电子商务为主要依托的“网上丝绸之路”和以铁海联运为主要依托的“海上丝绸之路”，并统筹空中、陆上、网上、海上四条丝绸之路协同发展，积极探索内陆地区“四路协同”的开放通道新模式。

一　以郑州—卢森堡“双枢纽”织密“空中丝绸之路”

2017 年 6 月 14 日，习近平主席明确提出“支持建设郑州—卢森堡‘空中丝绸之路’”。郑州以“空中丝绸之路”为引领，把推进制度型开放和发挥交通枢纽优势有机结合，优化资源配置，创新体制机制，强化务实合作，推动“空中丝绸之路”建设取得了实打实、沉甸甸的成就。

（一）郑州—卢森堡“双枢纽”建设成效显著

郑州—卢森堡“空中丝绸之路”已经成为中欧互联互通的空中桥梁，获评“全球服务实践案例”。郑州—卢森堡“双枢纽”建设要追溯到 2013 年。当时，卢森堡政府面向全球出售卢森堡货航 35%的股权，河南航投成功收购，从此拉开了郑州—卢森堡合作的序幕。双方确立构建以郑州为亚太物流中心、以卢森堡为欧美物流中心，覆盖全球的航空货运网络的“双枢纽”战略。2014 年 6 月首条郑州至卢森堡货运航线正式开通，并在此后发展迅猛，取得了显著成效。越来越多的河南制造、中国品牌经由郑卢“空中丝绸之路”飞往全球、走向世界。即使在疫情期间，郑州—卢森堡“空中丝绸之路”仍然不停飞、不断航，被时任卢森堡首相贝泰尔赞誉为卢森堡及其他欧洲地区的生命线，是一条雪中送炭的“空中桥梁”。

如今，郑卢“空中丝绸之路”辐射面日益扩大，全球资源配置能力不断增强。当前，卢森堡货航在亚洲共有 19 个站点，其中郑州航线网络覆盖 8 个，航班量仅次于香港。在卢森堡货航的 30 架货机中，有 20 架以卢森堡

的城市命名，唯独“郑州号”跨越国界，因为郑州是卢森堡货航在全球的第二个枢纽。郑州机场和卢森堡芬德尔机场，货邮吞吐量分别达到70万吨级和110万吨级，分别跻身全球货运机场40强和20强，货运保障能力位居全球前列。

（二）“空中丝绸之路”越飞越广

以郑州—卢森堡为核心的“空中丝绸之路”连接活跃的东亚经济圈和发达的欧洲经济圈，拓展至美洲、非洲及大洋洲，由“串点连线”向“组网成面”转变。目前，郑州已开通5条洲际客运航线，68条国际客货运航线，货运通航城市53个（国际地区42个），在全球前20位和前50位货运枢纽机场中分别开通17个、28个航点，其中“一带一路”共建国家通达17个。客运量从2013年的1314万人次增长至2021年的1895.5万人次。货运量更是实现了突飞猛进。2013年，郑州货运吞吐量25.6万吨。2021年，郑州机场全年出入境货运航班首次突破1万架次，货运吞吐量和国际货邮吞吐量分别达到70.5万吨和54.5万吨，同比分别增长10.22%和20.79%，分别居全国第6位和第5位。2022年虽然受疫情影响，但新郑国际机场全年仍然完成货邮吞吐量62.5万吨，旅客吞吐量922.2万人次。2022年郑州机场国际地区货运量占比77%以上，全货机航线网络联通28个国家和地区，货物集疏范围覆盖90余座大中城市。目前，郑州机场客货运规模稳居中部地区“双第一”，货邮吞吐量跻身全球机场40强，国际货运量稳居全国第4位，仅次于北上广。郑州机场进口水果和海鲜水产品占全国航空运输量的60%以上。2023年，郑州机场新开通郑州至印度、土耳其、匈牙利、韩国等国家的多条货运航线。此外，加快推进河南—柬埔寨—东盟“空中丝绸之路”建设，“郑州—金边”双枢纽正在酝酿之中。

二　以中欧班列（郑州）铺就“陆上丝绸之路”

围绕建设“连通境内外、辐射东中西”国际物流枢纽通道，郑州加快推进提升中欧班列运营水平，铺就了“陆上丝绸之路”。

（一）不断提升中欧班列（郑州）规模能级

自2013年7月18日郑州国际陆港开通首班中欧班列以来，中欧班列

(郑州)越跑越快，从 2013 年 13 班、2014 年 87 班、2015 年 156 班、2016 年 251 班、2017 年 501 班、2018 年 752 班到 2019 年 1000 班、2020 年 1126 班、2021 年 1508 班、2022 年 1167 班（受疫情影响有所下降）(见图 3-1)。一年一个飞跃，助推郑州和河南进一步扩大对外开放。截至 2022 年底，中欧班列（郑州）累计开行 6561 班，运输货物货值累计达 267.99 亿美元。从 2013 年郑州开行首列中欧班列到 2022 年，中欧班列（郑州）已累计开行近 7000 班，班列开行由最初的每周一班且只有去程班列发展到目前的每周去程 16 班、回程 18 班的高频次常态化往返均衡开行状态，集货范围覆盖全国 3/4 的区域，境外网络遍布欧盟和俄罗斯及中亚地区 40 多个国家 140 多个城市，境内外合作伙伴逾 6000 家，基本实现“连通境内外、辐射东中西”境内外物流网络布局。

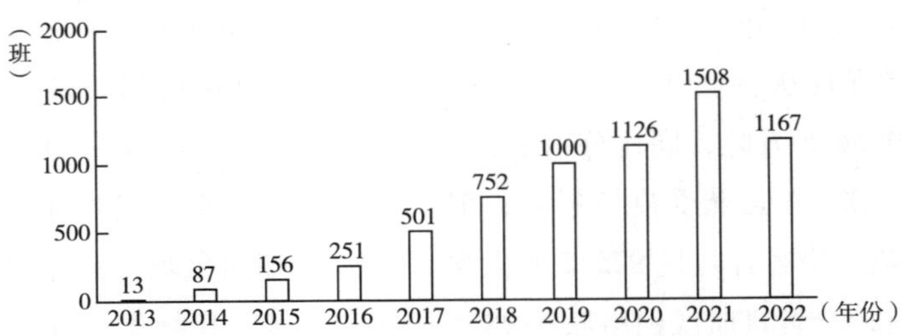

图 3-1 中欧班列（郑州）开行数量

资料来源：河南省人民政府网站。

（二）积极开展中欧班列多元化模式创新

依托郑州国家一类铁路货运口岸以及国家政策支持，积极创新班列运营模式，推动河南中欧班列的枢纽集疏功能和业务承载能力不断提升。郑州作为全国五大中欧班列集结中心之一，目前已形成以郑州为中心的“1+3”国际物流大通道，相继开行跨境电商、进口农产品冷链班列和进口汽车海铁联运班列等，打造出“恒温班列”“数字班列”等河南名片。中欧班列(郑州)是国内唯一实现多口岸、多线路、高频次、常态化往返均衡对开、长运距（1 万公里以上）国际冷链业务常态化运行的“数字化班列”。创新“郑欧班列+跨境电商”，2019 年 3 月 2 日开行首条跨境电商专线“菜鸟号”，成为全国中欧班列首家实现“9610”监管方式的班列线路。郑州国际陆港集团还与“一带一路”共建国家企业进行直接合作，探索出“运贸一体化”郑州模式。随着“运贸一体化”加快发展，实现了国际邮件进出口双向运营。2022 年 4 月 16 日，全省中欧班列（中豫号）统一命名暨国际班列统筹开行仪式举行，统筹郑州、洛阳等铁路场站，表明从城市“单打独斗”向举城市群、全省之力“集团作战”发展，标志着河南中欧班列发展迈上新台阶。

三　以跨境电商打造“网上丝绸之路”

郑州全面推进跨境电商综合试验区建设，打造线上线下联动的“网上丝绸之路”，交易链、物流链、金融供应链集聚发展，成为全国最大的进口化妆品、保健品、食品跨境电商交易基地。

（一）“网上丝绸之路”越来越便捷

作为全国唯一一个综合性“E 贸易”试点，郑州抓住新业态新模式迅猛发展的机遇，在发展跨境电商上率先“起跑”，首创的 1210 网购保税进口模式在全国推广，还被 WCO（世界海关组织）确定为拟在全球推广的监管样板，并在俄罗斯符拉迪沃斯托克和卢森堡测试成功。开通郑州至吉隆坡、曼谷等跨境电商航线，在全国开行首趟跨境电商“菜鸟号”专列。规划建设 EWTO（电子世界贸易组织）核心功能集聚区，跨境电商综试区综合指标稳居全国第一方阵。E 贸易智慧物流园区“1+9”体系投入运营，配备国内最先进的软硬件系统，大大节省了物流时间。目前，郑州跨境电商累计业务总量、纳税总额均居全国前列。跨境电商综试区综合指标稳居全国第一方阵。在全国率先获批开展跨境电商零售进口药品试点。探索开展跨境零售 O2O 现场提货模式。2022 年，郑州跨境电商交易额达到 212.8 亿元。

作为全球跨境电商大会永久举办地，郑州已经连续七年成功举办全球跨境电商大会。2023 年 5 月 9 日至 11 日，在郑州举行的第七届全球跨境电子商务大会，围绕“丝路电商”国际合作、贸易便利化、中欧班列发展、跨境电子商务供应链创新、产业合作等内容，举办开幕式、系列平行论坛和展览展示活动，探讨发展新机遇，拓展合作新途径。展览展示设置五大展区，涉及国际物流、跨境电商直播和数字商务、跨境新零售和跨境医药、跨境电商产业园、知名平台企业和跨境电商供货商等板块，展览面积为 3.8

万平方米，约 600 家企业参展，其中境外展商占七成。

（二）跨境电商综试区制度创新和监管服务不断取得新突破

郑州市大胆突破，探索跨境电商监管和发展新模式。一是跨境电商“郑州模式”得到广泛认可。围绕跨境电商综试区先导城市建设，不断创新跨境电商发展模式，率先在全国推出“1210”通关监管模式，创新推出“关检三个一”“查验双随机”“跨境秒通关”。目前，全国首创的“电子商务+行邮监管+保税中心”监管模式（1210 网购保税进口模式），已在全国复制推广，并向卢森堡、比利时、匈牙利布达佩斯等海外地区反向复制。实施“简化申报、清单核放”等创新措施，跑出了日均处理能力 1000 万包、通关速度 3000 单/秒的“郑州速度”。创新跨境电商零售商业新模式，建成中大门、澳洲大药房等 6 个“O2O 线下自提模式”体验店，进口商品 2 分钟内“立等可取”。探索跨境电商标准与规则制定，《郑州模式：E 国际贸易的中国解决方案》在日内瓦世贸组织公共论坛发布，1210 模式被纳入《中国研究制定的世界海关组织指导性方案大纲》，大纲获世界海关组织电子商务工作会议全票通过。二是跨境电商零售进口药品试点顺利实施。2021 年 5 月国务院批复同意河南开展跨境电商零售进口药品试点，试点期 3 年。作为全国唯一跨境电商进口药品和医疗器械试点，河南制定试点工作方案，搭建“单一窗口”监管平台、保税物流服务平台、线上交易服务平台和综合服务中心，创新进口药品流通方式，试点工作顺利推进。2022 年 4 月 11 日，国家跨境电商零售进口药品试点在河南保税物流中心“全球汇”网购平台完成首单实测交易，正式启动试点业务。三是跨境电商 B2B 监管试点取得新成效。郑州获批国内首批跨境电商 B2B 监管试点以来，积极探索 9710、9810 模式。2020 年共受理 9710、9810 清单 16.45 万单，货值 2.96 亿元。国货“卖全球”时间从 15 天左右减至 72 小时。四是跨境电商监管效率逐步提高。创新“一区多功能”监管制度，形成全国领先的跨境电商海关监管服务集成创新体系。开展“一站式”便利服务，企业成本降低 70%。

四　依托铁海联运、内河航运积极对接“海上丝绸之路”

郑州以铁海联运、内河航运为主要依托，积极对接“海上丝绸之路”，将沿海港口业务引进至郑州，正在形成以郑州为中心、以区域节点城市为支撑、辐射亚美欧多个港口的陆海货运通道枢纽。

（一）对接“海上丝绸之路”越来越通达

依托郑州国际陆港和郑州铁路集装箱中心站等系统，着力打造内陆“无水港”，加强与沿海港口合作，在郑州国际陆港建立铁水联运中心，不断推进铁海联运，建设东向、南向等铁海联运国际通道。开通郑州至连云港、青岛、天津、宁波、上海杨浦港等港口的铁海联运常态化线路，与“海上丝绸之路”对接，构建与“一带一路”共建国家和地区的东西双向海—公—铁国际联运大通道。目前，郑州依托多式联运与青岛、连云港、天津、上海杨浦港等港口实现了无缝衔接，使郑州成为内陆中原货物运往华东、环渤海、东南沿海、北部湾及全球的便捷“出海口”。2020 年，全市海铁联运班列完成 1.51 万标箱。

此外，郑州加强与省内内河港口的合作，实现与“海上丝绸之路”对接。郑州积极对接沙颍河、淮河，连接上海等“海上丝绸之路”重点港口，实现高等级内河水运通道与沿海港口无缝衔接。周口港、漯河港、信阳港河海联运开通运营，周口中心港开通至洛杉矶长滩港等多条国际、国内集装箱航线，对接“海上丝绸之路”的能力明显提升。

2022 年，郑州与连云港之间的集装箱吞吐量达到 5.9 万标箱，运输货物超过 160 万吨，进一步凸显了多式联运的品牌集聚效应。2023 年 3 月 23 日，连云港港口控股集团河南营销中心在郑州揭牌成立。在今后的发展中，郑州将与连云港继续开展高质量合作，努力实现“班列—航运—港口”功能的有机融合，共同推动“海上丝绸之路”再上新台阶。

（二）“海上丝绸之路”加快布局

除了通过海铁联运，郑州还通过内河航运加快布局“海上丝绸之路”。郑州这座河流水系并不发达的城市，正在加快做好内河航运，提升对外开放合作水平。在郑州航空港区规划建设郑州港，有望于 2023 年 12 月开工。未来在内河航运方面，郑州将不仅仅是铁海联运，大件物资还可以直接从郑州驶入内河，一路往东，通江达海。

2022 年 8 月河南省政府办公厅发布的《河南省全面加快基础设施建设稳住经济大盘工作方案》明确提出，要在航空港区建立国际化的内河航运中心——郑州港，配套一类口岸与综保区功能，面积约 30 平方公里，作业区沿北康沟河段布置，港口岸线长度 7.7 公里，开工时间为 2023 年 12 月。郑州港中牟港区建设项目，建设千吨级泊位 30 个，开工时间为 2025 年 12 月。可以说，郑州港在加速到来，将与空港、陆港结合，打造“公铁水空”、多式联运的物流格局。郑州港中牟港区建设项目依托贾鲁河而建，北康沟河段也属于贾鲁河水系，航道改造后，只要水域条件、水域面积等符合要求，达到四级航道的能力，就可以规划建设港口。郑州港布局在郑州航空港区，有着显著的空港优势，再加上铁路运输和公路运输的支撑，打造“公铁水空”、多式联运就有了强有力的支撑。河南省人民政府办公厅印发的《河南省内河航道与港口布局规划（2022～2035 年）》提出规划周口港、信阳港为主要港口，郑州港等 8 个港口为地区性重要港口。郑州港以集装箱、城市生活物资、原材料、能源等大宗散杂货、件杂货运输为主，大力发展集装箱运输，积极拓展港口物流、商贸服务和多式联运等功能。对郑州来说，有了郑州港，就弥补了内河航运的短板，优化了综合交通运输体系结构，可以让大宗货物的物流成本大幅度降低。贾鲁河郑州至周口段航运工程全长 148 公里，目前尚不具备通航能力。要规划建设郑州港，贾鲁河航道的整治、打造非常关键。随着贾鲁河通航，周口港和郑州港将实现互联互通，未来郑州港、周口港、许昌港等港口有望连点成网，共同助力河南通江达海。

五　着力推动“四路协同”发展

空中、陆上、网上、海上四条丝绸之路的建设是相辅相成、相互促进的，郑州统筹推动“四路协同”并进、互联互通，形成了强大合力，联动发展格局初步形成。

（一）加强“四路协同”顶层设计

河南省“一带一路”领导小组出台《河南省加快推进“四路协同”发展工作方案》，从完善顶层谋划设计、增强市场主体能力、夯实基础承载能力、构建高质量现代产业体系、推动实现多式联运创新发展等方面为河南及郑州加快推进“四路协同”发展提供政策保障。在该方案的指导下，郑州以高水平互联互通和高质量多式联运发展为核心，强化体制机制创新，推动“空陆海网”四条丝绸之路建设协同互促、提质增效，在全国率先创新了四路协同发展的“一带一路”互联互通新模式。

（二）将多式联运作为抓手推动“四路协同”

深入实施空铁联运示范工程，郑州机场入驻卡车航班公司 30 余家，运输网络覆盖全国 90 多个大中城市。中欧班列（郑州）“一干三支”铁海公多式联运示范工程通过国家验收，有力促进了“陆上丝绸之路”与“海上丝绸之路”的高效衔接。国家多式联运示范工程郑州机场空陆联运项目深入实施，规划建设高铁快运物流基地和郑州南站至机场的铁路联络线，客运“一票式”联程和货运“一单制”联运服务积极发展，高铁与航空的联运水平持续提升。

此外，郑州还大力推进培育多式联运示范工程。截至目前，郑州市共培育国家级、省级多式联运示范工程 15 个，占全省的 1/3，其中国家级 3 个、省级 12 个。依托海关总署设立的郑州多式联运监管中心，已成为日本、韩国以及中国香港和中国台湾等地与欧洲贸易的中转走廊。

（三）多维度推动四路业态融合发展

在全国率先开通平价跨境电商洲际包机航线，两年来三条跨境电商包机专线累计运送货物 8.9 万吨，实现进出口额 206 亿元，带动全省跨境电商交易额达到 3763.3 亿元。目前，郑州已开通郑州—芝加哥、郑州—吉隆坡等多条跨境电商包机航线，形成“空中丝绸之路”与“网上丝绸之路”相互支撑的局面。铁海联运专班通达天津、上海等港口，沙颍河、淮河航道实现通江达海。创新“郑欧班列+跨境电商”新模式，促进“陆上丝绸之路”与“网上丝绸之路”融合联动。2019 年 3 月，中欧班列（郑州）跨境电商专线“菜鸟号”开行，成为首家实现“9610”监管方式阳光清关的铁路班列跨境电商物流专线，开创了中欧班列（郑州）跨境电商包裹运输的新模式。

第三节　以开放平台载体为支撑打造内陆地区开放高地

近年来，郑州乃至河南省已经成为一大批国家战略政策和规则试验平台的优势叠加之地。郑州高质量建设郑州航空港经济综合实验区、中国（河南）自由贸易试验区等国家级开放创新载体平台，不断增强支撑保障能力。郑州航空港经济综合实验区、中国（河南）自由贸易试验区、郑洛新国家自主创新示范区、跨境电子商务综合试验区、大数据综合试验区“五区联动”国家级开放平台建设卓有成效，国家战略平台的引领带动作用持续提升，创新开放平台活力竞相迸发。

一 郑州航空港经济综合实验区成为内陆地区对外开放重要门户

2013年国务院批复设立郑州航空港经济综合实验区，经过10年的建设，航空港区枢纽优势、开放优势、产业优势、都市形态加快形成，已经成为内陆地区对外开放重要门户。

（一）全力构建产业生态，航空经济基础不断壮大

郑州航空港重点聚焦“4+3+3”产业体系，即4大先进制造业（电子信息、新能源汽车、航空航天、生物医药）、3大战略新兴产业（新一代信息技术、新能源、新材料）、3大现代服务业（现代物流、会展商贸、创意时尚），着力培育万亿级电子信息产业集群，积极培育千亿级新能源汽车产业集群，加快培育若干百亿级产业集群。目前，郑州航空港已建成全球重要的智能终端（手机）生产制造基地和国际货物集散分拨中心，合晶单晶硅、华锐液晶面板、光力科技等一大批新产业项目投产或开工。电子信息产业从单一的手机制造逐步拓展到后端模组、半导体、集成电路、新型显示等关联产业，2022年产值达到5282.4亿元，占全省的80%以上。

作为区域发展的根本支撑，郑州逐渐形成了以城市腹地电子信息、汽车与装备制造为代表的战略支撑产业集群和以航空港区飞机租赁、电子商务等为代表的新增长板块拉动产业集群，航空经济产业基础持续扩大。航空港区着重发展以电子信息产业、飞机租赁、电子商务、生物医疗等为代表的临空产业，聚焦航空经济发展。目前港区内基本建成了全球领先的智能终端产业基地，航空物流、生物医疗、精密机械、电子商务等新兴产业快速发展，总部经济、楼宇经济和街区经济“三新”经济不断涌现，航空经济基础不断壮大。

（二）全力推进开放平台建设，持续提升航空港平台能级

郑州航空港建成“1+1+7”（1 个一类航空口岸、1 个综合保税区和 7 个功能性口岸）口岸体系。航空口岸全面实施“7×24 小时”客货运通关保障和货物出口“提前申报”通关模式，通关效率处于国内领先水平，2023 年在“区港联动”的基础上启动了“区港一体化”通关模式，实现了综保区和机场口岸的无缝连接，通关时效提升了 60%。

加快建设航空都市，郑州航空港城市建成区面积从 19.6 平方公里拓展至 125 平方公里（含 4 个乡镇）。供水、供电、燃气、通信网络基础设施覆盖面积超过 220 平方公里。在此基础上，积极增加优质教育、医疗、公共服务资源供给。一是引入郑州一中、河南省实验小学、河南水利与环境职业学院、河南省实验幼儿园等优质教育资源，目前郑州航空港区有 325 所学校约 14.73 万个学位。二是引入郑州大学第一附属医院南院区等优质医疗资源，提升港区医疗水平。目前郑州航空港区有 403 个医疗卫生机构 3125 张医疗床位。三是增加文体、生态等公共服务资源。引入河南省职工文体中心等文体设施，建成园博园等城市公园，并增加一批公园和水系。目前，建成区绿化覆盖率接近 37%。

目前，郑州航空港经济综合实验区初步形成畅通高效的交通网络、绿色宜居的生活环境和集约有序的城市空间，并构建了“1+1+7”“7×24 小时”客货运通关保障的口岸体系，成为为数不多的种类多、功能全、效率高的内陆口岸，航空港平台能级进一步提升，对郑州市乃至河南省的开放发展起到了重要的推动作用。

2022 年，郑州航空港地区生产总值达到 1208 亿元，6 年年均（下同）增长 9.25%，分别高于全国、全省 3.77 个、3.76 个百分点。工业总产值达到 5358.4 亿元，年均增长 11.9%；规上工业增加值年均增长 13.61%，分别高于全国、全省 7.88 个、7.83 个百分点。财政一般公共预算收入达到 68.6 亿元，年均增长 7.56%，分别高于全国、全省 4.02 个、2.12 个百分点。外贸进出口总值达到 4707.8 亿元，年均增长 8.24%，对全省进出口的贡献率保持在 55%以上。跨境电商进出口业务完成 1.23 亿单，业务量占郑州跨境电商综试区的一半以上。郑州机场货邮吞吐量达到 62.5 万吨，较 2016 年增长了 54.3%。

二　河南自贸试验区制度创新优势逐步显现

河南自由贸易试验区始终牢记“为国家试制度”的使命担当，开展首创性、集成性、差异化改革创新，大胆尝试、寻求突破，积极为制度型开放探索路径，“四梁八柱”制度框架体系基本建成，贸易指标完成情况位居全国上游，开放引领、制度创新、复制推广、政策联动作用进一步彰显，目前河南自贸试验区正在打造 2.0 版，引领河南打造新时代制度型开放高地。

（一）开启了制度型开放的实践探索

围绕国务院印发的河南自贸试验区总体方案 160 项改革试点任务，以制度创新为核心，对标国际高标准经贸规则和先进做法，打造制度型开放“排头兵”。160 项改革试点任务已实施 159 项，仅自由贸易账户体系一项任务由于国家统筹因素暂未实施。省直有关单位累计出台 50 多个支持文件，向自贸试验区下放了 455 项省级权限。省委省政府出台了《关于推进河南自贸试验区深化改革创新打造新时代制度型开放高地的意见》，自贸试验区建设进入 2.0 升级版。

（二）较好发挥了改革创新“试验田”作用

河南自贸试验区以制度创新为核心，创新构建了政务、监管、金融、法律、多式联运五大服务体系，稳步推进政府职能转变、投资和贸易便利化、营商环境建设等共性改革，积极开展差异化探索，集聚发展效应逐步显现，企业投资项目承诺制、区域整体评勘经验在全国通报推广。政务服务方面，“证照分离”改革深入推进，企业名称自主申报从 20 个工作日变为即时反馈，简易注销登记公告由 45 天压缩为 20 天。监管服务方面，综合运用“先入区、后报关”“仓储货物按状态分类监管”等制度，服装包机落地到清关出区仅需 7 个小时。金融服务方面，推动对符合条件的民营资本有序开放，稳妥推进河南华贸银行组建工作。法律服务方面，设立自贸区法院（法庭）、郑州知识产权法庭，成立郑州仲裁委国际商事仲裁院，出台了《河南自贸试验区仲裁规则》。多式联运服务方面，制定并印发了全国第一个省级多式联运标准体系《河南省多式联运标准体系》，参与《综合货运枢纽服务规范》等 3 项行业标准研制，指导企业发布了 19 项企业标准。

（三）探索形成一批制度创新成果

自贸试验区设立以来，出台《河南自贸试验区条例》，创新构建了五大服务体系，累计形成436项制度创新成果，位居同批次自贸试验区前列。其中“建设项目水电气暖现场一次联办模式”“跨境电商零售进口退货中心仓模式”等入选国务院第六批自贸试验区改革试点经验；“一码集成服务”“跨境电商零售进口正面监管模式”“四链融合促进老工业基地转型升级”等入选全国自贸试验区第三批、第四批最佳实践案例；“基于工程建设项目风险防控点的联合监管”入选全国首批工程建设项目审批制度改革经验。

（四）自贸区制度创新红利效应日益显现

自贸试验区稳步推进改革探索，取得显著成效，制度创新红利效应日益显现。河南自贸试验区新入驻企业数超过5万家，居同批自贸区首位。郑州片区共形成35个全国首创的制度创新案例，4项在全国复制推广。围绕跨境电商产业链开展制度集成创新，多项创新成果已被复制推广到全国。片区首创的跨境电商网购保税即“1210”模式，得到世界海关组织认可，已逐步推广至100多个国家和地区；首创的“跨境电商零售进口退货中心仓模式”入选了全国自贸试验区第六批改革试点经验，被国务院印发推广；“网购保税+线下自提”跨境电商模式也已在部分省市复制推广。2020年，郑州片区新注册企业18008家，同比增长16.6%，新增注册资本1731.6亿元；实际利用外资11.5亿美元，同比增长105.4%；实现外贸进出口约290亿元，同比增长75.8%。

三 重点开放平台支撑有力

（一）郑洛新国家自主创新示范区加快建设

郑洛新国家自主创新示范区是中原地区的高科技产业中心，是2016年3月30日国务院批准的第12个国家级自主创新示范区，也是全省“五区联动”的重要开放平台。郑洛新国家自主创新示范区依托郑州、洛阳、新乡三个城市高新技术产业开发区，举全省之力将其建设成为具有较强辐射能力和核心竞争力的创新高地。近年来，郑洛新国家自主创新示范区以创新引领型企业、人才、平台、机构“四个一批”建设，促进科技与金融、军工与民用、国家与地方、产业与院所“四个融合”发展，成功引进软通动力区域总部等一批重大项目，在盾构研发、杂交小麦培育等方面实现重大关键技术突破，有力推动河南创新驱动发展。郑洛新国家自主创新示范区拥有占全省一半以上的高新技术企业，并在多个领域实现重大关键技术突破，成为支撑郑州和河南创新驱动发展、打造对外开放新高地的重要力量；创新能力持续增强，各项指标领跑全省。

（二）中国（郑州）跨境电商综合试验区建设水平稳居中西部首位

中国（郑州）跨境电商综合试验区积极探索跨境电商“郑州模式”，引领建立全球电子商务国际贸易制度和规则体系，“三平台、七体系”成效显著，创新“网购保税 1210 服务模式”和 B2B2C 监管服务方式，实现全球首家跨境零售 O2O 现场提货，在引领制定跨境电商规则体系、推动联动创新发展等领域形成“郑州共识”。积极创新跨境电商监管服务，加快构建全球电商集疏网络体系，跨境电商呈现强劲发展势头。综试区目前通关速度达到 500 单/秒，日均处理能力 1000 万包。《中国跨境电商综试区城市发展指数报告（2020）》显示，郑州发展总指数位列先导城市第五，郑州发展创新指数进入前三。郑州 2020 年跨境电商综试区进口额为 112.5 亿元，在我国 105 个跨境电商综试区城市中排名第二，作为中部重要的中心城市，郑州已拥有 13 个跨境电商园区、598 家跨境电商企业，跨境电商贸易处于全面增长阶段。

（三）国家大数据（河南）综合试验区积极推进

2017 年 6 月，河南省委省政府联合印发《关于加快推进国家大数据综合试验区建设的若干意见》。近年来，国家大数据（河南）综合试验区聚焦中部地区大数据产业发展，已与国内外多家知名企业签约、合作，承担起了开展大数据试验探索的重大使命。目前，国家大数据（河南）综试区加快建设，郑州积极推进郑东新区龙子湖智慧岛、基金岛、众创岛、人才岛“四岛共建”，落地一批国家级实验室、院士工作站和大数据应用示范工程，甲骨文、华为、浪潮等国内外知名大数据企业纷纷落户。郑东新区龙子湖智慧岛形成良好产业集聚态势。郑州乃至河南对接世界的高端开放平台更加完备，在全国发展大局中的地位也越来越突出。

（四）郑州口岸功能持续提升

航空口岸、铁路口岸、电子口岸和海关特殊监管区域（场所）协同发展的口岸体系加快构建。郑州已建成集航空、铁路2个一类口岸，新郑、经开2个综保区，汽车、粮食、邮政等9个功能性口岸于一体的“2+2+9”口岸体系，成为功能性口岸数量最多、种类最全的内陆城市，为打造内陆地区开放高地奠定了坚实基础。

中国（郑州）重要国际邮件枢纽口岸是继北京、上海、广州之后的全国第四个国际邮件枢纽口岸，于2022年3月16日成功获批。2022年5月26日正式开通业务后，入境邮件在郑州完成开拆验关，即可直接分拨转运至全国，既缩短了邮件传递时限，也节约了跨境电商交易的时间与资金成本。2022年上半年，郑州枢纽口岸已实现日本、韩国及德国进口运邮，基本实现新业务常态化作业，集散范围覆盖全国21个省份的32个国际邮件互换局，邮政口岸货邮吞吐量达1.13万吨。

综保区外向型产业引领作用显著。郑州新郑综合保税区是中部地区设立的第1家、全国第13家综合保税区。从2011年封关运行以来，实现了进出口值的十连增，进出口总值超3.6万亿元人民币。2022年，进出口总额4700亿元，约是2011年封关运行之年的100倍，年均增长51.6%，进出口总额排名全国综合保税区第二，推动全省外贸翻倍高速增长。河南省电子信息产业约70%的产值来自新郑综合保税区，对全省的产业转型和对外开放起到了极大的推动作用。

不断深化投资贸易便利化改革，率先建立国际贸易单一窗口，通关便利化程度显著提升。口岸通关效率居全国首位，目前郑州航空港区进口整体通关时间仅为4.6小时，比全国整体通关时间快近36个小时。出口的整体通关时间为0.01小时，也就是36秒，仅为全国出口整体通关时数的8‰。

第四节　以经贸人文交流合作为重点加强全方位多层次开放交流

近年来，郑州以深度参与“一带一路”建设为统领，同全球200多个国家和地区建立了贸易联系，人文交流也越来越密切，探索走出了一条内陆地区开放发展的新路子。

一　加强经贸与国际产能合作

郑州把对外开放作为带动全局的战略性举措，持续推动商品和要素流动型开放，逐步破解了“不沿边、不靠海”的开放瓶颈，闯出一条内陆开放发展之路。

（一）推动经贸交流合作提质扩容

坚持“引进来”和“走出去”并重，聚焦亚欧重点区域和航空物流、装备制造、农业产业合作、工程承包等领域，深化经贸交流与国际产能合作。不断扩大农产品、电子、汽车装备制造、纺织服装出口规模，积极进口先进设备、能源资源、原材料等，构建“优进优出”贸易发展格局。中信重工、宇通客车、中铁隧道集团、郑煤机等龙头企业跨国经营能力持续提升，企业海外合作项目取得实质性进展。郑州煤机等龙头企业成功收购国际行业巨头，豫塔、豫吉、豫哈、豫乌农业合作持续深化，跨国经营能力大幅提升。渣打银行、富德财险、中意人寿等外资金融机构落户郑州。积极推广政策性出口信用保险“走出去”风险统保平台。目前，郑州与207个国家和地区建立了经贸往来，181家世界500强企业在郑落户。

（二）积极搭建经贸交流合作平台

郑州积极搭建经贸交流合作平台，同60余个境外贸易投资促进机构、国际商协会组织签署了战略合作协议，配合国家建立了欧盟、中国—马来西亚等一批对外联络机制平台。中国河南国际投资贸易洽谈会、“一带一路”与枢纽经济发展论坛等活动在郑州成功举办。郑州还积极组织企业赴“一带一路”共建国家考察、参展，组织参加中俄博览会、中阿博览会、中国—东盟博览会、中蒙博览会等，面向“一带一路”共建国家举办专题活动，达成了一批合作项目。郑州配合商务部编制了《中国（河南）与卢森堡共建郑州—卢森堡“空中丝绸之路”经贸合作发展规划》，分别在郑州和卢森堡双年交替举办河南—卢森堡“一带一路”经济合作论坛。每年举办中国河南国际投资贸易洽谈会，德国、泰国、匈牙利等“一带一路”共建国家先后作为主宾国组团参会，设立进出口商品展和“一带一路”境外经贸合作论坛。

（三）外向型经济突飞猛进

2022 年全年全市货物进出口总值 6069.7 亿元，比上年增长 3.1%，经济外向度达到 46.9%。郑州出口额 3596.3 亿元，同比增长 1.3%；进口额 2473.4 亿元，同比增长 5.8%。进出口总额居全国省会城市第 5 位，连续 11 年在中部城市排名第一。机电产品和高新技术产品进口、出口额占比不断攀升，进口分别占全市的 91.2%和 78%，出口分别占全市的 81.2%和 73.6%。对“一带一路”共建国家进出口贸易额 2224.7 亿元，同比增长 17.3%，远超整体增长水平，占全市进出口总额的 36.7%。全年新设立外商投资企业 73 个，全市实际使用外资金额 12 亿美元。全年境外投资额 5.4 亿美元，比上年增长 1.5%。2022 年，郑州不仅成功申报了国家加工贸易梯度转移重点承接地和示范地，还成功获批国家进口贸易促进创新示范区，推动外贸稳定和创新发展成效明显，并荣获国务院督查激励表彰。

二　畅通与“一带一路”共建国家人文交流

突出地方特色优势，推动人文交流往来日益密切。发挥根亲文化、武术文化、丝路文化优势，加强交流互访，科技、教育、文化、体育、卫生、旅游、考古等方面的对外合作交流持续深入。

（一）加强科技文化交流合作

河南农业大学、郑州大学与美国、日本等国合作建设“动物免疫学国际联合研究中心”“地下基础设施非开挖技术国际联合研究中心”，并被列入国家级建设计划。少林功夫、太极、歌舞、豫剧、杂技等文艺团组走出国门，沿丝路传播河南根亲文化、中原文化和武术文化。先后派出多个文化艺术团组赴“一带一路”共建国家和地区举办各类文化活动，与哈萨克斯坦、吉尔吉斯斯坦联合申报丝绸之路世界文化遗产工作取得突破性进展。突出“古丝绸之路”主题，成功举办中国（郑州）国际旅游城市市长论坛、亚太旅游协会探险旅游大会等活动，打造“中国功夫体验、中国古都文化、黄河丝路文明和中原山水”等多条主题精品旅游线路。

（二）加强医疗合作

厚植中医药资源优势，与“一带一路”共建国家开展医疗合作与交流，援赞比亚、埃塞俄比亚、厄立特里亚医疗活动持续深入，“中国中医中心”“中国创伤治疗中心”“中国妇幼健康中心”“中埃远程病理会诊系统”等有效提升了当地医疗水平，深受当地群众好评。加快六大区域医疗中心对接世界一流的医学高校、医疗和科研机构。2016 年 5 月，郑州市卫计委与国际应急管理学会医学委员会就人才培养、科技研发、国际交流等签订战略合作协议。此后，郑州加快推进医疗卫生领域的国际合作。目前，郑州大学第一附属医院、河南省肿瘤医院、河南省人民医院等多家医院与美国、澳大利亚、德国、丹麦、挪威、韩国、中国台湾等国家和地区的多家世界一流医疗和研究中心建立了合作关系，全市 80%的三甲医院均开展了国际合作项目。

（三）加强教育合作和人才交流

华北水利水电大学乌拉尔学院获教育部审批设立，郑州亚欧交通职业学院成为河南第一所具有法人资格的中外合作办学机构。郑州中德学院揭牌成立、西亚斯外籍人员子女学校建设运营，中外合作办学项目达到 27 个。加快往来留学和人才交流。郑州先后向泰国、菲律宾、印尼、缅甸等“一带一路”共建国家派遣 400 余名汉语教师志愿者。2022 年郑州大学来华留学生有 2700 余人，来自 103 个国家和地区，且大多数来自“一带一路”共建国家。郑州大学、河南农业大学等高校还多次举办国际青年学者论坛，加强青年学者国际交流。

（四）城市国际合作交流活跃

匈牙利国家贸易署、欧盟中国经济文化委员会、联合国工发组织等国际机构相继在郑州设立代表处，卢森堡签证中心建成投用，填补了涉外机构入驻郑州的空白。郑州还积极参与世界城市和地方政府联合组织、世界历史都市联盟等国际组织，加强与友好城市交流合作，目前郑州市已与日本埼玉市等 12 个城市结为国际友好城市，并多次开展友城交流，国际交流与合作进一步加深。此外，全球四大会计师事务所也全部入驻郑州。

（五）举办大型国际赛事和会展活动提升影响力

最近几年来，郑州市筹备举办了上海合作组织政府首脑（总理）理事会第十四次会议、博鳌亚洲论坛秋季高峰会议、蒙特梭利模拟联合国中国峰会、投洽会世界新兴产业大会、世界传感器大会、国际乒联总决赛、中国（郑州）国际旅游城市市长论坛、中国（郑州）国际园林博览会等重量级展会、论坛和活动，晋级全球营商环境友好城市 100 强，提升了郑州的国际地位和影响力。郑州还多次举办国际少林武术节、郑开国际马拉松赛、黄帝故里拜祖大典等民间性的国际赛事和活动，提升了郑州在国际上的人文影响力。国际会展名城地位基本确立。2017 年，全球跨境电商大会永久落户郑州，目前郑州已连续举办七届全球跨境电商大会，大大提升了郑州跨境电商在全球经贸领域的影响力。

第四章　融入“一带一路”的区域探索

以共建“一带一路”引领我国全面对外开放是习近平主席根据世界发展大势，为推动形成全面开放新格局，构建开放型经济新体制作出的重大决策。“一带一路”倡议提出十年来，河南各地主动融入“一带一路”建设，积极探索、奋发作为，走出了一条以高质量共建“一带一路”构筑内陆开放高地的路子。

第一节　融入“一带一路”的洛阳探索

洛阳是古代丝绸之路的东方起点和“一带一路”的重要节点城市，也是国家重化工业基地和中原城市群副中心城市。洛阳依托国家重大发展战略和地区性发展战略，抢抓融入“一带一路”的重大机遇，以建成“一带一路”重要国际门户枢纽和河南重要开放门户城市为目标，拓宽“丝路廊道”，建设开放平台，推动“洛企出海”，取得突出成效。

一　洛阳融入“一带一路”的主要做法

（一）建设高水平开放通道，强化互联互通基础能力

洛阳突出区位特点，高起点谋划、高标准定位、高质量建设综合货运枢纽，提升洛阳综合交通枢纽能级，统筹推进空中、陆上、海上、网上“丝绸之路”建设，建设高水平开放通道，实现“四路”联动互促、融合并进，为高质量融入共建“一带一路”提供基础支撑。一是强化与门户枢纽城市、沿海沿边城市、黄河沿线城市互联互通，建设更高水平更大范围出海出境大通道。坚持以通道带物流、物流带经贸、经贸带产业的发展方向，推动“一带一路”共建高质量发展。二是依托东方红（洛阳）国际陆港，

构建“通道+枢纽+网络”的开放物流运行体系，发展铁路口岸、公路港和沿海港口多式联运，培育多式联运、通关保税、信息服务多种业态，形成深度融入“一带一路”的干线物流服务网络。三是依托洛阳综保区构建起国际铁路货物通关模式，将洛阳地区中欧班列（中豫号）的“终点站”延伸至洛阳综保区，实现保税优势与中欧班列运输便捷优势的无缝对接。四是发挥洛阳五洲跨境电商产业园等跨境电子商务示范园区的示范带动作用，构建完善的“跨境电商+孵化+培训+物流”的360°电商生态圈，大力发展与“一带一路”共建国家的跨境电子商务贸易，形成畅通有序的网上“经济廊道”，加快洛阳“买全球，卖全球”进程。

（二）强化“五区联动”，打造高能级开放平台

洛阳以河南自贸区洛阳片区为“龙头”引领，充分发挥自贸区、自创区、高新区、综保区、跨境电商综试区“五区联动”战略叠加优势，推动高端开放平台协同发力。河南自贸试验区洛阳片区发挥先行先试的制度优势，推动更高水平投资贸易自由化便利化，建立健全进出自由、安全便利的货物贸易和服务贸易管理制度，完善技术贸易促进机制，加强跨境金融结算、人民币跨境业务、多式联运提单融资等金融创新，完善跨境投融资便利化措施，培育开放型企业主体，以政策红利为企业的高质量发展赋能。洛阳综保区聚合保税智能制造、保税物流、进出口商品交易展示、跨境电商综合服务、保税研发设计等功能，立足智能装备、电子信息、新能源材料三大主导产业和生物医药战略性新兴产业，发展“保税+”新型贸易，发挥保税物流、保税智能制造、保税设计研发、跨境电子商务综合服务、进出口商品交易展示五大功能，推动综保区和跨境电子商务综试区空间整合和体制融合，促进外贸、外资、外经联动发展。高能级开放平台的成功打造，为洛阳深度融入“一带一路”建设奠定了坚实基础。

（三）壮大对外开放主体，打造洛阳品牌和洛阳优势

洛阳抢抓融入“一带一路”的重大发展机遇，实施“洛企出海”行动，在国际产能合作中发展壮大先进装备制造、新材料、石油化工、电子信息等产业优势，支持洛钼集团、中信重工、一拖集团等优势企业“走出去”，助推中油一建、省安集团、建龙微纳等企业开展对外投资和对外工程承包，

引导更多的企业开展国际产能合作，带动矿山、农业机械、轨道交通等成套设备出口；鼓励高科技领域优势企业开展国际工程承包，提升企业国际化经营能力；建立对外贸易资源信息共享平台，带动优势企业通过本地窗口开展进出口贸易；发挥复合材料、工程机械、太阳能光伏、钢制家具等六大外贸转型升级基地示范带动作用，积极融入“一带一路”产业链供应链，带动相关产业发展；支持企业开展国际认证、商标注册，推进洛阳商品向洛阳品牌转变、产业优势向出口优势转变。

中信重工是国内重要的工程机械制造企业之一，也是“洛阳制造”的代表企业，中信重工主动融入“一带一路”建设，深耕共建国家市场，在哈萨克斯坦、卡塔尔、巴基斯坦等多个国家设立了工厂和营销中心，以满足当地需求和提高本地化服务水平。中信重工积极参与“一带一路”多个共建国家的项目建设，包括卡塔尔路网建设、沙特阿拉伯石油化工项目建设等。在这些项目中，中信重工提供了一系列的产品和服务支持，如挖掘机、推土机、起重机、钻机等。中信重工通过融入“一带一路”拓展了国际市场，树立了“洛阳制造”品牌形象。

洛钼集团作为起源于洛阳栾川的地方矿业公司，抢抓“一带一路”带来的重大机遇，积极推进海外资源布局，实施国际化发展战略，实现了企业的跨越式发展。洛钼集团在 2016 年收购巴西铌磷、刚果（金）铜钴项目，2019 年收购全球第三大金属贸易公司埃珂森 IXM，2020 年收购刚果（金）铜钴矿 KFM，目前，洛钼集团基本金属贸易业务位居全球前三，已经成为全球第二大的钴、铌生产商，也是全球前五大钼生产商和领先的铜生产商。洛钼集团通过融入“一带一路”建设，实现了从地方矿产企业到国际化资源公司的快速发展。

（四）强化区域协同，形成共建合力

在积极融入“一带一路”建设中，洛阳积极对接郑州、南阳、西安等城市，强化设施联通、信息共享、分工协作，推动资源要素高效流转、设施网络一体衔接，提高综合货运枢纽运行效率，打造洛阳中亚班列、铁海联运班列等特色品牌，洛阳高新区（自贸区）与河南开封、四川川南临港、云南红河、陕西杨凌、湖北宜昌等五省六地自由贸易试验区签署合作协议，通过成立全国自贸试验区政务服务合作联盟，启动 81 项政务服务事项在以

上自贸试验区内跨省通办。加快形成区域错位发展、优势互补、互利共赢的发展格局。

（五）推动人文交流，增进民心相通

作为丝绸之路东方起点、“一带一路”重要节点城市，洛阳以建设河洛文化生态保护试验区为契机，加快推进文化地标工程。提升洛阳牡丹文化节、河洛文化旅游节、中原国际文化旅游产业博览会、世界古都论坛“两节一会一论坛”国际影响力，建设国际人文交往中心，将河洛文化符号和中国元素向丝绸之路经济带沿线国家广泛传播，通过文化的互通交融架起一座从丝绸之路东方起点洛阳到亚欧大陆的友谊之桥。

二　取得的成效

（一）推动外贸进出口高速增长

融入“一带一路”的十年，洛阳对外贸易伙伴扩大到 183 个国家和地区，475 种“洛阳制造”商品走向世界。2022 年洛阳外贸进出口总额 209.2 亿元人民币，相较于 2013 年外贸进出口总额 17948 万美元（按当时汇率折合 11.16 亿元人民币），外贸进出口总额实现十余倍数量级增长。洛阳海关公布的最新资料显示，2014 年至 2022 年洛阳市对“一带一路”共建国家的贸易进出口共计 601.72 亿元人民币，年均增长约 11.1%。东盟、印度、哈萨克斯坦、阿联酋和俄罗斯为洛阳“一带一路”五大贸易伙伴。2014 年至 2019 年，洛阳对东盟进出口 116.2 亿元，增长 17.1%。同期对印度、阿联酋和俄罗斯分别进出口 37.6 亿元、17.5 亿元和 13 亿元，分别增长 16.7%、38%和 19%；对哈萨克斯坦进出口 31.8 亿元。2022 年，对“一带一路”共建国家进出口 95.3 亿元，同比增长 13%；在阿联酋、伊拉克等 9 个“一带一路”共建国家完成对外承包工程营业额 1.98 亿美元，占同期全市总额的 75%。

（二）加快传统制造业转型升级步伐

洛阳是国家“一五”时期重点建设的老工业基地，也是全国重要的先进制造业基地，产业基础坚实，洛阳制造是融入“一带一路”建设的主力

军和洛阳优势。借助“一带一路”的机遇，洛阳制造业与共建国家的企业和科研机构开展了广泛的技术交流与合作。通过产能合作、技术转移等方式，洛阳向共建国家输出自身的技术和产品，中信重工、中国一拖等优势制造企业发展成为智能制造系统解决方案服务龙头企业。通过中欧科创园、中德产业园等平台，引进了先进的技术和经验，推动传统制造业向高端制造业转型，实现了“洛阳制造”到“洛阳智造”的跃进，培育了“东方红”“LYC”等一批享誉国内外的知名品牌。

（三）促进构建洛阳全面开放新格局

洛阳实施“走出去”“引进来”的双向开放，引导外资建设，营造开放环境，提升开放势能，开放合作领域不断拓展。一是着力打造开放平台，高标准建设洛阳综合保税区、国家级跨境电商综合试验区，对外贸易伙伴扩大到 175 个国家。二是积极推进企业高质量“走出去”，支持引导中油一建、洛钼集团等优势企业走出国门，融入“一带一路”拓展国际市场，通过多种渠道实现跨国经营。三是高水平“引进来”结硕果。引进境内外资金持续增长，103 家境内外 500 强企业在洛投资，2022 年，全市实际利用省外境内资金 925.8 亿元，同比增长 3.67%，总量居全省第 2 位。全市外贸进出口总额 209.2 亿元，同比增长 1.2%。2022 年，全市对外直接投资 4.1 亿美元，同比增长 43.1%，总量居全省第 2 位；对外承包工程营业额 2.77 亿美元，全市有实际业务的进出口企业达到 1040 家。

（四）文化交流促进国家文化旅游名城建设

以洛阳为中心的河洛地区长期是我国政治、经济、文化、交通的中心，先后有 13 个王朝在洛阳建都。洛阳现存的大量文化遗产，是东西方交流最直接的载体，是丝绸之路精神和民心相通的历史见证，是实现“一带一路”倡议的文化基石。洛阳积极参与“一带一路”文化交流，推动洛阳独特的历史文化资源在国际舞台上的传播，加强与其他国家和地区的文化交流与合作，推动建设国际文化旅游名城。洛阳加快建设隋唐洛阳城国家历史文化公园、二里头国家考古遗址公园，全市博物馆、纪念馆达到 102 家。《唐宫夜宴》《龙门金刚》《风起洛阳》等剧目火爆出圈，“洛阳礼物”文创设计突破 1000 款，洛阳成为国内外旅游热点和网红城市。2022 年全市接待国内外游客

1.17 亿人次，旅游总收入 923.5 亿元，同比分别增长 25.7%、16.1%。

三　前景和展望

洛阳丰富的历史文化资源、科技创新实力和工业基础将为洛阳融入“一带一路”提供强有力的支撑，同时也为洛阳共建“一带一路”带来更多的合作空间和发展机遇。

（一）进一步提升开放平台能级

开放平台是对外开放“试验田”，发挥着先行作用。洛阳将在现有基础上统筹推进各类开放平台建设，打造开放层次更高、营商环境更优、辐射作用更强的开放新高地。高标准建设河南自由贸易试验区洛阳片区，推动更高水平投资贸易自由化便利化，建立健全进出自由、安全便利的货物贸易和服务贸易管理制度。高质量推进洛阳综合保税区建设，积极发展“保税+”新型贸易。高水平建设中国（洛阳）跨境电子商务综试区，打造洛阳外向型经济新的增长极。高规格建设洛阳国际农产品贸易中心，打造集加工、贸易、物流、配送、展示功能于一体的国际农产品贸易集散基地。

（二）进一步深化经贸交流合作

随着与共建国家的经贸交流和产能合作走深走实，洛阳在与亚洲和欧洲国家的贸易合作中具有的得天独厚的地理和文化优势、产业优势将得到充分发挥，一方面洛阳优势企业深度融入“一带一路”，带动越来越多的洛阳企业走向海外，洛阳在传统制造业、高端装备制造等领域具有较强的技术优势和深厚的产业基础，通过产能合作、技术服务等方式拓展到“一带一路”共建国家，促进产业转移和技术创新；另一方面吸引“一带一路”共建国家的优质企业、创新技术和人才资源，在洛阳落地生根，推动洛阳传统产业向高端化、智能化升级。

（三）进一步促进民心相通

“国之交在于民相亲，民相亲在于心相通。”“一带一路”是经贸合作的平台，也是不同国家文化交流的平台。洛阳文化底蕴深厚，历史悠久，同时也具有得天独厚的自然景观、独特的文化资源和品牌影响力。洛阳将积极扩大文化交流范围，推广洛阳优秀传统文化，充分利用牡丹文化节、河洛文化旅游节平台扩大与“一带一路”共建国家的文化交流合作，擦亮洛阳“东方博物馆之都”“河洛文化中心”等文化品牌，推动洛阳对外文化交流和旅游业发展。发挥河洛文化、根亲文化凝聚力优势，构建“一带一路”文化交流平台，进一步扩大提升洛阳文化的国际影响力，促进民心相通。

第二节　融入“一带一路”的新乡探索

新乡是豫北地区重要的工业城市，也是中原城市群的重要组成部分，交通区位、产业基础、科技创新、山水资源等优势突出，发展基础良好、潜力巨大。新乡抢抓“一带一路”建设机遇，以建成区域性综合交通枢纽、国家物流枢纽承载城市为目标，致力于建设沿黄生态经济带，努力打造“一带一路”的重要支点城市。

一　新乡融入“一带一路”的主要做法

（一）构筑畅通开放通道，提升共建“一带一路”基础能力。

郑新一体化、融入郑州都市圈为新乡对接融入“一带一路”建设创造了良好的交通条件。新乡在打造“一带一路”区域性综合交通枢纽中，充分发挥交通先行作用，积极融入“四路协同”战略，畅通国际开放立体通道，积极推进郑济高铁、新晋高速、新辉长高铁等重大项目建设。一是开通陆海新通道新乡铁海联运班列，开行中欧班列（新乡号）中亚五国、比利时列日、德国汉堡、越南河内、青岛铁海联运等线路，打通“北上、南下、西行、东出”陆海通道，提升链接“一带一路”共建国家设施联通能力。二是推动传统物流业加快转型升级，引导专业物流发展，推广先进运输组织方式，促进交通运输与现代物流深度融合。三是加强“一带一路”通道网络与其他交通运输设施的衔接协调。借助郑州航空港资源优势，建设经开区保税物流中心。以“一体两翼”为架构建设新乡国际陆港，依托中欧班列、新日韩铁海联运国际班列，推动建设集仓储服务、物流配送、综合信息服务于一体的现代物流基地，构建起新乡“通道+枢纽+网络”现代物流运行体系，为新乡融入“一带一路”建设提供重要的基础设施支撑。

（二）做强做大优势产业，打造共建“一带一路”新乡优势

新乡市以“五链耦合”为抓手，推动产业基础高级化、产业链现代化，打造国家先进制造业基地，做强起重机械、振动机械、汽车及零部件等优势产业，做大过滤设备、农业机械、环保装备等特色产业，培育数控机床、工业机器人、航空航天、智能成套装备等高端装备产业。以新技术、新产品、新业态、新模式为突破口，培育新的增长点，推动产业做大做强。立足生物技术药、医疗器械和卫材、化学原料药及制剂、现代中药四大主导产业，以龙头企业（华兰生物、驼人集团）培育为主线，以“延链、补链、强链”为抓手，聚焦重点领域，突出生物制药，瞄准高端医疗器械，推动原料药转型升级，提升生物与新医药产业高端化、规模化、集群化发展水平。同时推动金融、物流等现代服务业的发展，推动产业向高端、集约、智能化等方向发展，形成共建“一带一路”的新乡优势。

（三）建设高水平开放平台，提升对外开放能级

新乡市以融入“一带一路”建设为契机，实施开放带动主战略，以完善高能级开放平台为抓手，加快推进开放强市建设。围绕河南“五区联动”“四路协同”战略，持续完善经开区、高新区、口岸和海关特殊监管区等开放平台功能，做大做强枢纽经济、口岸经济。推进新乡“一体两翼”国际陆港建设，加强综合保税区（B 型）、自贸区开放创新联动区申建工作，依托中欧班列、新日韩铁海联运国际班列，建设集仓储服务、物流配送、综合信息服务于一体的现代物流基地。依托阿里巴巴等跨境电商平台资源，推进新乡跨境电商产业园、市级跨境电子商务示范区建设。推进经开区国家外贸纺织服装转型升级基地建设，高质量建设加工贸易产业梯度转移承接地。

（四）加快“走出去”步伐，深化国际产能合作

支持企业开展对外投资，支持有实力的新乡企业“走出去”，开展国际产能合作。扩大出口信用保险覆盖面，增强出口企业保订单、拓市场能力，助力企业降风险、提信心。强化对外贸企业的融资支持，积极搭建外贸企业和金融机构对接平台，以多样化的金融支持政策，解决企业迫切的融资需求。组织推荐企业参加各类境内外展会，积极开拓海外市场。组织新乡

184 家企业 550 余人参加第五届进口博览会，意向成交额位居河南前列。依托产业园区，以项目为纽带，加强与“一带一路”共建国家的经贸合作。推动新乡本地化工、纺织、新能源、特色农产品等商品向“一带一路”共建国家出口，寻求差异化经营空间，推进与“一带一路”共建国家合作交流。积极承接产业转移，培育壮大装备制造、生物医药、电子信息、汽车及零部件、新能源、新材料等产业。支持企业以独资、合资、合作等方式建设境外经贸园区，与共建国家开展产业对接合作。推动企业设立海外营销渠道和海外仓，打造跨境电商产业链、生态链，助推新乡企业、产品“走出去”，在“一带一路”广阔国际空间中开拓市场。

二　取得的成效

（一）外向型经济发展壮大

新乡以融入“一带一路”建设为拓展对外经贸合作的着力点，不断深化与共建国家的贸易和产能合作，推动新乡对外贸易进出口额持续增长。新乡对外贸易规模不断扩大，2020 年进出口规模突破 100 亿元，2021 年达到 112.9 亿元，创历史新高，是 2012 年的 1.7 倍，其中，出口总额 90.1 亿元，是 2012 年的 1.8 倍，进口总额 22.8 亿元，比 2012 年增长 36.3%。贸易结构不断优化，与“一带一路”共建国家经贸往来规模进一步扩大，货物贸易占比达 40.6%。外贸企业队伍不断壮大，全市达 2953 家。跨境电子商务平台与传统产业深度融合，2016 年至 2020 年累计交易额达 160 亿元，年均增长 4.0%。对外经济技术合作稳定发展，对外直接投资完成 1.25 亿美元，对外承包工程和劳务合作完成营业额 1.3 亿美元。2022 年，新乡全市货物进出口完成 154.7 亿元，同比增长 36.9%，居全省第 4 位；实际引进省外资金 776.9 亿元，居全省第 5 位；实际使用外资 4952 万美元，2022 年跨境电商进出口完成 64.6 亿元，同比增长 10%；服务进出口实现 2.12 亿美元，同比增长 8%。

（二）打开广阔国际合作空间

新乡市已建立与十多个国家的友好城市和合作关系，有 140 多家企业在国外投资、开展贸易和合作项目，涉及 20 多个领域，特别是纺织、食品、医药、化工等产业，对口合作发展成效显著。新乡中欧班列（中豫号）常态化运行，成功打通中亚、欧洲、铁海联运、东盟四条线路，2022 年中欧班列（中豫号）实现年度开行超百列，为新乡融入国际供应链提供了重要支撑，成为新乡融入“一带一路”建设的主力通道。同时，新乡还积极推动文化、教育、旅游等领域的合作与交流，增进了不同国家人民之间的友谊。

（三）形成全面融入“一带一路”新格局

新乡推动全方位、宽领域融入“一带一路”建设格局，在投资领域、市场拓展、项目合作、合作平台等方面大胆探索，推动新乡“一带一路”建设走深走实。在融入“一带一路”引领下，新乡对外投资领域不断拓宽，投资主体呈现多元化趋势，境内投资领域由传统的电力、煤炭、石油等资源开发转向了农业、制造业、基础设施、能源、房地产等行业。在境外投资方面，通过投资建设，延伸产业链，增加就业机会，带动了相关产业发展。在境外市场开拓方面，新乡企业通过“走出去”向海外拓展市场，形成了以农业生产、装备制造、矿产开发、金融服务为主的多元化产业格局。在境外项目建设方面，新乡企业积极参与“一带一路”项目建设。在境外合作园区建设方面，通过政策引导和资源整合，在赞比亚、印度尼西亚等地建立了多个农业产业园区，成为新乡在当地共建“一带一路”的合作平台。

（四）国际产能合作提质升级

“一带一路”共建国家是新乡制造业对外合作的重要区域，新乡的制造企业通过在共建国家和地区建立生产基地，与当地企业合作开展技术改造，实现产品、产能、技术等多方面的互补，共同开拓国际市场。新乡化纤是我国大型纺织原料生产企业，其主导产品再生纤维素长丝、氨纶两大系列已出口 40 多个国家。随着深度融入“一带一路”建设，公司产品走进了越来越多的伙伴国家。产品在土耳其纺织成布后，主要用于国际知名快时尚品牌服饰的加工，目前占到土耳其 70% 的市场份额。共建“一带一路”十年来，新乡化纤工业生产总值增长 204%；资产总额突破 130 亿元，增长 149%。

三 前景和展望

随着“一带一路”建设深入推进，作为“一带一路”重要节点城市，新乡产业基础雄厚，特别是在装备制造、新能源、生物医药等领域具有较大的发展潜力。新乡将继续以抢抓融入“一带一路”建设推动产业转型升级、提升对外开放能级，构建新乡高质量发展新格局。

（一）国际产业合作层次更高

新乡与“一带一路”共建国家在装备制造、新能源、生物医药等领域具有广阔的合作前景。通过深度参与国际产能合作、技术交流，承接境内外先进制造产业转移，进一步强化新乡装备制造业优势。在新能源方面，可以发挥新乡清洁能源产业优势，积极开展与“一带一路”共建国家的能源合作，积极承接动能电池、风力发电、光伏发电等清洁能源项目，进一步加快新乡融入国际供应链、产业链的步伐。

（二）现代产业体系更加优化

新乡在融入“一带一路”建设中，通过加大对高端装备制造、新一代信息技术、新能源、生物医药等领域的投入，实现产业结构向高新技术产业和现代服务业转型升级，形成高端先进制造业与现代服务业互相支撑的新型产业体系。发展高科技、低资源消耗、高附加值的新兴产业，提升产业的科技含量和附加值，确立在产业链、价值链中的话语权，确立新乡在参与国际产能分工合作中的比较优势，推动新乡经济的高质量发展。

（三）“两地”建设行稳致远

新乡作为融入“一带一路”建设的重要节点城市，是黄河流域生态保护和高质量发展的重要区域，具有承东启西、连接南北、通江达海的独特区位优势。新乡立足新发展阶段，全面贯彻新发展理念，主动融入新发展格局，大力推进“两地”（国家创新高地、国家先进制造业基地）建设。新乡以融入“一带一路”为引领，抢抓“四路协同”、郑新融合发展等战略机遇，高质量融入“一带一路”建设和黄河流域生态保护和高质量发展，推动新乡“两地”建设行稳致远。

第三节 融入“一带一路”的许昌探索

许昌是中原城市群核心城市，工业基础雄厚，民营经济发达，发展活力充沛，工业竞争力居河南省第三位，是全球重要的发制品生产基地、亚洲重要的人造金刚石生产基地、中国重要的电力装备生产基地。许昌积极抢抓融入“一带一路”的重大战略机遇，实施郑许一体化发展，构建优良的营商环境，深化与共建国家的合作交流，构建对外开放新格局，推动许昌经济高质量发展。

一 许昌融入“一带一路”的主要做法

（一）积极融入郑州都市圈建设，提升互联互通能力

许昌把郑许一体化作为高质量发展的“龙头工程”，着力抓好规划共绘、交通共网、生态共治、产业共链、设施共建、合作共享，在中原城市群建设、郑州航空港经济综合实验区先行先试中展现许昌作为。借助郑州航空港经济综合实验区门户开放优势，推动“四路协同”发展，畅通许昌对外开放通道。以加强交通基础设施建设为基础，构筑郑许一体化发展物流大通道。建设以高速公路、铁路为重点的“四横六纵”高等级路网体系，重点建设以郑许城际铁路为龙头的高速铁路通道，积极推进以郑万高铁为龙头的高速铁路通道建设，构建高速公路、高速铁路、普通公路立体交通网络，强化融入“一带一路”建设的互联互通能力。

（二）强化开放平台职能，提升共建“一带一路”能级

许昌抢抓“一带一路”带来的重大机遇，推进对外开放平台建设，实施更大范围的对外开放。一是发挥许昌保税物流中心（B型）、跨境电商产业园、中德（许昌）产业园等对外开放平台作用，扩大与“一带一路”共建国家的经贸合作；依托许昌保税物流中心，完善装卸服务、货物溯源、第三方服务企业管理、库房管理，持续提升进出口业务配套的综合服务水平，打造外向型经济领域一站式服务平台。强化政策配套支持，初步形成了外贸产业链条“小集群”。二是多渠道、多形式扩大对外交流合作。先后

与80多个“一带一路”共建国家建立了友好合作关系，与欧盟、法国商联等组织建立了友好商会；成功举办中国—中东欧国家（许昌）中小企业合作交流大会、河南省—德国中小企业合作洽谈会、中德智能制造合作主题论坛；先后举办了首届“一带一路”国家商品展暨中国（许昌）“一带一路”国际农业合作论坛、中国—东盟“海上丝绸之路”许昌商务论坛、2019中国（河南）—德国经贸合作对接会等大型经贸活动，推动了一批重大项目落地。

（三）高质量“走出去”，抢占“一带一路”大市场

许昌市出台了《关于支持企业“走出去”发展的若干意见》，设立了10亿元的“走出去”产业引导基金，每年安排1000万元以上的专项资金，从资金、政策等方面支持许昌企业“走出去”拓展广阔的国际市场，深化国际产能合作，形成全方位、宽领域、多层次的对外开放格局。电力装备产业是许昌首个超千亿级产业，已成长为许昌市第一支柱产业，许昌市持续延链补链，促进产业集群集聚发展，形成了较为完整的电力装备制造业体系，成为国家认定的重大技术装备国产化基地。许昌在融入“一带一路”建设中，支持优势电力装备企业以多种方式加快“走出去”，引导企业取得国际认可的服务资质，带动技术、装备、标准和服务走出去。许继集团作为拥有电力设备制造及成套装备出口资质的优势企业，积极融入“一带一路”建设，东南亚、非洲乃至西欧、北美的电网，都留下了“许继智造”的烙印。许昌现有发制品进出口业务的企业600多家，拥有3000多个产品种类，产品畅销“一带一路”共建国家和地区，许昌也因此获得“顶上时装之都”的美誉。目前，许昌发制品在欧美市场占有率超过40%，在非洲市场占有率超过70%，是河南省除手机以外的第二大出口商品。长葛蜂产品企业踏上“一带一路”走出国门。河南黄河集团股份有限公司等一批知名企业通过境外收购、参股等多种形式，在国外建立了研发中心和生产基地。

（四）高水平“引进来”，打造对德合作“桥头堡”

许昌立足制造业和民营经济优势，抢抓国家推进“一带一路”建设重大机遇，大力实施双向开放，把对德合作作为促进产业转型发展、扩大对

外开放的重要抓手，创造性地建立对德合作机制，把中德（许昌）产业园打造为许昌对德合作的重要载体和平台，实现了“许昌速度”与“德国质量”的有效对接，获批河南唯一的中德（许昌）中小企业合作区。积极承接德（欧）企在华投资新项目或在华项目转移，重点加强与德国知名企业在智能制造、再生金属利用等方面合作。引进德国先进的技术设备、管理理念，嫁接许昌再生金属、电力装备等先进制造产业，提升技术水平，助力产业转型升级。累计签订对德合作项目协议 139 个，其中落地项目 70 个，签约项目和落地项目数量均居河南首位，许昌成为对德合作的“桥头堡”。

（五）做强做大优势产业，培育跨境电商新业态

许昌不断优化外贸结构，大力推进外贸转型升级，提升外贸发展质量和效益。一是做强做大优势特色产品出口，持续优化农产品、机电产品、轻纺产品出口结构。二是积极推动跨境电商等外贸新业态发展，推进中国（许昌）跨境电子商务综合试验区建设。许昌市出台了《关于促进跨境电子商务发展的实施意见》，市财政设立专项资金，在培育跨境电商企业、发展跨境电商园区、加强人才培训等方面加大扶持力度，提供适宜“土壤”。与阿里巴巴签约“数字出海”，建起了速卖通全球首个跨境电商直播基地，获批全国首个发制品国家级市场采购贸易方式试点，极大提升了当地跨境电商发展水平。2015 年许昌市获批创建中国（许昌）跨境电子商务综合试验区，2017 年中国（许昌）跨境电子商务综合试验区升级为国家级综合试验区，在河南率先建成 1 个市级跨境电子商务公共服务平台、1 个跨境电商公共海外仓，形成了“一平台两园区四中心”的跨境电子商务发展格局。

（六）深化“放管服效”改革，营造良好开放环境

许昌通过提升政府服务能力和水平，通过优化行政流程、提高服务质量等方式，为企业的发展提供良好的保障和支持。2058 项政务服务事项实现“不见面审批”，2062 项实现“最多跑一次”，“一证通办”事项达到 138 项，政务服务标准化改革评价位居河南第一。大力推行“智能秒办”新模式，加快打造审批最少、流程最优、体制最顺、机制最活、效率最高、服务最好的营商环境。

二 取得的成效

(一) 推动许昌对外开放站上新台阶

许昌以融入“一带一路”建设为引领，深化与共建国家的经济技术合作交流。许昌先后与德国、东盟等160多个国家和地区建立了经贸合作关系，与白俄罗斯、乌兹别克斯坦、泰国、马来西亚等国家的20多个城市建立了友好城市关系，在基础设施建设、农业技术推广等领域开展了广泛的交流与合作。全市共有对外投资企业200余家，投资总额超过16亿美元，对外投资中方协议额累计达到3亿美元，投资分布在20多个国家，投资领域涵盖发制品、电力机械、采矿、食品、纺织等行业。许昌的森源集团、瑞贝卡集团、万里集团等近20家企业在“一带一路”共建国家投资，设立境外企业（代表处）40家，累计进出口1389.1亿元，年均增长11%，其中出口1209.8亿元、进口179.3亿元，实现贸易顺差1030.5亿元，进出口总量稳居河南第一方阵，出口总量常年保持河南第2；外贸企业达到600家，年均增长4.6%，产品出口到130个国家。2022年许昌对“一带一路”共建国家进出口67.2亿元，同比增长8.5%，占全市进出口总额的25.9%。

(二) 促进许昌民营经济蓬勃发展

许昌民营经济底蕴深厚，势头强劲，发展活跃。许昌民营企业抓住“一带一路”建设的重大机遇，积极拓展海外市场，快速发展壮大，成长为许昌融入“一带一路”建设的主力军、外向型经济的主要驱动力。作为许昌出口优势产业的发制品产业提供了大量的就业岗位，建安区、禹州市、开发区、魏都区四个发制品产业集聚区直接吸纳从业人员超过10万人，带动上下游相关从业人员30多万人。2021年，许昌全市有进出口业绩的企业600家，相较于2012年增长近50%。其中民营企业成为外贸行业的主力军，常年来占全市进出口总额的九成以上，2021年民营企业累计实现进出口240亿元，占全市进出口总量的96%。

(三) 培育跨境电商成为“许昌优势”

许昌以中国（许昌）跨境电子商务综合试验区为龙头，充分发挥跨境电子商务综合试验区先行先试优势，创新发展模式，不断扩大服务范围，逐步完善功能，全市共建成4个跨境电商综合园区，培育3个跨境电商培训孵化基地和10个直播电商基地，打造了速卖通全球首个跨境电商直播基地、全国发制品原材料进口基地，并在境外设立了23个海外仓，跨境电商经营企业突破2000家。2021年，全市跨境电商交易额180.6亿元，总量居河南第2位。借助网络电商，许昌发制品、蜂产品等产业获得了突飞猛进的发展，发制品常年荣登阿里巴巴热销排名榜。目前，许昌发制品行业相关从业者超过30万人，拥有发制品相关经营企业4000多家、产品种类3000多种，销往约120个国家和地区。2022年许昌发制品累计进出口额达179亿元。从备受喜爱的“头顶”时尚到闻名世界的“头等”生意，许昌发制品行业已经实现从原料集散向成品生产、从人发制品向化纤发制品、从单一产品向系列产品的转变。长葛的蜂产品淘宝网店超过1000家，从事互联网销售的人员超过5000人，蜂产品年交易额达到14亿元，蜂机具销售额达到5亿元，长葛也成为全国最大的蜂产品集散地和蜂机具生产基地。

三　前景和展望

在新发展格局下，许昌将全面贯彻新发展理念，开拓创新、拼搏进取，全面融入“一带一路”建设，持续深化开放带动战略，着力打造具有许昌特色的内陆开放高地。

（一）开拓更为广阔的开放空间

随着“一带一路”倡议的深入实施，许昌将紧紧抓住这一重大战略机遇，发挥自身优势，不断拓展对外开放新空间。许昌将以郑许一体化发展为突破口，加快许昌国际陆港、跨境电商产业园、综合保税区等开放平台建设；以“双向投资”为重点，大力推进“引进来”和“走出去”，深化国际经贸合作和人文交流；以“提质增效”为目标，提高开放型经济发展质量和效益。

（二）促进产业结构优化升级

许昌将把促进产业转型升级作为主攻方向，推进制造业智能化改造和数字化转型，积极引进一批战略性新兴产业项目。同时，积极引进和培育一批投资规模大、科技含量高、市场前景好的大企业大集团，形成集聚效应。加快发展战略性新兴产业和现代服务业。将对德合作作为推动制造业转型升级的重要抓手，推动传统产业加快向高端化、智能化、绿色化转型升级。大力发展电子信息、装备制造、食品医药、纺织服装四大传统优势产业集群，推动优势产业向高端化发展。

（三）推动对外开放更加深入

许昌深入实施对外开放战略，突出发展“一带一路”共建国家市场需求大、产业基础好、合作潜力足的重点区域，积极参与全球产业分工和产业链重构，大力推动许昌由开放末梢向开放前沿转变、由产品输出向技术输出转变、由内陆腹地向开放高地转变。

第四节 融入“一带一路”的南阳探索

南阳是河南省域副中心城市，位于中原经济区、长江经济带和西三角经济区交汇区域，具有得天独厚的区位优势和经济基础。南阳抢抓融入“一带一路”建设的发展机遇，实施开放带动战略，全力推动南阳内陆开放高地建设。

一 南阳融入“一带一路”的主要做法

（一）强化开放通道建设，提升共建“一带一路”基础能力

南阳把设施联通作为优先环节，突出抓好航空、铁路国际运输通道建设，实现与“一带一路”共建国家通道对接。依托卧龙综保区、铁路二级物流基地积极推动南阳国际陆港建设，推进与东南亚、中亚等共建国家的互联互通。围绕建设“全国综合交通枢纽城市”“商贸服务型国家物流枢纽”等战略目标，推动“空铁公水”四位一体开放通道建设，打通陆上、空中、海上、网上“丝绸之路”，全方位开通国际物流通道。依托南阳国际陆港，南阳中欧班列开行6条线路，通达3个国家的6个城市，常态化每周开行一列至东盟的班列。开行南阳至青岛港、宁波港铁海联运线路，打通南阳融入“海上丝绸之路”的快速通道。推进唐白河复航工程，疏通唐白

河与汉江、长江的水路连接，为进入长江经济带奠定基础，形成南阳“两干两支一联”的航道总体布局。南阳所有县（区）基本实现了通高速公路的目标，总里程达到835公里，居河南第一位。郑万高铁打通了南阳融入以郑州为中心的省内“1小时经济圈”及全国高铁网的快速通道。南阳机场是河南省第二大机场，固定航班到达国内30多个城市。南阳市基础设施网络规模不断扩大，运输服务能力和水平大幅提升，推动交通优势转化为物流优势、发展优势，为融入“一带一路”、促进基础设施互联互通打下了坚实基础。

（二）突出优势产业，打造南阳“知名品牌”

南阳持续推动防爆电机、汽车零部件、油气钻采设备、输变电设备、手机微棱镜、车载镜头、胶印版材、CVD金刚石等一批具有核心竞争力的产品参与国际产能合作，打造牧原猪、仲景药、赊店酒、镇平玉、科尔沁牛、渠首农产品等一批享誉国内外的知名品牌，确立南阳产品品牌竞争力、影响力和在国内国际产业链中的地位，促进共建“一带一路”高质量发展。

（三）建好对外开放平台，扩大国际经贸合作

2014年11月，国务院正式批准设立南阳卧龙综合保税区，成为继郑州之后河南省第二家综合保税区。作为南阳融入“一带一路”建设、扩大对外开放的重要支撑平台，卧龙保税区围绕通关便利化国际服务贸易，打造集国际贸易、实物投资、实体产业、产能合作、货币结算、保税旅游六大功能于一体的全产业链服务平台。作为海关特殊监管区域，卧龙综合保税区可以在口岸基础设施、经贸合作平台、引进产业投资等方面深度参与“一带一路”建设实践，在贸易便利化、产业开放、政府管理等方面优先接受自贸试验区辐射。

（四）培育跨境电商，做大外向型经济

中国（南阳）跨境电子商务综合试验区作为南阳跨境电商发展的重要载体平台，辐射豫鄂陕毗邻区域，着力打造食用菌、光学元件、玉雕工艺品等特色跨境电商产业带。南阳按照“一核多园”布局，建设镇平、西峡、社旗、内乡、新野等跨境电商园区，为跨境电商企业提供集聚平台，助力

“南阳智造”扬帆出海。南阳跨境电子商务综合试验区推广先发综试区成熟经验做法，推进制度创新、管理创新、服务创新，支持南阳本地跨境电商进出口企业、平台做大做强，建成跨境电商通关一体化平台，开展一站式通关服务，开通运行跨境电商 1210、9610、9710、9810 业务模式，建设南阳跨境电商进出口商品展示中心，助力南阳产品跨境出海。

（五）推动企业“走出去”，深化国际产能合作

南阳持续深化与“一带一路”共建国家在产能、经贸、技术、中医药、旅游等方面合作，支持境外经贸合作园区建设，实现经贸跨国联动。充分发挥“走出去”龙头企业带动作用，推动优势企业承揽海外工程，带动设备和技术出口。积极寻求与“一带一路”共建国家在产能、经贸、能源、旅游、技术等方面合作。推动纺织、建材、装备制造、汽车零部件、机电等产业有序开展境外投资合作，支持有实力的企业积极参与境外矿产、农业等资源开发。针对不同行业企业的需求，提供多种不同的扶持政策和措施，包括财政资金、人才引进、市场拓展等方面的支持。积极推动企业走出去，参与“一带一路”建设，参与国际供应链、产业链分工合作，发挥南阳企业的优势，扩大在共建国家的投资。积极为企业搭建国际合作平台，组织、鼓励南阳企业积极参加各类展会，打造南阳品牌，增强南阳国际影响力。

（六）做大做强中医药特色产业，打造共建“一带一路”的“南阳特色”

南阳是全国著名的艾草之乡、辛夷之乡、山茱萸之乡，这些都为南阳的中医药产业发展创造了得天独厚的条件。南阳把中医药产业链作为 21 个重点产业链群之一，积极推进中医药产业转型升级。随着中医药在世界范围的传播与影响日益扩大，中医药已成为南阳高质量融入“一带一路”建设的名片，南阳充分发挥中医药服务贸易先行先试重点城市优势，以张仲景博物馆为核心建设中医药服务出口基地，基地以培育中医药服务贸易市场主体为目标，打造“全球中医圣地、全国中医高地、全国中医药名都”，为南阳中医药发展增添了新平台新动能。南阳推动中医药在全球卫生治理、国际抗疫合作中发挥重要作用。优化中医药服务出口模式，扩大中药类产

品贸易，做大做强中医药服务贸易，扩大中医药国际市场准入，深化国际贸易合作。着力培育中医药发展新优势，聚焦提升企业“走出去”水平，建设中外合作产业园，加强中药材产业合作，聚焦国际学历教育与培训合作，加强中医药国际人才队伍建设，提升国际教育水平。聚焦国际传播，打造亮点品牌，深化文化交流合作，着力增强中医药国际影响力。促进扩大与共建国家的合作交流，推动南阳中医药走向世界，提升南阳中医药服务国际影响力，助推南阳中医药产业高质量发展。

（七）加强人才培养，构筑共建“一带一路”的人才基础

南阳实施“诸葛英才计划”，完善“全职+柔性”招才引智机制，着力引进一批具有国内国际先进水平的产业领军人才和科技创新人才，集聚一批高层次创新团队，储备一批优秀青年人才。加强应用型、技能型人才培养，深入推进全民技能振兴工程。卧龙综合保税区与河南经贸职业学院、南阳农业职业学院开展合作，建设“一带一路”产业学院，培育跨境电商、物流等专业实用人才，更好地服务本土跨境电商企业发展。为南阳融入“一带一路”提供专业人才供给，为南阳开放转型提供坚实的人才支撑。

二 取得的成效

（一）进出口规模不断攀升，外向型经济发展提速

南阳实施开放带动战略，以融入“一带一路”统领全市对外开放高质量发展，对外进出口总额持续增长。南阳进出口总额从 2014 年的 19.58 亿美元（约合人民币 120.26 亿元）增长至 2022 年的 239.1 亿元人民币，实现 8 年进出口规模翻一番。2022 年进口总额为 35.6 亿元，同比增长 47.5%；出口总额为 203.5 亿元，同比增长 59.8%。进出口总额增幅居河南第 2 位。2022 年，南阳对“一带一路”共建国家进出口 98.6 亿元，同比增长 59.5%，占全市进出口总额的 41.2%。2022 年南阳新设外资企业 36 家，同比增长 200%，总量位居河南第 3，增速位居河南第 1；实际使用外资 6902 万美元，同比增长 133.5%。融入“一带一路”建设推动南阳外向型经济发展进入快车道。

（二）“走出去”“引进来”取得丰硕成果

南阳紧抓融入“一带一路”的重大机遇，实施“走出去”“引进来”的双向开放带动战略，推动南阳的优势产业积极参与“一带一路”建设，促进国际经贸合作交流，产能合作水平不断达到新的高度，助推南阳对外开放高质量发展。南阳的农产品、机电产品、纺织品通过“一带一路”进入“一带一路”国际市场。其中西峡香菇产业就是在“一带一路”建设带动下实现了对外出口量级的跨越。西峡县按照对接“一带一路”国际市场的标准建立完善的质量安全标准化体系、农业投入品控制体系和质量安全追溯体系，形成了“上接基地、中连市场、下游打造骨干龙头出口企业”的完整产业链，成为全国最大的干香菇出口货源集散中心、信息交流中心和价格形成中心。西峡香菇凭借“一带一路”搭建的桥梁，走出国门，走向世界。2018 年西峡香菇出口近 12 亿美元，与 2005 年不足 300 万美元相比，实现了几何级的增长。2020 年 1 月 1 日，载有 35 个集装箱 910 吨香菇制品的首列西峡香菇铁海快线（中欧）班列开出，运抵俄罗斯莫斯科，标志着西峡香菇进入欧洲市场迈入快车道。

意大利威奥斯图公司曾是欧洲最大、世界第三的减震器制造商，高端客户遍布全球，产品装配于奔驰、法拉利等世界名车。南阳淅减汽车减振器有限公司在“一带一路”框架合作中成功收购该公司，进而从欧洲引进先进技术和设备，进行以汽车球头和摆臂为主的底盘部件制造，并通过淅减公司在淅川县汽车零部件产业链的龙头地位和资源优势，组建一家世界一流的车辆底盘件公司，致力于中国汽车底盘的高端制造。通过这一合作，淅减公司装备自动化水平和研发能力达到了世界一流水平，已进入全球减震器行业前 3，为走向国际市场迈出了坚实的一步。

（三）跨境电商蓬勃发展，外向型产业结构更加多元

自 2020 年 4 月 27 日国务院批准南阳为跨境电子商务综合试验区以来，南阳市跨境电商取得了长足发展，成为南阳对外贸易新业态发展的亮点和南阳融入“一带一路”新的着力点。当前，南阳已形成“一核多园”布局，南阳跨境电商进出口商品展示中心以及镇平、西峡、社旗、内乡、新野等跨境电商园区蓬勃发展，为跨境电商企业提供集聚平台。食用菌、光学元

件、玉雕工艺品等特色跨境电商产业在空中丝绸之路实现“买全球、卖全球”目标。2022 年，南阳跨境电商交易额完成 152.8 亿元，同比增长 13.8%；卧龙综保区进出口达 60.00 亿元，同比增长 67.3%。从事跨境交易的企业和个体经营户达 5000 家以上，跨境电商国际邮件出口数超 300 万件，跨境电商就业人数达到 6.7 万人，产业链带动就业人数达 18 万人。

三　前景与展望

融入“一带一路”建设为南阳带来了千载难逢的发展机遇，促进了南阳扩大开放的提质升级，实现了“盆地”变“高地”跃升。可以预见，南阳融入“一带一路”建设将朝着更高质量、更高标准、更高水平的方向迈进。

（一）共建“一带一路”的综合效益进一步显现

“一带一路”以基础设施互联互通和国际产能合作为重要切入点，此类项目建设周期长、见效慢，但长期性、综合性效益突出。南阳在一些长期合作项目的投资收益将会逐步显现，一些优势产业的经贸合作的规模效应将会不断扩大，推动南阳外向型经济的快速发展。

（二）国际产能合作领域更加宽广

南阳继续加强与“一带一路”共建国家的交流合作，实施大开放、大招商，吸引了全球各地的企业家和投资者入宛投资合作。同时，在电力、石油、化工、机械、建材、农业等领域，南阳与共建国家的企业开展了广泛而深入的产能合作。南阳的朋友圈越来越广，向世界展示南阳的风采和魅力。

（三）激发发展潜力，推动南阳经济高质量发展

融入“一带一路”和建设省域副中心城市，为南阳高质量发展插上了腾飞的翅膀，充分激发了南阳的发展潜力和活力，推动南阳在创新驱动、产业转型升级、城乡协调发展、生态文明建设等领域实现跨越发展，在融入全局、服务大局，助力中原更加出彩中展现南阳作为。

第五章　融入“一带一路”的企业探索

企业是“一带一路”建设实施的主体，推进企业在“一带一路”共建国家开展经贸投资合作，是融入“一带一路”的关键。十年来，河南各类企业依托中欧班列、郑卢空中丝绸之路等，深耕“一带一路”，与沿线各经济体开展贸易、投资、金融、基建等合作，有力促进了共建国家经济增长、人才培养和社会发展，成为河南开展国际产能合作的亮点。本章选取一些河南近年来积极参与“一带一路”建设的典型企业，考察这些企业融入“一带一路”的实践模式、经验启示、存在的问题以及进一步深度合作的建议，以期为其他类似企业参与“一带一路”建设提供经验和借鉴。

第一节　融入“一带一路”的平高经验

十年来，平高集团积极响应国家“一带一路”倡议，全力投身“一带一路”共建国家电网建设，为共建“一带一路”高质量发展作出了积极贡献。

一　平高集团融入“一带一路”建设的发展历程

中央企业是推进“一带一路”建设的主力军，平高集团作为央企一员，积极融入“一带一路”建设，聚焦高压开关设备单机出口和境外电力工程总承包（EPC），积极发展海外业务，先后设立波兰分公司、印度子公司、老挝办事处、尼泊尔办事处、巴基斯坦办事处、埃塞俄比亚办事处、塔吉克斯坦办事处、南非项目公司等驻外机构。2000年平高集团获得进出口自营权，主要为国内配套供货；2005年获得外经权和对外工程承包资质，自行承揽海外工程总承包项目；2010年开始步入以海外工程总承包为主的转型期；2013 年工程总承包项目转型取得初步成效，签署巴基斯坦、波兰、印度、尼泊尔等 10 多个输变电工程总包项目；2017 年工程总承包业务从国际竞标 EPC 项目模式向商业融资的 EPC+F 模式转变，签署老挝、马来西亚等多个融资项目，被美国 ENR 列入全球最大的 250 家国际工程承包商；2018 年在巩固传统输变电市场的基础上，开始了新国别市场、新行业领域、新业务模式、新能源技术的“四新”发展策略，签署老挝终期农网、澳大利亚光伏等项目；2022 年建成平高印度生产基地，具备 132 千伏至 765 千伏 GIS、储能设备等产品在印度本地化生产能力，开启了平高服务“一带一路”建设新篇章。

二 平高集团在“一带一路”建设中的做法与成效

（一）坚持科技自立自强，高端品牌效应不断彰显

科技创新是企业长远发展的基石。近年来，平高集团坚持科技自立自强，面向世界科技前沿、守正创新、锐意进取，累计研发投入约 40 亿元，攻克了一大批核心关键技术，开发了一大批突破性新产品，实现了高压开关技术从“中国制造”到“中国创造”，30 余项“世界首台”核心技术装备先后诞生。

具有国际领先的特高压开关设备技术。以电为中心、全球配置的能源发展格局，决定了电网技术在未来能源发展中的关键性作用，需要不断提高电网输送能力、配置能力和经济性，世界主要大国围绕电力系统各环节，加快坚强智能电网技术全面创新应用。平高集团紧紧把握电网建设的重大需求，勇挑设备研制的重担，研制了世界首台套 1100 千伏 GIS、±1100 千伏直流穿墙套管、1100 千伏切滤波器组断路器、1100 千伏 GIL 及国内首台（套）800 千伏 GIS 等设备，助力我国电力工业发展迈入特高压时代，极大地提升了我国电力工业的全球地位。800 千伏 GIS 荣获印度国家电网公司优质运行业绩银奖及 GIS 电站运行金奖，被大量应用于印度斯如瓦兰等多个变电站。

具备全球竞争力的环保开关设备技术。在“双碳”目标政策指引下，构建以新能源为主体的新型电力系统，大力发展真空环保开关是解决“限制和减少”六氟化硫使用的核心关键。平高集团研发的 126 千伏真空断路器实现国内首家工程应用，126 千伏无氟环保型 GIS 被成功列入国家《绿色

技术推广目录》，145 千伏单断口真空灭弧室断路器国内首家打入欧洲高端市场，成功中标意大利国家电力公司断路器两年框架采购项目，成为中国首款走出国门、进入国际市场的环保开关产品。252 千伏真空断路器是真空开关领域的“皇冠明珠”，平高集团研发的 252 千伏真空断路器原理样机顺利通过了关键型式试验验证，标志着平高集团在真空环保开关领域取得重大技术突破，并占据国际领先地位。

具有面向差异化市场的多种产品销售资质。平高集团依托自身在开关设备方面的技术优势，根据国际市场对开关设备的差异化需求开展相应产品的研发设计。针对印度市场，开发了国际先进水平的 420 千伏 GIS，改进研制了国际领先水平的 800 千伏 GIS，产品已在印度电网工程批量应用。针对巴基斯坦大容量需求和试验资质要求，开发了配弹簧机构的 252 千伏柱式断路器，取得 145 千伏和 550 千伏柱式断路器 STL 联盟试验报告，三种产品已在巴基斯坦批量应用，市场占有率排名第一。针对意大利国家电力公司 ENEL 的市场需求，开发了布置灵活、插接式的 72. 5/145/170/245 千伏系列化 PASS 开关设备，研制了 72. 5/145/170 千伏系列化柱式断路器，国内首家取得该公司 TCA 认证资质，成功进入欧洲高端市场；针对波兰、东南亚等其他国际市场，研制了 252 千伏紧凑型 GIS、145 千伏真空柱式断路器、海上风电用 72. 5 千伏 GIS 等产品，并在国际市场陆续实现工程应用。

具有一流的新型储能研发制造技术。平高集团具有国内首个全检测系列储能实验室，具备电池、电池管理系统、储能变流器等核心元件关键性能检测能力以及储能系统并网测试能力。先后完成电池管理系统、储能变流器、能量管理系统、预装式能源站、兆瓦级飞轮储能装置、高压电极式电锅炉、交直流充电桩等百余种核心产品研制。电池管理系统 CNAS 认证通过国家认可委审核。30 兆瓦热水电极式锅炉被列入工信部“能效之星”装备推荐目录，国内首套预装式氢电互动系统亮相“2022 世界清洁能源装备大会”，为加快布局海外新能源建设，助力全球碳减排行动奠定了坚实基础。

（二）坚持“四新”市场开拓，国际业务发展成效显著

近年来，在国际电力工程市场竞争日趋紧张的形势下，平高集团根据市场形势及时调整经营策略，创新“四新”国际市场开拓策略，加强 EPC 总包项目团队的组建与关键资质业绩培育，在巩固单机配套出口业务的同

时，“四新”市场取得较大的突破。单机及成套设备出口到意大利、西班牙、巴西、越南等60多个国家和地区，总承包波兰、希腊、保加利亚、南非、印尼、尼泊尔、老挝、巴基斯坦、塔吉克斯坦等国电力工程建设，涉及“一带一路”1/3共建国家。

在欧洲市场，成功签署波兰400千伏格但斯克、普拉格220千伏等6个工程总包项目，希腊和保加利亚光伏电厂等项目。2017年，通过意大利ENEL集团HGIS开关全球采购投标的资格预审，中标HGIS、GCB等多个招标项目，自主研制的145千伏HGIS产品通过TCA（技术一致性确认）认证，取得欧洲市场严苛的准入资质，自主研发的环保型开关产品成功通过国际EPD认证，打入欧洲高端市场。

在亚洲市场，成功签署老挝色贡输变电项目总承包合同，项目金额约20亿元人民币。与柬埔寨电力公司（EDC）成功签署柬埔寨暹粒吴哥机场樾吕变电站项目，推动柬埔寨当地旅游业发展。与尼泊尔电力公司签订尼泊尔嘎江132千伏输变电项目，承建尼泊尔奇利米—翠素里220千伏线路总包等多个总包项目。签署塔吉克斯坦7个城市配网改造工程总包项目和印尼南苏电气一体化工程总包项目。

在非洲市场，成功中标埃塞俄比亚阿瓦士—沃迪亚铁路供电项目总包项目，大幅提高埃塞俄比亚北部沿线物流速度，助力当地资源流通和地区发展。成功中标非洲单体容量最大的南非电化学储能项目。

（三）坚持业务模式创新，综合竞争优势持续增强

实施“工程总包+单机设备”双轮驱动策略，积极开发单机设备销售业务、输变电工程总承包业务及新能源+储能投建营业务。加强与大型能源类投资企业市场合作，拓展BT、BOT、BOO、EPC+F等项目运作模式，以工程项目带动电工装备海外销售，形成新的利润增长点。

加快布局海外生产基地。在印度建成高压开关生产基地，实现印度平高本土化经营、跨国管控。开发适应市场和具有竞争力的产品，大力拓展市场，树立品牌形象。为适应印度监管环境和国际市场拓展需求，以印籍营销人员为主，培养建设一支高素质本土化营销、管理人才队伍，将印度平高打造成为平高集团在印度及西亚、南亚区域市场的生产基地和国际业务拓展平台。

稳步推进海外投资融资。积极争取政策性银行贷款和国家境外投资合作专项资金支持，扩大与各类金融保险机构的深度合作，关注相关“走出去”基金的组建工作进展，寻求投融资支持。积极与国内政策性银行、商业银行和股份制银行合作，拓宽融资品种，解决不同类型产能合作项目的个性化需求。充分发挥海外融资平台作用，根据合作需求扩大境外直接与间接融资规模，通过与国际商业银行授信合作等方式实施境外融资，多渠道筹集资金，优化境外项目融资与资本结构。

持续推动标准国际化。与开展国际产能合作的国家进行电力标准互认、降低标准壁垒。加强与国外电力标准管理机构、认证机构、电网企业沟通与联系，签订谅解备忘录，简化双方标准认证程序。以 IEC 等国际标准为基准，在求同存异的基础上，针对标准存在的差异，开展研究讨论，协助国家相关主管部门实现我国与相关国家电力标准的相互认可。实施国际产能合作标准化互联互通重点项目。以大型国际电力合作项目为依托，坚持高标准、高要求、高质量，打造国际产能合作电网精品工程、示范工程，形成示范效应，推动开展更深层次的电力合作。

（四）坚持风险全面管控，合规综合效能持续提升

完善项目建设运营质量责任体系，将勘察设计、监理、运维等供方纳入质量管理体系。强化安全培训及应急管理，提高员工安全意识，提升工程项目、产品高压试验现场运营管理安全水平及应急管控能力。强化工程项目深基坑开挖、组塔架线、起重吊装等高风险施工管理，严格落实到岗到位，增强现场管理穿透力。强化关键节点质量控制和质量通病防治，严格工序交接检查和隐蔽工程检查验收，落实“三检制”要求，推动项目建设质量提升，风险防控能力持续提高。深化《重大市场项目管理制度体系建设方案》落地应用，完善项目尽职调查、评审、工程竣工验收、结算等环节的制度建设，构建覆盖项目全过程的风险管控体系。结合项目风险核心控制点，通过采购合规审计、合规咨询等方式，深入项目一线，满足信息沟通的及时性，提升总承包业务风险评估的准确性，指导和推动项目合规管理体系综合效能提升。实施项目全过程监控，针对风险点、管理盲区，加强风险预判和全面风险排查。强化“三道防线”系统联动，将合法合规性审查作为项目管理必经环节。

（五）坚持国际技术交流，合作共赢典范逐步形成

平高集团自2007年起与英国利物浦大学开展合作，在高压六氟化硫断路器电弧仿真与测量、直流绝缘机理、开关柜发热温升仿真等领域，开展了长达16年的友好合作，联合开展数十项科技项目研发。合作研究的断路器电弧多物理场耦合仿真等多项成果达到国际领先水平，应用于126千伏至1100千伏全电压等级断路器研发工作，使平高灭弧室从跟随仿制逐渐转变为自主创新设计，有力支撑了特高压断路器、高速开断断路器、低频断路器、百万伏直流穿墙套管等多个重点产品的成功研制，取得了显著的经济、社会效益。同时，联合研究的基础研究类的科研成果在平高落地，也进一步提升了利物浦大学的学术影响力和社会声誉，在英国大学学科评比中发挥了重要作用。

（六）坚持塑造一流品牌，国际影响力持续提升

平高集团积极投入“一带一路”建设，在国际合作中展现出强大韧性和旺盛活力，凭借着出色的电力设备设计、制造、服务的实力，稳定的电气设备产品性能与供货水平，以及高效、高质的施工安装服务与项目管理执行水平，赢得了业内业外高度的认可。十年来，平高集团先后获得“2017年印度国家电网公司优质运行业绩银奖”“2018年度印度国家电网公司GIS电站运行金奖”。2017年8月，平高集团被评为ENR全球最大250家国际工程承包商之一。2018年11月，中国企业在欧盟境内首个竣工的输变电工程——波兰400千伏科杰尼采项目顺利投运。2020年，顺利取得企业EPD国际认证，成为首家获此认证的中国电力企业，平高在“一带一路”共建国家的品牌价值认同和影响力持续提升。

三 平高集团在“一带一路”建设中面临的挑战和机遇

（一）面临的主要挑战

当今世界正经历百年未有之大变局，新一轮科技革命和产业变革深入发展，国际力量对比深刻调整，和平与发展仍然是时代主题，人类命运共同体理念深入人心。

国际环境复杂多变。俄乌冲突和疫情双重影响使世界经济陷入低迷，

整个全球多边贸易体系不断受到冲击，“地缘安全”取代“经济融合”逐渐成为很多西方国家贸易政策的出发点，可能成为西方国家对我国“脱钩断链”政策的催化剂，给我国政治层面及经济层面带来了严峻的挑战。多重不稳定不确定性因素严重影响着跨国集团全球供应链建设和海外业务布局，未来业务的开展更加注重地缘安全、对华政策、供需关系等，战略研判能力、风险防控能力、项目管理能力尤为重要。

全球能源电力结构面临深刻变革。世界新一轮科技革命和产业变革方兴未艾，作为国家经济社会发展命脉的能源电力领域，一向是国际政治博弈的重要筹码，世界各国纷纷通过制定政策，加大基础科技投入，争夺能源电力产业主导权。随着全球气候变暖行动加速及资源环境制约，全球能源电力总体向清洁低碳转型，并应用智慧化手段为转型提供支撑。全球“去碳化”速度加快，涉及工业、交通、建筑等多个领域。德国计划加速风能和太阳能基础设施扩张，将100%可再生能源供电目标提前至2035年实现。欧洲支持可再生能源占比目标，到2030年占比达45%。在世界能源革命与数字革命融合的战略机遇期，国内企业必须积极投身国际能源电力建设与发展，推动构建现代能源体系。

电力装备绝缘介质温室效应问题凸显。目前电力系统中广泛使用的中高压气体绝缘开关设备仍然大多采用六氟化硫气体作为绝缘介质，六氟化硫气体作为六大温室气体之一，温室效应是二氧化碳的2万多倍，并且化学性质极为稳定，在大气中的存在时间可长达3200年之久，一旦泄漏基本不会自然分解，对全球变暖的影响具有累积效应。全球每年生产大量六氟化硫气体，并且有超过一半的被用于电力行业，随着电力行业的快速发展，由六氟化硫气体导致的温室效应每年都在快速地增加。2023年3月30日，欧洲议会议员以426票赞成、109票反对和52票弃权通过了关于修订欧盟关于氟化气体（F-gases）排放的立法法规提案。欧盟氟化气体法规提案明确提出，在中压配电领域，2026年后在24千伏及以下的配电设备中禁止使用六氟化硫，2030年在52千伏及以下的配电设备中禁止使用六氟化硫；同时要求替代气体满足GWP（全球变暖潜能值）<10。鉴于六氟化硫远超于二氧化碳的温室效应潜势值，在全球如此严峻的气候环境条件下，大力推进电力装备无氟环保替代，是当前电力行业实现碳达峰亟须解决的关键问题，逐步减少直至禁止六氟化硫气体的使用和排放已迫在眉睫。

（二）面临的主要机遇

“一带一路”共建国家市场空间广阔。国家发改委发布的《关于推进共建“一带一路”绿色发展的意见》提出，深化绿色清洁能源合作，推动能源国际合作绿色低碳转型发展。深化能源技术装备领域合作，重点围绕高效低成本可再生能源发电、先进核电、智能电网、氢能、储能、二氧化碳捕集利用与封存等开展联合研究及交流培训。“一带一路”倡议中，电力基础设施是重要投资领域，共建国家能源电力需求大、价格差异性强、源荷分布不均，为能源电力基础设施建设和互联互通提供了市场空间和发展潜力。据国际能源署预测，到 2040 年“一带一路”共建国家电力需求年均增长约为 3.2%，是全球增速最快的地区之一。

“一带一路”让电网互联互通造福全人类。从世界范围来看，中亚五国水力和风电资源丰富，俄罗斯远东和西伯利亚地区具有丰富的水力、煤炭资源，蒙古国具有丰富的太阳能、风能和煤炭资源，开发价值高；同时，我国巨大的电力需求为相关国家提供了巨大的电力市场，是相关国家搭上中国经济发展快车道的现实平台，将直接促进区域合作向更广、更深、更紧密方向发展。将周边国家的互联互通作为工作重点，推进中俄、中蒙、中巴的电力联网工程建设，实现中国技术和管理的输出。

国内电力装备具有较强的国际竞争力。电网互联互通，必须依托全球领先、我国独有的特高压技术这一载体，实现中国技术和管理的输出。中国是全球唯一全面掌握特高压技术的国家，中国特高压技术标准也是全球唯一的技术标准，我国的特高压输电在高端制造领域领先世界，国内特高压设备在国际市场具有较强的竞争力。同时，随着国内电网的快速发展，国内企业聚焦环保电力设备开展了一系列研究和产业化探索，在真空灭弧室、混合气体技术等方面取得一系列突破，许多产品实现示范工程应用，部分高压环保开关装备已开始批量走出国门，迈进国际市场。

四 平高集团深化融入“一带一路”建设的主要举措

全面贯彻落实中央对推进“一带一路”建设的相关要求和重要工作部署，以市场化、法治化、国际化为导向，以高质量共建“一带一路”为重点，抢抓机遇、主动作为，积极融入全球市场，持续加强同国内外企业在资本、科技、人才、管理等方面的全方位合作，全力为“一带一路”共建国家电网等基础设施建设作出更大贡献。

（一）持续完善境外业务布局

深化境外能源行业信息分析研究，重点关注数字化能源管理发展方向，围绕大容量逆变器、智能化开关、新型储能、综合能源系统等领域的国际合作机遇，通过合资、并购、参股等模式优化境外业务布局，加快推动国际化业务快速发展。

（二）深化关键设备研发应用

依托平高在特高压、环保型开关设备、智能化运维等领域的领先优势，在与“一带一路”共建国家的经济合作过程中，持续加强在环保开关、大容量开关、海上风电开关、直流开关、新型储能等领域的技术研究和设备研发，面对不同区域市场坚持差异化设计，开发更多满足国际市场需求的开关设备，推动国际业务可持续发展。

（三）稳妥推进国际市场开拓

坚持工程总包与单机出口“双轮驱动”，坚定不移做大单机设备出口业务，巩固意大利、西班牙、泰国、巴基斯坦等稳定的单机出口市场，加快布局西欧、南美自营单机出口市场。坚定不移做强新能源及储能业务，持续深化保加利亚、南非等地区风光及储能市场，加快布局欧洲户用储能市场，完成“平高国际”户用储能品牌注册及欧盟市场认证。坚定不移做优输变电项目，持续推进塔吉克斯坦配网项目二期工程、南苏丹220千伏等输变电项目，持续巩固和提升市场规模。

（四）强化防范系统性风险

加强风控管理体系建设，持续优化市场与项目管理体系建设，建立工程项目管理及风控管理长效机制，全面提高项目管理专业化水平，保障国际业务高质量发展。强化安全风险管控体系建设，落实落细安全生产责任清单有效实施，最大限度保障人员及财产安全，优化完善海外项目驻地及现场安全基础管理。

（五）深化国际业务交流合作

围绕世界电力和能源技术发展方向，积极与欧洲、北美、日本等发达国家和地区电力设备企业进行交流，取长补短，汲取新的技术，培育发展新产业。依托与利物浦大学的合作基础，深化在新能源综合利用技术、多能源系统、高能密度储能技术以及人工智能、大数据在能源系统中的应用等领域的交流和技术合作。围绕“双碳”目标，引进和培养具有国际化视野的高端人才，在提升学校科研水平、满足国家及市场需求等方面发挥实质作用。

（六）持续打造一流品牌形象

持续加强平高品牌建设，增强品牌影响力。做好技术和产品的创新，形成独具特色的品牌，在激烈的国际化市场竞争中占据一席之地，在“一带一路”建设中取得可观的成绩。加强境外市场品牌推广策划，扩展行业客户主流媒体、行业论坛、大型展会等渠道，讲好平高故事。积极参与社会公益、慈善事业，积极融入业务所在国的经济社会发展，注重属地化经营，打造遵守国际法规、承担社会责任的企业楷模，全面提升平高品牌美誉度、影响力和竞争力。

五 意见建议

（一）建议深入推动国内企业集群式参与国际市场

当前，“联合出海”已经成为国内企业自身发展的需要，只有在强强联合的基础上，才能更快地实现“一带一路”背景下国内企业“走出去”的战略目标。为保证国内企业在参与“一带一路”建设过程中实现自身的良好发展，建议政府引导国内企业集群式参与国际市场，形成集项目投资、建设和设备制造等于一体的中国企业“走出去”联合体，充分发挥各方在技术、资金、人才、市场、电源、设备等方面的专业优势，实现“联合出海”。

（二）建议为国内企业参与国际市场提供制度保障

在当前国际形势背景下，由于“一带一路”共建国家的法律体系、政治环境、工程项目或设备招投标条件等存在较大差异，国内企业国际化发展存在一定的经营风险。建议政府引导国内企业做好风险防控工作，加强对国内企业国际化发展的管理和监督，引导国内企业规范地从事经营活动，科学制定和出台相关法律文件，为国内企业国际化经营提供制度保障。

第二节 融入“一带一路”的许继模式

十年来，许继集团有限公司牢牢把握共建“一带一路”带来的发展机遇，积极推进国际化战略实施，以产品出口、本土产能合作、公开竞标等多元业务模式，全力拓展海外市场，在中东、非洲、南美等市场取得多项突破。本节基于“一带一路”倡议时代背景，回顾许继集团参与“一带一路”共建国家项目的实践历程，总结提炼许继集团国际业务发展模式，从战略引领、模式发展、市场拓展、“走出去”与“引进来”、全球化与本土化融合五个方面，探索许继如何更好更快地迈出“走出去”的步伐，加快推动许继建设成为国际领先的电工装备制造商和电力系统服务商。

一 “走出去”的背景及意义

（一）世界贸易格局变化对企业的必然要求

当前世界贸易格局已发生深刻变化，中国企业面临着巨大的挑战，“一带一路”的持续发展为中国企业“走出去”搭建了新平台，为国际贸易带来更多发展机遇。中国已深度融入一个新的巨大的国际体系之中，并形成了更大范围、更宽领域、更深层次的对外开放格局。2022 年我国与“一带一路”共建国家的进出口规模创历史新高，占我国外贸总值的比重达 32.9%，较上年提升了 3.2 个百分点，较 2013 年提升了 7.9 个百分点。与此同时，与共建国家的双向投资也迈上新台阶，涵盖多个行业。“一带一路”在促进中国经济发展的同时，也给共建国家带来了实实在在的获得感。

（二）国内供给侧结构性改革高质量发展的要求

当今世界贸易格局不仅是核心技术、资本的竞争，也是供应链、产业链、价值链的综合控制能力的竞争。全球价值链的发展已使外贸的内涵从过去简单的“需求侧”问题，发展到具有了更多的“供给侧”元素。国际分工模式正逐渐从以“最终产品”为边界演化为以“产品价值增值”为边界，我国要由贸易大国向贸易强国转变，必须大力激发外贸供给侧结构性改革中蕴藏的新动能。

供给侧结构性改革推动产业高端化发展。在我国深化供给侧结构性改革、提高供给质量的背景下，制造业加快产业结构调整、产业链和价值链转型升级。中美贸易摩擦、中兴通讯事件再一次敲响了警钟，掌握核心技术、高端化发展成为民族制造业的价值取向。许继集团推广应用中高端装备，推动产业“去低端、提中端、创高端”，在新时期提出打造成为国际领先的电工装备制造商和电力系统服务商，加快产业向中高端迈进成为主要方向。

（三）企业响应市场发展规律与产业能力提升的内生动力

一是经济社会发展推动电力装备市场需求稳定。能源革命、雄安新区建设、区域经济发展战略等加快实施，新一代信息技术、高端装备、新能源汽车、新能源、节能环保等战略性新产业和现代服务业蓬勃发展，为能源电力装备产业发展提供了广阔空间。许继集团产业转型升级正迈向新阶段，正在由电能供应商向综合能源服务商转变。

二是电力装备出口面临竞争激烈、政策壁垒等挑战。我国电力装备国际认证起步晚，对世界各地不同运行环境和功能要求、欧美技术规范等适应性不够，营销、履约等存在较大障碍。多数国家在进口税率、项目投标等方面予以当地企业更优惠政策，制约着中国企业拓展市场。发展中国家输变电行业长期由 ABB、西门子等欧美企业主导，客户指定使用欧美设备的情况普遍存在。国内产品在价格上与韩国、印度相比并无优势，企业“走出去”不仅面对外资竞争，还有越来越多的国内同行“内斗”。

（四）树立电力企业世界品牌的必然要求

目前，国内电力企业的国际贸易市场规模普遍偏小，业务主要集中在东南亚、南亚、非洲、中东等地区，品牌效应还不够突出，不利于企业在国际市场上的持续发展。随着企业自身综合实力不断提高，树立品牌效应、企业形象是企业面临的一个战略性决策，可以为企业赢得新的发展机会与市场。电力企业通过积极开拓国际市场，提高企业品牌的国际影响力，不断在产品研发中融入前沿技术，可以大大提高电力企业的自主创新能力，有利于树立企业的国际形象及品牌，提高中国企业在全世界配置资源的能力，为后续增强企业的国际话语权打下基础，这也是促进国内企业参与国际标准制定的前提条件，而“一带一路”倡议的实施，为国内企业进入国际市场树立国际品牌赢得了重大机遇期。

二 许继集团“一带一路”共建国家市场项目实践

许继集团积极服务国家“一带一路”建设，聚焦共建国家电力市场，带动一批国产高端电力装备走出国门。2013 年至 2023 年的十年间，在“一带一路”共建国家累计实现订货 8.5 亿美元，签订巴基斯坦默蒂亚里—拉合尔±660 千伏直流输电工程、土耳其凡城 600 兆瓦背靠背换流站、智利 AMI 系统及智能电表施工、越南南那Ⅱ级 3×22 兆瓦水电站电气设备总包等项目，换流阀、直流控制保护、电能表及成套生产线、高低压开关柜、直流电源等产品出口至智利、巴基斯坦、孟加拉国、泰国、越南、老挝、土耳其、尼日利亚、肯尼亚等 30 多个共建国家。

（一）拓展多种业务模式，提升企业国际化经营能力

设备出口。许继集团为中巴经济走廊框架下唯一的输变电项目默蒂亚里—拉合尔±660 千伏直流输电工程项目提供核心设备，承担换流阀、直流控制保护、直流测量装置、交流保护、直流电源等成套设备供货任务，2021 年项目已经投入商业运营，年输电能力最高可达 350 亿千瓦时。为土耳其凡城背靠背换流站提供 2 套十二脉动换流阀、阀控系统、阀冷系统等核心设备，2022 年项目已经顺利通过业主单位的验收，标志着由中国企业设计建造的土耳其首个直流输电工程正式投运，进入商业运行阶段。

海外投资。许继集团 2016 年在越南投资的北方电气设备股份公司，具备生产、组装、销售高中低压开关及通信设备的能力。依托该公司，许继电表、开关柜、环网柜等产品成功打入越南市场，智能电表产品取得了越南的认证。同时与越南国家电力公司、越南北方电力总公司等达成了长期、良好的合作关系，积累了一批高端客户资源。以该公司为根据地，辐射东南亚市场，2013 年至今，许继集团在东南亚业务总额超过 20 亿元人民币。

工程总包。许继集团在肯尼亚总承包的肯阿西河 81 兆瓦重油发电厂项目，是中国公司在非洲的第一个重油发电厂承建项目，电厂设计采用中国 GB 标准，除发电机组外的所有设备全部由许继集团从中国采购。许继集团按照“完成一个工程、树立一个品牌、征服一批客户”的理念，全力打造进入非洲电力市场的“金钥匙”样板工程。

本土合作。聚焦智能电表业务海外本土化生产合作，孟加拉国、越南、尼日利亚等市场产能合作业务持续发展，有序交付电表及生产线、配电开关等 20 多个供货合同，本地业务收入、回款保持稳定增长。与沙特、乌干达、泰国、巴西等本地合作伙伴就电表、配电开关、保护等产品达成合作意向，本土化业务推进持续深化。

（二）参与重点项目建设，促进当地经济社会发展和民生改善

巴基斯坦默蒂亚里—拉合尔±660 千伏直流输电项目是中巴经济走廊重点项目之一，项目的正式投运，标志着巴基斯坦国家电网最高电压等级历史性达到 660 千伏。项目投运后，有力缓解了巴基斯坦最重要的经济中心旁遮普省和首都伊斯兰堡地区的电力短缺状况，极大地促进了巴基斯坦经济发展，提高了人民生活水平，对深化中巴经济走廊建设、推进中巴能源合作具有重要意义。

土耳其凡城项目是土耳其境内首个直流输电工程，也是国家电网“一带一路”的亮点工程，实现土耳其和伊朗电网的异步互联。凡城换流站的投运填补了土耳其电力市场直流输电技术的空白，增强了土耳其电网架构的可靠性和安全性；同时，对于改善该地区能源布局，加快构建全球能源互联网都具有重要意义。

肯阿西河 81 兆瓦重油发电厂的建立，极大地缓解了肯尼亚首都内罗毕紧张的电力供应，提高了当地居民的用电质量，同时为当地人民创造了上百个就业岗位，提高了当地居民的生活水平，极大地促进了内罗毕经济的发展。

智利 AMI 系统及智能电表施工项目，为当地累计创造 220 余个工作岗位，为改善当地就业状况、培养电力人才作出了重要贡献。该项目是基于 AMI 技术对数字化管理能力进行提升，主要包括变压器台区智能电表及附件的供货、安装及调试服务。项目建成后将解决智利台区长期无计量表的难题，实现台区用电信息的精准计量和异常事件的及时上报，为线损治理、

故障定位提供有效的数据支撑。同时4G通信技术的应用也将解决传统人工抄表难的问题，实现台区用电信息的自动采集，能够极大地提升抄表效率，提升电力公司信息化管理水平和供电服务能力，为当地带来良好的社会效益和发展成效。

（三）积极适应国际规则，主动融入国际规则

一是参与国际标准制定修订活动，许继集团参与了4个国际标准化组织、6个国际标准工作组，主导和参与了68项国际标准的制定和修订工作。二是提升产品国际化水平，加快电表、保护、充电桩、环网柜等产品国际认证，推进泰国、智利、沙特等目标市场短名单入围。从产品到技术、从品牌到标准“走出去”，并站稳脚跟“留下来”，许继集团在“一带一路”建设中加快全球化步伐。

三　经验启示及下一步计划

（一）国际化战略引领

国际化高质量发展离不开系统的战略规划和顶层设计。2019年许继集团党委做出全面推进国际化发展的战略决策，国际业务在发展目标和发展方向上实现了三个转变并坚持落地。一是从“项目营销”到“产品营销”的转变，打造核心产品优势，聚焦电表、直流输电、变电站、配电开关、充换电、储能及新能源六大核心业务，坚持推进核心产品国际认证、短名单准入突破。二是市场由亚非发展中国家转向南美、中东、东南亚等中等收入以上优质电网市场。三是由出口配套为主转向本土化、国际公开竞标、产品出口“三驾马车”，扩大业务规模。

目前许继集团国际化发展仍处于初级阶段，国际业务集团化运作程度较低，下阶段需要结合国际业务发展情况，通过科学设置考核指标、统筹安排发展任务、推进管理流程优化，逐步覆盖、穿透各层级管理链条，初步形成运转高效、支撑到位的国际化管理体系。

（二）发展多元化经营模式

电力装备企业走出去的市场机会，一是与国内外窗口单位合作，实现

装备的配套出口；二是利用电力装备优势，实现国际产能合作（简称本土化）；三是参与“一带一路”共建国家的能源类项目总包；四是直接参与国际相关设备的招投标。

在出口配套方面许继已有近30年的经验，是目前许继主要的方式之一；利用许继电力装备优势，实现国际产能合作是目前重点发展的商业模式，利用许继整体装备产能输出的能力，实现本土建厂、生产以及本土化施工、服务；为进一步扩大国际业务体量，以配用电、电网自动化改造、新能源升压站等小型项目为主，通过联合体完善业绩资质，积极参与EPC国际竞标。

（三）持续深耕区域市场

在“一带一路”框架下的中国与相关国家的合作，有机遇，也有风险；既要在整体上把握关系，也要注重一国一策的研究。从需求来讲，“一带一路”共建国家多属于新兴经济体和发展中国家，在经济快速增长的同时，电力需求十分旺盛，电力装备潜在市场前景广阔。从市场机会方面讲，“一带一路”大部分共建国家的本土电力装备制造业力量薄弱，电力装备依赖进口。基于业务基础、发展前景、市场资源、人口基数、国家风险等因素的综合分析，许继海外市场主要聚焦“一带一路”共建国家以及国家电网公司相关业务布局的国家。下一阶段将进一步科学调配资源进行国别市场投入，围绕国别市场打造产品线、业务线，力争实现持续开发。

（四）“走出去”与“引进来”双向促进

“走出去”与“引进来”相互促进助力许继国际业务高质量发展。一是出口与进口并重，引入企业所需战略储备资源，2022年搭建的TI芯片直采EDI系统正式上线，一方面保障芯片供应稳定，另一方面芯片直采模式每年可节约采购成本人民币约500万元，降低采购成本6.5%。二是国际投资并购助力国内外业务发展，2018年从美国时代公司引入绝缘斗臂车技术，拓展新的国内市场份额；海外投资方面正在谋划电表、环网柜等优势业务投资标的，以解决部分市场准入问题，提升生产成本竞争优势。

（五）全球化与本土化相互融合

全球化带动本土化，本土化支撑全球化，两者相辅相成。许继高度重视本土化发展，目前以本土化营销、产能输出为主，借鉴了国际贸易中的KD（散件，Knocked Down）模式，以智能电表为试点，在重点国家市场优选2~3家战略合作对象，许继集团输出散件和技术服务，形成海外智能电表技术输出解决方案，在本土生产线建设、零部件或半成品供货、本地组装及销售方面提供技术服务，培育领先品牌及行业优势，而获得零部件捆绑式销售及增值服务收入，并实现对所在国及区域市场的全面认知，为自主电表及其他电网产品的进入奠定基础。下一阶段将大力发展本土化生产，随着电表业务逐步发展壮大，积极寻求乌干达、巴西、印度尼西亚等市场投资建设属地化工厂机会。

第三节　融入“一带一路”的河南航投探索

2017~2022年，习近平主席在与卢森堡大公国元首的会谈、贺电中三次寄语郑卢“空中丝路”建设。河南民航发展投资集团有限公司（以下简称河南航投）发起和建设的郑州—卢森堡“空中丝绸之路”，历经10年，架起了联通欧亚美的经贸人文交流桥梁，有效带动了河南高水平对外开放，践行了“共商共建共享”理念，成为共建“一带一路”的鲜明品牌。

一　案例背景

（一）突破区位限制，河南对外开放亟须“向天问路”

2013年，习近平主席提出共建“一带一路”倡议，中国进入全方位开放新时期。河南位居中国腹地，内陆交通体系成熟，但对外开放、经济发展遇到历史性瓶颈，急需一个战略突破口激活既有优势。航空运输作为全球范围内配置高端生产要素的重要方式，是区域经济融入全球经济的重要通道。河南省委省政府综合省情和国内行业现状，明确了对外开放靠蓝天的思路和“货运为先，以货带客”的差异化路径，以期突破“不沿边、不靠海、不临江”的区位限制。

（二）发展航空经济，枢纽建设亟须基地航司支撑

建设全球航空货运枢纽，一定要有基地航空公司的支撑。国务院正式

批复郑州航空港经济综合实验区规划后，河南迫切需要引进基地航司，发挥龙头带动作用，推进机场业务量大幅提高，吸引航空制造、航空金融、高端服务等相关产业集聚，推动国际航空货运枢纽和现代航空都市建设。

（三）引入全球知名航司，初创企业国际认可度低、行业竞争激烈

卢森堡货航是欧洲最大的全货运航司，全球排名前列。2013 年初，卢森堡政府面向全球出售卢森堡货航 35%的股权，河南航投获悉后立即启动收购项目。面对海航集团、第聂伯集团等强大的竞购对手，成立不足一年的河南航投在业内影响力弱、国际认可度低，竞争相当激烈。同时交织卢森堡国家大选和内阁重组，要通过卢方新政府对项目的重新审查，更是难关重重。

二　主要做法

（一）实施“双枢纽”战略，激发“空中丝路”品牌生命力

着眼共赢提出“双枢纽”战略。在竞购中，河南航投背依中国超大规模市场优势，以河南日臻完善的内陆交通体系、郑州航空港经济综合实验区的政策优势，创造性地提出“以郑州为亚太物流中心、以卢森堡为欧美物流中心”的“双枢纽”战略；积极促成豫卢政府官员及企业高管密集互访，让卢方充分了解河南发展航空经济、扩大对外开放的诚意和迫切心情，让卢方看到通过郑州开拓中国市场、获得新业务增长点的巨大机遇，获得卢方初步认可。

卢方政府换届期间，河南航投马不停蹄赴卢森堡积极推介，全力获得当地媒体、工会组织等各方理解和支持。2013 年 12 月 16 日，卢森堡国会高票通过河南航投收购议案并正式对外公布，新旧两执政党共同举手赞同一个项目，在卢森堡国家历史上极为罕见。2014 年 1 月 14 日，河南航投成功收购卢森堡货航 35%的股份。

丰富航线网络增强辐射能力。河南航投不遗余力地支持卢森堡货航机队建设和网络布局，及时协调解决各种困难和问题。2014 年 6 月 27 日，郑州—卢森堡货运航线开通，架起横贯中欧的郑卢“空中丝路”，“双枢纽”

战略进入实施阶段，迈出豫卢两地设施联通的重要一步。2015 年 5 月，河南航投协助卢森堡货航开通郑州首条第五航权货运航线；作为“双枢纽”战略的延伸，卢森堡—郑州—芝加哥航线将中、美、欧三大经济体一线贯通。此后，卢森堡货航在郑航线不断加密，目前常态化运营 8 条以郑州为中心的洲际货运航线；通航点包括卢森堡、伦敦、布达佩斯、芝加哥、亚特兰大、米兰等 14 个航空枢纽城市，网络覆盖欧亚美三大洲的 24 个国家 200 多个城市；在郑定期航班每周 14 班，超过卢森堡货航在上海、北京、厦门所投运力之和，高峰时期加开包机达每周 29 班；累计国际货运量、国际货运航线数、国际通航点等主要指标蝉联郑州机场首位。

重组中原龙浩凸显“双货航”协同优势。做大做强“空中丝路”要综合考虑枢纽建设规划。从网络结构看，卢森堡货航在郑航线以洲际长距离为主。要丰富“空中丝路”中短程航线网络，须有本土基地货航配合，有针对性地加强运力投放。2019 年，河南航投重组成立中原龙浩航空有限公司，依托航权和区位优势发力覆盖中国内陆及环太平洋货运航线网络，与卢森堡货航在跨大西洋航线等区域优势形成互补。目前已累计开通货运航线 70 条、通航点 44 个，其中国际及地区航线 37 条，至 RCEP 成员国的国际航线 33 条；与卢森堡货航探索开展“一单到底”国际中转业务，为郑州机场完成首票国际换单模式“空空中转”。

做强航空货代融入“双循环”新发展格局。依托“空中丝路”航线网络，大力发展航空货代业务。引入战略投资方，完成子公司航投物流混改，并在卢森堡合资设立海外公司，全力推进以郑州和卢森堡为“双枢纽”的全供应链物流服务网络建设。目前，多式联运服务通达世界 40 多个国家和地区，累计将 3000 余种欧美商品引进中原市场。同时，越来越多的河南制造、中国品牌经由郑卢“空中丝路”飞往全球、走向世界。

（二）搭建开放合作平台，提升“空中丝路”品牌影响力

河南航投持续拓宽豫卢双向开放的交流窗口，着力提升郑卢“空中丝路”的平台作用，不断扩大“朋友圈”，增强影响力，促进民心相通和经贸往来。

推动人享其行、文化融通。2018 年 4 月，河南航投建设的卢森堡旅游签证（郑州）便捷服务平台运营，外国驻豫签证服务实现“零”的突破，

河南居民在家门口就可轻松办理赴卢森堡的申根签证，人员往来便利化水平提升。2018 年 11 月，145 件河南文物搭乘“空中丝路”抵达卢森堡，“华夏文明之源——河南文物珍宝展”受到当地观众热捧，大力促进了文明交流互鉴。2022 年北京冬奥会期间，郑卢“空中丝路”及时高效地将 60 余件超大超常规体育装备从欧洲运抵郑州，再由卡车航班闭环送至北京。

推进商贸交流、全面合作。自 2015 年起，卢森堡货航全球经理人大会、卢森堡货航董事会、河南—卢森堡“一带一路”经济合作论坛、“空中丝绸之路”合作高峰会、卢森堡金融推介会等在郑州和卢森堡相继举行，开创了河南历史上对外开放的诸多“首次”，以郑卢“空中丝路”为基点，豫卢商贸资源充分共享，合作全面展开。2022 年 11 月 16 日，由中卢双方政府参与、全国唯一以“空中丝绸之路”为主题的国家级论坛——郑州—卢森堡“空中丝绸之路”国际合作论坛在郑州举行，在“双枢纽”合作、物流服务、航空产业、供应链金融、文化交流等方面达成 31 项重大合作成果。

（三）发展航空产业，增强“空中丝路”品牌内生动力

产业是经济之本。河南航投坚持在国家开放大局中推进郑卢“空中丝路”建设，不断完善“枢纽+开放+产业”发展模式，延伸航空产业链条，增强“空中丝路”内生动力。

航空金融：先后成立了河南首家专业飞机租赁公司和首家航空设备租赁公司，业务覆盖飞机、航空模拟机、航材设备、工程装备等多领域，管理资产居中西部地区首位。

通用航空：成立专业化通用航空发展平台，目前已完成通航机场管理、无人机、飞行培训、航材保障、航空应急救援等专业企业组建，初步形成功能完备、服务规范的通用航空体系。

航空培训：落地河南首家模拟机飞行培训中心、空中乘务培训中心，成立全国首个中国商飞客户培训研究中心；设立河南首家国有民航驾驶员学校、首个经中航协认证的无人机“1+X”培训考试中心，推动构建“飞行员技能全生命周期”培训系统。

航空制造：以航空模拟设备的自主研制为突破口，先后重组西安飞宇、广东优翼、北京东方瑞丰三家行业领军企业；投产河南首个航空制造产业园，打造全国最大、集产学研用于一体的航空模拟仿真产业基地。

三　案例效果

（一）获得中卢高层的高度评价

2017年6月14日，习近平主席在会见卢森堡时任首相贝泰尔时，明确“中方支持建设郑州—卢森堡‘空中丝绸之路’”。2022年2月6日，习近平主席在会见卢森堡大公亨利时，再次强调“做大做强中卢货运航线‘空中丝路’”。2022年11月16日，习近平主席在同卢森堡大公亨利就中卢建交50周年互致贺电时指出，“郑州—卢森堡‘空中丝路’搭建了中欧互联互通的空中桥梁”。贝泰尔在多个场合盛赞“空中丝绸之路”是“中卢两国互利友好的典范”“疫情之下卢森堡及欧洲地区的‘生命线’”。贝泰尔在国际论坛上说：“河南航投收购卢森堡国家航空公司——卢森堡货航的股份以来，就与卢森堡建立了密切的联系。中卢‘空中丝绸之路’并非一句口号，而是我们两国双边合作最切实可见的支柱之一。”

（二）积累对外合作的宝贵经验

郑卢“空中丝路”建设以河南航投与卢森堡货航的股权合作为原点，以航空货运为突破口，通过物流带动人流、资金流、信息流等高端要素集聚，助推河南深度融入国际市场，成为区域经济社会发展的强劲引擎，使河南走出了内陆地区高水平对外开放的新路子，逐步构建更大范围、更宽领域、更深层次对外开放新格局。2022年，航投飞宇的波音737-800客舱训练设备在郑州下线并出口坦桑尼亚，中国乘务训练设备首次走出国门；航投优翼的塞斯纳172S五级飞行训练器出口新加坡，实现国产五级飞行训练器首次出口，“空中丝路”成果惠及更多“一带一路”共建国家。

（三）打造互利共赢的示范工程

截至2022年底，卢森堡货航已累计为郑州机场贡献国际货运量约100万吨，成为推动郑州机场跻身全球货运机场40强的主力军。卢森堡货航盈利水平持续提高，已累计实现盈利40亿美元，净资产实现6倍增长，世界综合排名从第9升至第5。河南航投已拥有控参股企业46家，资产总额由成立之初的5亿元增长至约300亿元，成为河南省产业链较完整、竞争力较强、知名度较高的航空投资公司。

（四）编织国相交、民相亲的友谊纽带

豫卢两地因合作产生深厚友谊。随着业务交流和人文往来日益密切，卢森堡政府及企业代表对“烩面”“香菇”“豆腐”等豫菜赞不绝口，殷墟甲骨文、少林功夫等中国文化在卢森堡获得更多关注。疫情期间，豫卢两地政府和人民休戚与共、倾情互助；郑卢“空中丝路”不停飞、不断航，为全球输送大量医疗救援物资。

（五）形成颇具国际影响力的开放名片

郑卢“空中丝路”得到国内外媒体广泛关注报道。10 年间，在央视“‘一带一路’倡议五周年”“改革开放四十年”“壮丽 70 年 奋斗新时代”“非凡十年”等重大主题报道中频频亮相，仅 2022 年在省级以上媒体播发新闻 279 条（次）。2022 年，由河南航投申报的“郑州—卢森堡‘空中丝绸之路’建设探索与实践”被北京服贸会推选为“全球服务实践案例”，成为全球服务贸易的“金字招牌”。中卢建交 50 周年之际，时任国家发展改革委主任何立峰在郑州—卢森堡“空中丝绸之路”国际合作论坛上称，“空中丝绸之路”成为共建“一带一路”建设的鲜明品牌；央视法语频道《庆祝中国卢森堡建交 50 周年》专题片中，郑卢“空中丝路”品牌被报道；《中国日报》刊发文章关注郑卢“空中丝路”新成果，并在其海外媒体账号上向全世界宣介。

第六章　河南融入“一带一路”的辉煌成就

河南省地处中原核心地带，是我国重要的经济大省、人口大省，重要的综合交通枢纽、新亚欧大陆桥国际通道重要节点，在共建“一带一路”中具有重要的战略地位。习近平主席多次对河南省积极参与“一带一路”国际合作作出重要指示，希望“河南要建成连通境内外、辐射东中西的物流通道枢纽，为丝绸之路经济带建设多作贡献”，“朝着‘买全球、卖全球’的战略目标迈进”，“建设郑州—卢森堡‘空中丝绸之路’”，“积极参与共建‘一带一路’，提高对外开放水平，在中部地区崛起中奋勇争先，谱写新时代中原更加出彩的绚丽篇章”。河南省认真贯彻落实习近平主席重要讲话和指示批示精神，紧密结合国家重大战略部署和地方发展蓝图，深度融入“一带一路”建设，陆海空综合交通体系不断完善，对外合作交流平台加快构建，服务“一带一路”建设的金融服务体系初步形成，与“一带一路”共建国家的经贸往来和人文交流合作日益密切，经贸合作水平持续提升。

第一节　陆海空综合交通体系不断完善

习近平主席提出“一带一路”倡议以来，河南省找准定位、突出特色，以郑州—卢森堡“空中丝绸之路”建设为统领，以提升交通物流枢纽功能为突破口，统筹推进空中、陆上、网上、海上丝绸之路“四路协同”发展，全方位推进“一带一路”建设。目前，郑州机场客货运吞吐量跃居中部地区双第一，中欧班列（中豫号）综合指标居全国前列，跨境电子商务取得突破性进展，铁海、河海联运扩容加密，多层次综合交通体系不断完善。

一　综合物流通道网络逐渐通畅

为推动现代综合交通体系建设，河南省委省政府在《河南省争创基础条件优势专项工作方案》中提出“着力推进航空枢纽、快速铁路、高速公路等战略性通道工程建设，形成以郑州枢纽为中心、地区性枢纽为节点，多种交通方式紧密联系、高效衔接、功能互补的现代综合交通体系和放射状、网络化交通格局”。经过十余年的发展，以“空中、网上、陆上、海上”四条“丝绸之路”为引领的郑州国际化现代化综合交通物流枢纽建设取得突破性进展，国内大循环重要支点和国内国际双循环战略链接功能作用显著增强。

（一）做强中欧班列（中豫号）枢纽功能，织密“陆上丝绸之路”网络

作为全国五大中欧班列集结中心之一，河南省初步形成了以郑州为枢纽中心的“1+3”国际物流大通道（即中欧物流通道和东向亚太、西向中亚、南向东盟通道）、11 个目的站点（包括德国汉堡和慕尼黑、哈萨克斯坦阿拉木图、乌兹别克斯坦塔什干、比利时列日、越南河内、俄罗斯莫斯科、芬兰赫尔辛基、波兰卡托维兹、意大利米兰、土耳其梅尔辛）和 6 个出入境口岸（阿拉山口、二连浩特、霍尔果斯、凭祥、绥芬河、满洲里）的通道格局。

河南省以郑州国际陆港和铁路一类口岸为依托，优化整合功能性口岸、综保区、自贸区等平台资源，全力推进中欧班列提质扩量增效。中欧班列（中豫号）开行数量逐年跃升，目前累计开行近 8000 班，服务 6000 多家企业，实现了每周去程 16 班、回程 18 班的高频次常态化往返对开。郑州获批建设中东部地区唯一的中欧班列集结中心示范工程，中欧班列（中豫号）正发展成为国内运行最稳定、最具竞争力的中欧班列之一，打造了系列特色经验。在全国 63 家中欧班列开行城市中，中欧班列（中豫号）拥有全国一流的综合运营能力，市场化程度较高，可持续发展能力较强（见图 6-1）。

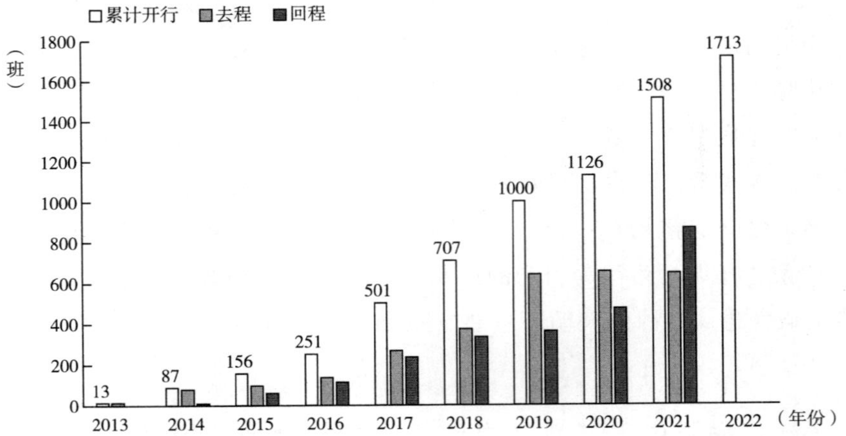

图 6-1　2013~2022 年郑州国际陆港中欧班列（中豫号）开行情况

资料来源：郑州国际陆港开发建设公司网站。

（二）深挖“郑—卢”合作潜力，擦亮“空中丝绸之路”名片

河南坚持以“空中丝绸之路”为引领，把推进制度型开放和发挥交通枢纽优势有机结合，优化资源配置，创新体制机制，强化务实合作，推动“空中丝绸之路”建设取得实打实、沉甸甸的成就。

2017 年 6 月 14 日，习近平主席明确提出支持郑州—卢森堡“空中丝绸之路”建设，为河南融入“一带一路”建设指明了努力方向。五年来，河南深入贯彻落实习近平主席重要指示批示精神，坚决扛起建设“空中丝绸之路”重任，通过推动郑州—卢森堡“双枢纽”建设，把郑州—卢森堡“空中丝绸之路”打造为国际合作的通道、发展联动的桥梁、成果共享的纽带，拓宽了开放合作领域，提升了人文交流水平，为“一带一路”共建互赢提供了先行示范经验。“双枢纽”建设成效显著，目前郑州新郑机场和卢森堡芬德尔机场开通的全货机国际航线实现全球主要经济体全覆盖。从 2011 年郑州新郑机场货运量首次突破 10 万吨，到 2013 年、2014 年、2015 年、2017 年、2020 年和 2021 年货运量分别突破 20 万吨、30 万吨、40 万吨、50 万吨、60 万吨和 70 万吨大关（见图 6-2）。

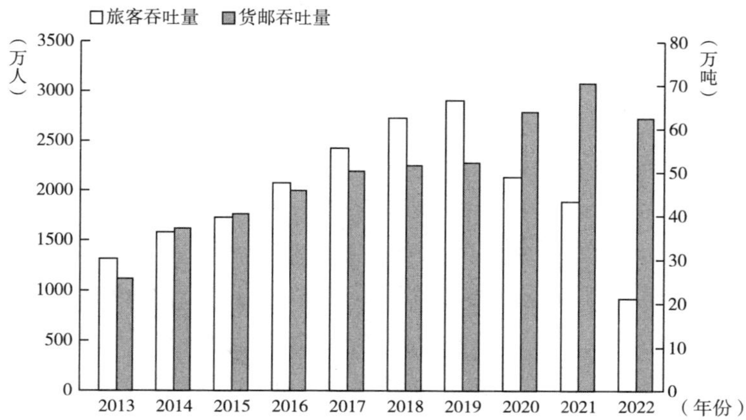

图 6-2　2013～2022 年郑州新郑机场航班旅客吞吐量、货邮吞吐量

资料来源：中国民用航空局网站。

10 年来，郑州机场货运量增长了 6 倍，年均增长率为 21%，行业位次由全国第 20 位提升至第 6 位，国际地区货运量占比 77%以上，全货机航线网络联通欧、美、亚三大经济区 28 个国家和地区的 48 个城市，货物集疏范围覆盖中国长三角等主要经济区的 90 余座大中城市。郑州新郑机场和卢森堡芬德尔机场货邮吞吐量分别达到 70 万吨级和 110 万吨级，分别跻身全球货运机场 40 强和 20 强，货运保障能力位居全球前列。随着郑州新郑机场的不断壮大，本土主基地货运航空公司发展也取得新突破。中州航空公司正式开航运行，中原龙浩航空公司主运营基地迁至郑州并实现国际航线基地串飞。2022 年，郑州新郑国际机场完成货邮吞吐量 62.5 万吨，航班及通航城市数量、货物运载能力、全货机航线数量均居全国第 5 位，基本形成了横跨欧美亚三大经济区、覆盖全球主要经济体的航线网络，开放通道优势不断夯实。郑州—卢森堡“空中丝路”成为中欧合作重要纽带，“空中丝路”这个平台让郑州更好地融入世界，也让世界通过“空中丝路”认识了郑州。

（三）依托铁海联运、内河航运，对接“海上丝绸之路”更顺畅

河南处于中原内陆，为了打破非沿海的地理困境，畅通“海上丝绸之

路”，河南省创新铁海联运方式，将沿海港口业务引进来，把“出海口”搬到了“家门口”，倾力打造“无水港”。

东向海铁联运大通道建设已初见成效。河南省积极对接东部沿海港口，将内陆的铁路场站集疏优势与沿海港口功能优势相结合，更加高效地实现集装箱货物运转出海。目前，河南省已开通郑州至连云港、青岛、天津、宁波舟山，驻马店至青岛、宁波舟山，洛阳、信阳至宁波舟山，焦作至青岛，安阳至天津，台前县至日照，潢川至武汉阳逻等铁海联运班列线路 12 条，2021 年河南铁海联运班列完成集装箱运输达到 11.2 万标准箱。此外，河南省借助省内现有水系，不断开挖拓宽内河航道，实现内河复航进而通江达海，构建水陆海联运体系。依托沙河、颍河、淮河等，周口港、沈丘刘湾港、漯河港、淮滨港、固始港等相继开通运营，借助京杭大运河、长江等水系，实现河南内河港口与沿海港口对接。其中，周口港已开通至淮安港、太仓港、连云港、上海港、大丰港等河海联运集装箱航线，2021 年共计发送 2.7 万标准集装箱。

南向铁海联运建设取得新进展。2022 年 8 月，河南中欧班列（中豫号）开通新乡—越南河内货运线路，为新乡乃至豫北地区企业走向东南亚市场提供了便利的贸易通道。2023 年 6 月，中国（郑州）—东盟（越南）农产品出口专列从中铁联集郑州中心站首发，经凭祥口岸出境，终点是越南胡志明市。这是河南首次开行农产品出口全程冷链国际班列，标志着郑州中欧班列集结中心示范工程建设取得了新成果。南向通道与东南亚国家海陆相连，有利于河南完善互联互通，推动与海上丝绸之路国家的经贸往来。

西部陆海新通道正在积极对接。2022 年 4 月，广西至河南铁海联运双向对开班列分别在广西钦州市和河南漯河市同步开行，这标志着西部陆海新通道海铁联运班列首次拓展至河南，是河南借助西部陆海新通道走向东盟的首次尝试。2022 年 9 月，为进一步促进豫桂东盟开放合作，服务“一带一路”高质量发展，郑州海关与南宁海关在南宁共同签署《郑州海关南宁海关服务“一带一路”高质量发展合作备忘录》，围绕西部陆海新通道建设等 17 项具体项目开展深度协作。广西与河南携手陆海新通道建设，促进了沿海与内陆优势互补、中西部地区互联互通，对加快融入“一带一路”建设和加快构建新发展格局具有重要意义。

（四）探索跨境电商发展模式，积极开辟“网上丝绸之路”

2014 年 5 月 10 日，习近平主席在考察郑州跨境贸易电子商务服务试点项目时，勉励其朝着“买全球卖全球”的目标迈进。河南省牢记习近平主席殷殷嘱托，大胆试、大胆闯，突破地理空间局限，依托国家级跨境电子商务综合试验区全面布局、统筹推进跨境电商建设，“无中生有”建设起一条“网上丝绸之路”。截至目前，河南省获批郑州、洛阳、南阳、焦作、许昌 5 个国家级跨境电商综试区，以及开封、焦作、许昌、商丘等 7 个跨境电商零售进口试点城市。在跨境电商的创新实践中，郑州首创的“1210”网购保税进口模式在全国推广，被世界海关组织（WCO）作为全球推广示范样板。创新开展 020 现场下单、现场提货，有效破解了跨境电子商务监管和服务难题。大力支持 E 贸易核心功能集聚区建设，推动技术创新、模式创新，核心功能区注册企业占全省总量的 40%左右，同 196 个国家和地区建立业务联系。积极推进跨境电商进口药品和医疗器械试点工作，开通运行中国（郑州）重要国际邮件枢纽口岸，跨境电商“9710”、“9810”、B2B 出口模式顺利启动通关，积极布局海外仓和海外运营中心。加快产业链上下游企业集聚，完善跨境电商产业生态圈，致力于打造全球跨境商品集疏分拨中心、“一带一路”商贸物流合作交流中心、内陆地区国际消费中心、全球跨境电商大数据服务中心。跨境电商规模、应用水平和跨境电商综试区建设水平稳居中西部首位、全国前列。在商务部 2021 年跨境电商综试区评估中，郑州综试区综合排名处于第一档——成效明显（全国共 10 个），洛阳综试区、南阳综试区综合排名处于第二档——成效较好（全国共 50 个），总体表现突出。郑州自贸片区“跨境电商助力优进优出”入选 2018~2019 年度中国自由贸易试验区制度创新十佳案例。河南省跨境电商的发展，带动了相关产业的供给侧转型升级，极大拓展了河南对“一带一路”共建国家的贸易渠道，成为河南高水平对外开放的鲜明标识。2016~2022 年河南省跨境电子商务进出口情况如图 6-3 所示。

二　枢纽节点空间布局不断优化

河南省主动融入“一带一路”建设，以提升交通物流枢纽功能为重点，不断优化枢纽节点空间布局，服务“一带一路”建设的功能进一步增强。

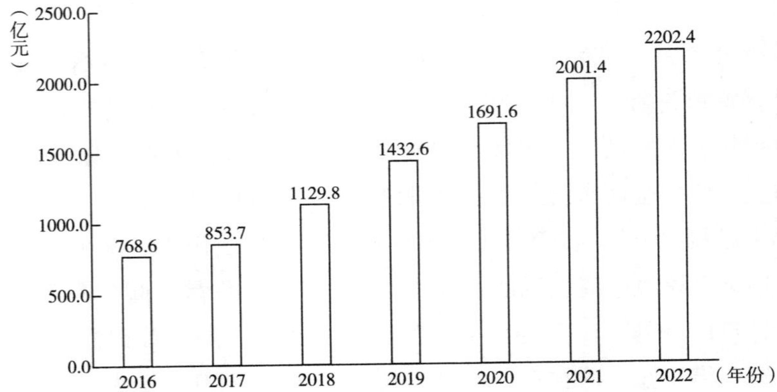

图 6-3　2016~2022 年河南省跨境电子商务进出口情况

资料来源：河南省商务厅网站。

（一）以郑卢空中航线、郑欧班列为核心的“一带一路”国际运输空间布局基本形成

郑卢货运航线网络不断优化。截至 2022 年底，在郑州机场运营的全货运航空公司达 32 家，开通全货机航线 44 条，其中国际地区 36 条；全货机航线网络联通 28 个国家和地区的 48 个城市；在全球前 20 个枢纽航点中通达 17 个，在全球货运量前 50 位机场中通达 28 个，“一带一路”共建国家通达 17 个，基本形成覆盖全球主要经济体的航线网络。郑欧班列布局不断完善，网络更加密集。初步形成“六口岸、十一站点”的国际物流线路网络，境外以德国汉堡、慕尼黑，比利时列日，俄罗斯莫斯科为一级节点，法国巴黎、捷克布拉格、波兰华沙和马拉舍维奇、白俄罗斯布列斯特等为二级集疏中心，国外集装箱还箱场站 46 个，网络覆盖 30 多个国家 130 多个城市，境内外合作伙伴逾 6000 家。

（二）由三级节点组成的服务“一带一路”建设的省内运输空间布局基本形成

为提升全省各地参与“一带一路”建设的积极性和便利性，河南科学优化省内运输空间布局，部署了以郑州、洛阳为一级节点，以其余省辖市为二级节点，以巩义、登封、林州等 21 个县（市）为三级节点的运输布局。一级节点向东融入海上丝绸之路，向西融入中亚与欧洲各国的中欧班列陆上运输线路。中欧班列（中豫号）形成“8 个口岸出入境、17 条线路直达”的服务网络，实现每周“16 去 18 回”高频次往返对开，成为全国五个中欧班列集结中心之一。中欧班列（中豫号·洛阳）自开行首趟中亚班列以来，5 年间共开行 145 列，运送河南制造产品 17 万多吨，货值 4.3 亿美元。以铁路、公路为主，依托省内的交通运输网络，以各省辖市为二级节点，实现货物在省内的高效周转。三级节点以公路运输为主，依托省内密集的国道、省道，衔接货物在省内流转的最后“百公里”。

三　集疏运系统功能不断提升

习近平主席指出，互联互通是贯穿“一带一路”的血脉，要完善陆、海、天、网“四位一体”互联互通布局，为促进全球互联互通做增量。河南以高水平互联互通和高质量多式联运发展为核心，强化体制机制创新，推动“空陆海网”四条丝绸之路建设协同互促、提质增效。

（一）省内物流疏散系统逐渐完善

郑州航空港经济综合实验区全力打造“航空+高铁+城际铁路+地铁+公路”多式联运综合交通枢纽，内陆国际航空物流平台能级提升。郑州机场获批民航局电子货运、海外货站、空空中转三大货运创新发展试点，“空中丝绸之路”空陆联运示范项目顺利通过国家验收。“空、铁、公”各种运输工具之间衔接更加紧密，转运效率明显提高，集疏运体系更加完善。郑州机场入驻卡车航班公司 30 余家，运输网络覆盖全国 90 多个大中城市。河南省内物流综合服务逐渐完善，一体化运作、网络化经营、专业化服务能力进一步提高。

（二）铁海联运建设卓有成效

专班通达天津、上海等港口，沙颍河、淮河航道实现通江达海，运输能力稳步提升，内河集装箱运输实现零的突破，开行铁海联运超过 500 班。制定对接融入海洋经济工作方案。依托多式联运与青岛、连云港、天津等港口实现了无缝衔接，使郑州成为内陆中原货物运往华东、环渤海、东南沿海、北部湾及全球的便捷“出海口”。2019 年全省开行 206 班铁海联运班列，线路 9 条；2020 年开行超过 500 班，发送 4.82 万个标准集装箱；2021 年河南铁海联运班列完成集装箱运输达到 11.2 万标准箱。

（三）货源聚集效应初步形成

郑州机场已形成国际与国内、全货机与腹舱、航空与公路运输衔接互转、无缝对接的货物集疏运体系，卡车航班网络通达全国 90 余座大中城市。吸引和集聚了汉莎航空、卢货航、FedEx、DHL、UPS、东航物流、顺丰等一批国内外航司和大型物流集成商，郑州航空港经济综合实验区内已初步形成了电子信息、新能源汽车、生物医药等产业集群，为航空物流提供了稳定货源。物流枢纽促进河南省内供应链与产业链进一步融合，对实体经济的支撑和促进作用明显增强，枢纽经济效应充分显现。以“干线运输+区域分拨”为主要特征、服务“一带一路”建设的现代化多式联运网络基本建立，货源聚集效应初步形成。

第二节　对外经贸往来日益密切

“一带一路”倡议提出以来，河南坚持对内对外同步开放，通过不断开拓和综合运用国内国际两个市场，积极主动利用“引进来”与“走出去”双重思路，不断完善对外经贸合作战略布局，引进了先进的科技和现代化的管理理念方法。国内经济进入中低增速时期以来，河南积极利用国家制定的一系列“一带一路”政策措施，持续推进对外贸易提质增效。“一带一路”建设的十年，是对外贸易提质增量的重要十年，也是基本构建海内外联动、国内外双向开放新格局的十年。

一　进出口贸易增长态势强劲

十年来，河南逐步深化与“一带一路”共建国家的经贸合作，进出口规模越来越大，进出口贸易质量持续提升，对外贸易方式逐步优化，对外贸易主体更加多元，服务贸易和数字贸易取得较快发展。

（一）进出口规模屡创新高

“一带一路”倡议提出以来，河南积极开展与共建国家的经贸交流合作，与“一带一路”共建国家建立了密切的经贸关系，货物进出口规模屡创新高。2013 年全省对“一带一路”共建国家进出口货物总值 644.7 亿元，占全省进出口货物总值的 17.4%。其中进口总值 226.5 亿元，出口总值 418.2 亿元。2022 年全省对“一带一路”共建国家进出口货物总值 2224.3 亿元，占全省进出口货物总值的 26.1%。其中，进口总值 869.2 亿元，出口总值 1355.1 亿元。2013 年至 2022 年期间，全省对“一带一路”共建国家进出口货物总值增加了 1579.6 亿元，年均增长 14.7%。近年来，虽然受疫情影响，但河南与共建国家进出口贸易仍保持了快速增长，2022 年同比增长 23.7%，高于全省进出口增幅 19 个百分点。（见图 6-4）

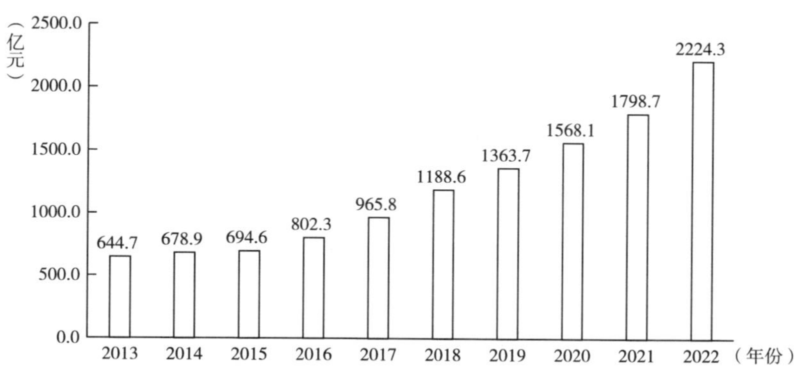

图 6-4　2013~2022 年河南省对“一带一路”共建国家进出口情况

资料来源：海关总署网站。

（二）进出口贸易质量持续优化

在对外贸易实现跨越式增长的同时，河南的货物贸易结构也在发生改变。在“一带一路”倡议的引领下，河南省进出口商品结构不断优化。

从进出口商品看，河南实现了从长期依赖钢铁铝铅等传统商品向电子信息产品成为第一大出口商品的结构性转变，初步形成了以机电产品、高新技术产品等为主的出口新格局。2022 年，手机、集成电路、音视频零件、平板显示模组等四项商品合计对“一带一路”共建国家进出口 982.05 亿元，占全省对共建国家进出口总值的 44.2%。其中，出口手机 441 亿元，进口集成电路 56.1 亿元，进口音视频设备的零件 258.7 亿元，进口平板显示模组 209.3 亿元，后三项合计占全省进口值的 60.3%。汽车及零配件出口增速高于全省出口平均增速。2022 年全省对“一带一路”共建国家出口汽车和汽车零配件 60.6 亿元，2015~2022 年年平均增长率为 13.9%。

（三）进出口贸易结构明显改善

从市场结构看，对“一带一路”共建国家进出口增速高于整体。2022 年河南省与“一带一路”共建国家进出口 2224.3 亿元，同比增长 23.4%，占全省进出口额的 26.1%，占比较 2013 年提升 8.7 个百分点。在“一带一路”共建国家中，越南、俄罗斯、印度是河南省的前三大贸易伙伴。河南省对越南的进出口额达到 590.3 亿元，占河南省对“一带一路”共建国家进出口的 26.5%，前三名合计占比 44.4%。（见表 1）

表 6-1　2015 年、2022 年河南省对“一带一路”共建国家进出口前 10 名

单位：亿元

序号	2015 年		2022 年	
	国别	进出口	国别	进出口
1	越南	120.8	越南	590.3
2	新加坡	86.9	俄罗斯	222.7
3	印度	61.5	印度	174.8
4	泰国	52.2	捷克	140.2
5	马来西亚	43.0	马来西亚	134.8
6	俄罗斯	35.2	泰国	129.5
7	阿联酋	34.6	新加坡	112.5
8	印度尼西亚	28.8	阿联酋	89.4
9	菲律宾	28.1	沙特阿拉伯	83.6
10	土耳其	26.3	印度尼西亚	74.6

资料来源：海关总署网站。

从贸易方式看，河南省对“一带一路”共建国家进出口以一般贸易和加工贸易为主，各占总贸易进出口的四成以上，保税物流进出口发展势头迅猛。2022 年，河南省对“一带一路”共建国家以一般贸易方式进出口 971.9 亿元，同比增长 26.7%，占河南省进出口总值的 43.7%；以加工贸易方式进出口 1092 亿元，同比增长 11.9%，占河南省进出口总值的 49.1%；以保税物流方式进出口 140.7 亿元，相比于 2015 年增长了 14 倍。

对外贸易主体更加多元化。从外贸企业性质看，外贸民营企业数量不断增加，进出口占比不断提高，增速最快。从活跃企业数量看，2022 年河南省有进出口实绩的外贸企业数量达 10740 家，同比增加 6.6%。2022 年，河南省民营企业进出口 4077.6 亿元，同比增长 11.6%，占同期河南省外贸总值的 47.8%，占比相较 2021 年提升 3.1 个百分点；外商投资企业进出口 3724.9 亿元，同比下降 1.9%，占 43.7%，占比同比下滑 2.8 个百分点；国有企业进出口 637.2 亿元，同比下降 1.3%，占 7.5%，占比同比下滑 0.4 个百分点。

河南省服务贸易出口增速较快。“十三五”期间，河南省服务贸易额达 2804 亿元，稳居中部六省第 2 位。2021 年，全省服务贸易额 394.04 亿元，继续保持中部六省第 2 位，其中出口 148.35 亿元，同比增长 58.66%；承接离岸服务外包合同额 41.28 亿元，同比增长 108.8%，服务外包离岸执行额 20 亿元，同比增长 44.57%。

河南省积极推进与“一带一路”共建国家之间的以跨境电商为特征的数字贸易，数字贸易成为河南省外贸新亮点。郑州、洛阳、南阳、许昌、焦作先后获批国家级跨境电子商务综合试验区。河南积极推动跨境电子商务多点布局、多模式运作，跨境 B2B、海外 O2O、跨境海外仓、跨境 B2C，一般模式和保税模式竞相发展。跨境电商正快速成为河南与“一带一路”共建国家之间外贸发展的新的增长点，2022 年全省跨境进出口交易额超 2209 亿元，同比增长 9.5%。

二　招商引资增质提效

近年来，河南省认真贯彻落实外商投资准入特别管理措施（负面清单），努力营造市场化、法制化、国际化、便利化营商环境，外商投资领域越来越宽，投资规模和项目质量越来越高。2022 年，全省实际使用外资

17.8亿美元，同比增长118.2%，其中实际使用“一带一路”共建国家投资9.8亿美元，占全省总额的55.1%（其中实际使用阿联酋投资8.9亿美元，占全省总额的50.2%）。“一带一路”共建国家的投资促进了河南省有关产业的发展。

物流业方面，河南（郑州）新加坡国际物流产业园带动效应显著，普洛斯、丰树集团在河南省扩大布局。2010年7月，新加坡国际企业发展局与河南省商务厅签署了共建新加坡物流产业园合作备忘录，该产业园由双方出资共同建设。目前，河南（郑州）新加坡国际物流产业园已吸引12个项目签约入驻，投资总额达113亿元。近年来，普洛斯在河南省的三个项目建设稳步推进，这三个项目分别是郑州经开综合保税区供应链枢纽、洛阳市伊滨区新能源电池及装备制造产业园区和信阳国际物流港，项目投资总额超过70亿元。丰树集团是新加坡最大的物流地产企业之一，自2012年起，丰树集团相继在郑州、漯河、新乡、南阳等地投资建设物流产业园。2022年2月，新乡市与丰树集团正式签订新加坡丰树平原新区现代仓储中心项目，总投资8亿元，项目将建设集冷链仓储、电商仓储等于一体的现代化综合性仓储中心。同年10月，新加坡丰树集团（南阳）现代物流产业园项目在宛城区开工，将建成中原区域物流综合运营中心，对南阳市打造商贸服务型国家物流枢纽城市形成有力支撑。2022年12月12日，河南铁建投物流有限公司与普洛斯企业发展（上海）有限公司签署战略合作协议。双方将充分发挥各自优势，聚焦物流园、产业园、城市片区开发及高铁物流园等项目规划设计、资产运营管理、资产招商合作、资产智慧化升级、物流生态业务合作和私募股权等领域开展全方位合作，实现优势互补、资源共享、合作共赢，提升河南物流枢纽商贸服务水平和产业集聚能力。

农牧业方面，丰益集团、泰国正大集团加大在河南省内的投资力度。丰益国际集团是全球最大的粮油食品企业之一，益海嘉里集团是新加坡丰益国际集团在我国投资的大型侨资企业，旗下拥有金龙鱼等多个著名粮油品牌。2020年8月，周口市与益海嘉里集团签约1300亩农产品综合加工产业园项目，该项目总投资80亿元人民币，在周口港区建设中原地区规模最大、品种最全的粮油加工生产基地。2022年8月，丰厨中央厨房（周口）园区正式开园，标志着益海嘉里（周口）现代食品产业园建设旗开得胜，丰厨中央厨房（周口）园区将依托益海嘉里集团全品类粮油产品及全球供应链优势，大力拓展中央厨房生产线，打造以粮食类主食为核心的中餐工业化生态链平台，进一步提高周口市农产品精深加工水平，同时依托临港区位优势，助推河南开放型经济高质量发展。同时，益海嘉里开封工厂项目建设稳步推进。泰国正大集团主营农牧食品业、商业零售业，自 1985 年在河南投资设立开封正大有限公司至 2022 年，正大集团在河南已投资 40 多家企业，累计总投资额超 400 亿元，项目涉及工业制造、生物制药以及现代化农牧业一条龙全产业链项目。2022 年 9 月，开封市祥符区与泰国正大集团就“年产百万头生猪养殖及肉类加工项目”签约，项目总投资 34 亿元，建设周期为 3~5 年。项目建成后正大集团将在河南形成种植、饲料、养殖、屠宰、深加工的全产业链，进一步夯实正大集团在豫东的市场。

电子信息产业方面，超聚变于 2021 年 11 月 5 日正式落地河南郑州，以聚力打造“中原明珠”为使命，围绕算力基础设施与算力服务两个战略方向，全力推进算力产业高质量发展，扎根郑州，服务全球。2022 年，超聚变数字技术有限公司外资并购工作顺利推进，阿联酋注入资金，超聚变变更为中外合资企业，1 月 13 日，8.94 亿美元股权转让款到位，成为河南省年度最大一笔到位资金。

制造业方面，许昌成为中德工业城市联盟成员城市，获批全省唯一的中德（许昌）中小企业合作区。2023 年 2 月，德国百菲萨集团年处理 11 万吨电炉炼钢除尘灰项目等中德优质合作项目落地投产。德仕堡项目稳步推进，该项目是许昌市对德合作的重点建设项目，占地面积 2.7 万平方米，总建筑面积近 10 万平方米，将建设各类楼宇 14 栋，集德国特色的商业、文化、餐饮美食于一体，着力为德国企业和人才提供德式生活配套服务。许昌市近年来立足制造业和民营经济优势，抢抓国家推进“一带一路”重大机遇，大力实施开放带动战略，创造性建立对德合作机制，实现了“许昌速度”与“德国质量”的有效对接，累计签约优质项目 139 个，落地项目 70 个，签约项目和落地项目数量均居全省第 1 位。

三 对外投资合作迈出新步伐

“一带一路”倡议提出以来，河南省企业充分利用全球资源要素和市场空间，积极融入全球产业链供应链，境外投资保持健康有序发展，规模稳步扩大，结构不断优化，效益持续提升，在高质量融入共建“一带一路”、助力东道国经济社会发展等方面发挥了重要作用，为全省深入实施制度型开放战略、构建内陆开放高地奠定了坚实基础。

（一）对外投资合作稳步发展

2015 年，河南省对“一带一路”共建国家投资涉及 15 个国家，协议投资 4.5 亿美元，占投资总额的 19.3%；新签 500 万美元以上对外承包工程项目 22 个，新签合同额 14.8 亿美元；完成营业额 5.8 亿美元，同比增长 4.1%。2022 年，全省对“一带一路”共建国家实际投资 2.1 亿美元；对“一带一路”共建国家对外承包工程完成营业额 16.5 亿美元，占全省总额的 39.8%，2015 年至 2022 年间，年平均增长率为 16.1%。

（二）优势企业“走出去”成效显著

多年来，河南抢抓国际金融危机、人民币升值带来的境外投资机遇，加强宣传推介，搭建服务平台，积极推动“一带一路”建设。从投资产业方面看，河南省企业在“一带一路”共建国家的投资主要分布在农业领域和制造业领域，河南省汽车及零部件制造业境外并购、科研和技术服务领域境外并购持续增长，供应链物流、企业海外仓等新兴产业境外投资较快增长。

矿产行业方面，洛阳栾川钼业集团股份有限公司主要在全球范围内从事基本金属、稀有金属的采、选、冶等矿山采掘及加工业务和金属贸易业务，是河南省为数不多的“三个超千亿”企业。近年来，洛阳钼业充分利用重组后自身实力增强和海外稀有金属矿产资源价格低迷时机，加大境外矿山并购力度，2016 年 10 月收购巴西铌磷矿 100%权益，2016 年 11 月，出资 26.5 亿美元收购全球矿业巨头自由港麦克米伦公司刚果（金）的 Tenke 铜钴矿项目 56%股权，2019 年 11 月收购印尼华越镍钴 21%股权，2020 年 12 月收购刚果（金）Kisanfu 铜钴矿 95%权益。2023 年 1 月，洛阳钼业和宁德时代携手与玻利维亚达成协议，在玻利维亚巨型盐滩上建造锂提取厂，初步布局锂金属。巴西和刚果金项目被列入国家“一带一路”建设重点项目。洛阳钼业致力于 ESG 体系建设，不断响应绿色发展与和谐发展，通过结构转型、产业升级、环境协同、社区和谐和治理提升实现公司的高质量发展。联合嘉能可、欧亚资源打造的钴供应链项目，实现从矿山到电池的溯源，成为全球电池联盟首批电动汽车电池护照的两个试点项目之一。洛阳钼业通过纵向和横向的并购投资，企业规模与产品种类不断扩大，几次海外并购创造了多项纪录，被誉为有色金属行业最大海外并购项目、年度并购交易“十大新闻”之一等。发展到目前，洛阳钼业主要业务分布于亚洲、非洲、南美洲、大洋洲和欧洲，已经成为全球领先的钨、钴、铌、钼生产商和重要的铜生产商，亦是巴西领先的磷肥生产商，同时公司基本金属贸易业务位居全球前列。2020 年，洛阳钼业跨国指数为 73.87%，被评为第二届“中国有色金属工业境外资源开发战略功勋企业”。

制造业方面，南阳淅减汽车减振器有限公司是我国减震器行业的龙头企业之一，为一汽大众、上海大众等 40 多家车辆厂配套汽车和轨道交通减振器，主导产品国内市场占有率达到 18%。2011 年收购意大利威奥斯图公司，建成意大利研发中心，使淅减的装备自动化水平和研发能力达到了世界一流水平。南阳国宇密封发展有限公司是国内拥有核心技术的综合性汽车密封材料以及相关密封件生产企业，2014 年收购欧洲最大动臂塔机制造商德国威尔伯特集团，使南阳国宇进入国际高端装备制造业供应链体系。郑煤机集团是一家集煤炭综采设备研发、制造、销售、服务于一体的装备制造企业。2017 年，郑煤机集团以 5.45 亿欧元整体并购德国博世公司新能源汽车起动机、发电机板块业务，向新能源汽车行业发展。郑煤机将博世电机业务纳入业务版图后，与 2016 年收购的汽车零部件企业——亚新科集团之间将产生强大的协同效应。郑煤机营业收入从 2015 年的 45.11 亿元增加到 2022 年的 320.43 亿元，其中 2022 年汽车零部件行业收入 151.51 亿元，占比 47.28%。郑煤机成功实现转型发展，国际化经营能力显著提高。

交通运输行业方面，河南民航发展投资集团有限公司作为河南省管国有企业，主要承担加快河南民航业发展、参与国内外航空企业重组、引领带动郑州航空港经济综合实验区建设和发展的重要使命。2014 年，河南民航发展投资有限公司以 2.31 亿美元收购卢森堡货航 35%的股权，成功架起郑州—卢森堡“空中丝绸之路”，从最初的每周两班增至每周最多 14 班，目前该航线通航点已覆盖伦敦、芝加哥、米兰等全球 15 个城市。2016 年与立陶宛阿维亚（AviaAM）租赁集团合资组建阿维亚融资租赁（中国）有限公司，共同出资 12 亿美元购买 12 架空客客机租赁给俄罗斯航空，实现河南省专业飞机租赁“零”的突破。通过“一带一路”建设，河南省内企业更加全面地参与国际产业布局、开展国际化经营、拓宽新的发展空间。

第三节　建成了一批重大项目

河南省深入贯彻落实习近平主席视察河南时的讲话和重要指示批示精神，积极融入共建“一带一路”，加快打造内陆开放高地，推进省内企业积极参与海外基础设施建设、能源项目和经贸项目合作，促进河南融入双循环新发展格局。“一带一路”建设的深入推进，为河南省企业“走出去”提供了难得的历史机遇，使河南省企业更好地承接了海外基础设施建设项目，更快地拓展了第三方市场合作新空间。十年间，河南省建成了一批“一带一路”重大项目，收获了丰硕的成果。

一　基础设施建设保持领先

“空铁公水”综合交通设施逐渐完善。郑州机场升级为4F级国际民用机场，拥有两座航站楼、两条跑道；郑州高铁南站即将运行，郑合、郑万和机南城际铁路已通车，与郑州机场形成“空铁”双枢纽发展态势；“三纵两横”高速路网、“六横五纵”快速路网全部投用。机场三期北货运区主体工程基本完工，完成了北货运区与综保区重叠区域围网建设。河南省现有国家一类航空口岸2个（郑州新郑国际机场、洛阳北郊机场）、4F级国际民用机场1个（郑州新郑国际机场）、4D机场2个（洛阳北郊机场、南阳姜营机场）、4C级民用机场1个（信阳明港机场），2025年前将再建成4C级机场5个（安阳、平顶山、周口、商丘、三门峡），规划改建新建机场3个（郑州上街、济源、潢川）。届时，河南将形成“国际—国内—区域”客货运航线网络体系。

2022年，河南省交通运输厅实施高速公路“13445”工程、内河水运“通江达海工程”，吸引社会资本参与河南省交通设施建设，14个812公里高速公路项目建成通车，全省高速公路通车总里程达8009公里，完成交通基础设施投资1598.5亿元，同比增长36.7%。多式联运加快发展，全省集装箱公铁、铁水联运量突破100万标箱，同比增长60%，有效助力“一带一路”建设。

河南省在建设互联网基础设施数字经济方面也做出了努力。河南已经在郑州等地建立了大数据中心和云计算设施等项目。郑州电信云数据中心、郑州联通数据中心和郑州移动数据中心为中部各省乃至全国提供云计算数据服务。2021 年，中原大数据中心开园，这标志着河南省最大的第三方数据中心落地，该项目总投资 20 亿元，总建筑面积约 15 万平方米，按照国家 A 级标准建设机柜 1 万余个，将以不低于 15 万台服务器、30EB 存储容量的规模支撑未来几年的存储需求。为企业提供数据存储、云服务等基础设施，帮助企业实现数字化、网络化和智能化。这些项目是河南融入“一带一路”建设、推动开放型经济新体制建设的重要举措，对于提升河南在全球经济中的地位、推动河南经济社会的发展起到了重要的作用。

二　资源能源合作项目实现由“量”到“质”的提升

自“一带一路”倡议提出以来，河南省与共建国家能源合作既在规模与质量上取得了明显成效，又打造了向纵深发展的全新格局。

矿产资源开发卓有成效。省有色地矿局积极响应国家“走出去”号召，先后在智利、赞比亚、刚果（金）等 10 多个国家开展了地质找矿和地质技术服务工作，累计开展境外项目近 50 个。2020 年，郑州召开河南省有色金属地质矿产局“一带一路”国际矿业合作机制座谈会，34 家成员单位发起建立河南省有色矿业领域参与“一带一路”建设合作机制，表示将会积极响应国家号召对“一带一路”共建国家加大项目推进力度，这标志着河南有色矿业领域融入“一带一路”建设再提速。2020 年 7 月，由中国中冶上海宝冶公司、河南能源建设集团天宏钢构公司共同制作的印尼 OBI 镍钴工程一期国内制作主体结构按期顺利交付，运往印尼进行现场组装，标志着河南省企业携手央企进军“一带一路”海外市场再次取得突破。2021 年，义马市“一带一路”区域性大宗商品物流中心国家级豫西煤炭储备基地项目开工，项目总规模 4000 万吨/年，投资估算约 49.56 亿元，建成后将成为以煤炭战略储备为主的物流枢纽基地，进一步加强区域能源供应保障，打造立足豫西、服务中原、通江达海的国内领先的煤炭能源保障基地和综合物流枢纽。“一带一路”共建国家拥有丰富的资源，我国拥有先进的矿产勘查技术，双方合作前景广阔，这必将给我国未来境外矿产勘查开发和国际产能合作带来新的机遇。

新能源出海正当其时。“一带一路”为河南新能源汽车产业发展带来了新的支撑点。作为河南省主要的汽车集团，宇通客车已成长为全球客车行业龙头。2021年宇通客车主营的大中型客车全球占有率超过10%，连续11年全球销量领跑。河南汽车集团森源鸿马现已成为国内军警执法领域领军品牌，产品远销泰国、柬埔寨等东南亚国家。

三　经贸合作项目围绕多产业有序展开

农业方面，河南作为农业大省，在农业产业方面具备一定优势，相关产业对“一带一路”共建国家的投资合作持续推进并逐步深入。国有大型农业企业黄泛区实业集团在塔吉克斯坦投资已达2亿元人民币，河南贵友实业集团在吉尔吉斯斯坦投资建设亚洲之星产业园，该产业园是目前我国在“一带一路”中亚国家建设的产业链条最完整、基础设施最完善的农业产业合作区之一，已经成为国家级境外经贸合作园区。2022年，新增河南双汇投资发展股份有限公司、安阳金品达食品2家农业国际贸易高质量发展基地，总数达到7家；全年农产品贸易额达到286.6亿元，同比增长22.7%。举办10余场对外交流活动，60余家龙头企业参与推介，推动畜牧、种业、食用菌等重点企业对接交流。益海嘉里、鲁花、五得利、今麦郎、克明面业等国内外知名企业在豫投资不断扩大，三全、思念、想念等省内龙头企业海外市场不断开拓。

工业方面，由于“一带一路”共建国家大多是发展中经济体，工业基础薄弱，基础设施建设需求巨大，与河南工业结构契合度高，因此河南企业与这些国家在能源、客车、水泥、特高压变电设施等方面都有广阔的合作空间。目前河南省与乌兹别克斯坦、孟加拉国、印尼、越南等国家在纺织、机械制造、采矿、钢铁等领域也积极开展合作，并实施了一批产业转移项目，建立了一批加工贸易基地。2016年，中国一拖东欧研发中心项目建设取得积极进展，中铁隧道集团以色列特拉维夫轻轨项目开工建设。宇通公司的客车产品畅销“一带一路”40多个共建国家，并在缅甸、巴基斯坦等国实现了散件组装流程环节外移和技术合作推进。

贸易促进方面，2017年以来，“一带一路”经济合作论坛先后在郑州和卢森堡举办。2022年，河南省政府组织企业赶赴德国、法国、比利时、印度尼西亚、马来西亚等河南省重点出口市场开展推销活动，以财政资金支持企业参加国际展会，同时，河南通过支持外综服企业，有效依托其遍布全球的营销渠道，以及仓储、展览展示、贸易撮合、金融服务、物流配送等全链条服务，带领中小企业组团开辟新市场。

第四节　对外合作交流平台加快构建

河南省深入贯彻落实党的二十大和习近平主席视察河南重要讲话精神，锚定“两个确保”，主动融入新发展格局，在更深层次、更宽领域、以更大力度推进制度型开放战略实施，积极主动融入“一带一路”建设，加强对外开放与国家重大区域发展战略联动，优化省域开放布局，提升开放载体能级，推进具有广泛影响的标杆性对外合作交流平台建设，开放型经济规模逐步扩大，区域辐射力带动力不断增强。

一　郑州航空港经济综合实验区初具规模

2013 年 3 月 7 日，郑州航空港经济综合实验区正式成立。十年来，郑州航空港实验区牢记“国家队、主力军”身份，紧扣内陆地区对外开放重要门户战略定位，坚持“建设大枢纽、发展大物流、培育大产业、塑造大都市”总体发展思路，全力以赴推进航空港区建设发展，实现了从机场小镇到航空新城的跃升，成为河南高水平开放的核心增长极。

在实践中不断成长，郑州航空港实验区已建成投用内陆地区功能最全、效率最高的“1+1+7”开放体系。郑州航空港实验区以郑州机场一类航空口岸，郑州新郑综合保税区及肉类、活牛、水果、邮件、药品等 7 个功能性口岸为主，业务规模跻身全国前列。郑州依靠郑州—卢森堡“空中丝路”、河南—柬埔寨—东盟“空中丝路”，在不沿边、不靠海的内陆城市成功搭建起与世界互联互通的“空中走廊”。

从无到有，航空港区初步形成“3+N”产业体系。地区经济发展的支撑是产业，“以航空经济为引领的现代产业基地”是国务院赋予郑州航空港实验区“五大战略定位”之一。十年来，郑州航空港实验区锚固“五大战略定位”，围绕航空物流、高端制造、现代服务业三大主导产业，充分发挥物流枢纽、对外开放、广阔市场等优势，坚持“长短结合、引育并重”，以招商引资和项目建设为抓手，以推动“五链耦合”和优化产业生态为保障，全力打造以航空经济为引领的现代产业基地。十年来，郑州航空港实验区形成了以富士康为头雁的智能终端产业集群、以兴港新能源为龙头的新能源产业集群、以超聚变为核心的服务器产业集群及生物医药、半导体、智能装备、航空制造及服务、新基建、航空物流、跨境电商等多个百亿级产业集群。2022 年郑州航空港实验区生产总值完成 1208 亿元，是 2012 年的 5.9 倍，年均增长 14.1%，"四上"企业达到 600 家，完成营业收入 7755 亿元，是 2012 年的 6.3 倍，年均增长 20.2%，其中电子信息产业超过 5000 亿元，成为郑州的头号产业，在河南省占比 80%，并带动河南大部分城市的经济发展。

港区实现了从一个"港"到一座"城"的转变，创造了一个又一个值得记录的"河南速度"，为服务"一带一路"建设发挥着越来越重要的作用。在复旦大学国际空港城市研究中心发布的报告中，郑州航空港临空产业单项排名全国第一，综合竞争力排名全国第六，航空港实验区建设成效显著。

二　河南自贸区建设稳步推进

2016 年 8 月，国务院决定设立中国（河南）自由贸易试验区。2017 年 4 月 1 日，河南自贸试验区挂牌运行。如今，经过六载精耕细作，河南自贸试验区在"为国家试制度""为地方谋发展"方面创下累累硕果，为河南省服务"一带一路"建设探索出新路径。围绕现代立体交通体系、现代物流体系和现代综合交通枢纽"两体系、一枢纽"的战略定位，河南自贸试验区全力打造国内国际双循环战略重要支点，郑州、开封、洛阳三大片区纷纷交出亮眼答卷，制度创新、复制推广成效明显，种好了国家赋予河南的这块"试验田"。自挂牌以来，河南自贸试验区 160 项改革创新试点任务中，除自由贸易账户体系因国家统筹考虑因素未实施外，159 项试点任务都已实施，制度创新、复制推广成效明显。除此之外，改革创新持续驱动，累计形成 479 项改革创新成果，12 项被国家采纳推广，68 项在河南全省推广，其中"跨境电商零售进口正面监管模式""一码集成服务""'四链融合'促进洛阳老工业基地转型升级"3 项入选全国自贸试验区最佳实践案例。

郑州、开封、洛阳三大片区错位发力，为河南省高质量融入"一带一路"建设提供强大动能。郑州片区重点促进交通物流融合发展和投资贸易便利化方面推进体制机制创新，打造多式联运国际性物流中心，发挥服务"一带一路"建设的现代综合交通枢纽作用。目前，郑州片区累计形成 240

余项创新成果，“跨境电商零售进口正面监管模式”1 项入选全国自贸试验区最佳实践案例，“国有土地出让考古前置改革”“交房即发证改革”“跨境电商市场领域智慧监管新模式”等 8 项制度创新成果被省自贸办会同省委改革办联合评选为“最佳实践案例”在全省复制推广。开封片区重点构建国际文化贸易和人文旅游合作平台，打造服务贸易创新发展区和文创产业对外开放先行区，促进国际文化旅游融合发展。开封片区改革创新成果达 128 项，“一码集成服务”1 项改革创新成果入选全国自贸试验区最佳实践案例，“便企简易注销”“5G+智能制造”等 10 项制度创新成果被评选为“最佳实践案例”在全省复制推广。洛阳片区累计形成近 200 项创新成果。“‘四链融合’促进洛阳老工业基地转型升级”入选全国自贸试验区最佳实践案例，“递进式多元化解商事纠纷模式”“推行受理、审核、出证‘三分离’探索‘一枚印章管审批’改革”等 13 项制度创新成果被评选为“最佳实践案例”在全省复制推广。

六年来，河南自贸试验区在开展好制度创新和复制推广的同时，积极推进重点产业和开放型经济发展，筑巢引凤，促进企业入驻，提升经济活力，吸引更多“一带一路”共建国家企业到投资河南。截至 2021 年底，累计入驻企业 11.7 万家，是设立前的 4 倍多；注册资本总额 1.3 万亿元，是设立前的 5 倍。其中，2021 年实际利用外资 19.8 亿美元，是设立前的 5 倍；实现进出口总额 580.3 亿元，是设立前的 4 倍；出口 309.1 亿元，是设立前的近 7 倍。2021 年，郑州、开封、洛阳片区新设立企业分别达 16329 家、1183 家、3222 家，同比分别增长 2.3%、6.3%、15.6%，自贸试验区新设立企业突破 2 万家，为 2019 年以来最高，约占全省总数的 4.5%。知名企业如益海嘉里、丰树物流、上汽、阿里巴巴、华润、格力、东旭等，加快布局自贸试验区。河南自贸试验区在过去的六年中取得亮眼成绩，迈入发展新阶段，不断推动更多市场主体参与到“一带一路”的建设中来。

三　综合保税区和保税物流中心高质量发展

2010 年 10 月 24 日，国务院正式批复同意设立郑州新郑综合保税区，成为中部首个综保区，由此揭开了河南省保税区发展的篇章。2010 年 12 月，河南保税物流中心顺利通过国家四部委正式验收。经过十余年的发展，河南省内已建成郑州新郑综合保税区、南阳卧龙综合保税区、郑州经开综合保税区、洛阳综合保税区和开封综合保税区五家保税区和河南德众保税物流中心、许昌保税物流中心、商丘保税物流中心和河南民权保税物流中心四家物流保税中心。2021 年，河南省政府办公厅发布《关于推动综合保税区和保税物流中心高质量发展的意见》，提出加强综合保税区和保税物流中心建设。河南省把综合保税区和保税物流中心作为扩大对外开放、加强交流合作、实现合作共赢的载体和平台，极大地推动了产业结构升级，促进了发展方式转变。综合保税区和保税物流中心为河南省融入“一带一路”建设提供了有力的支撑。

2011 年 11 月，郑州新郑综合保税区正式封关运行。郑州新郑综合保税区依托郑州新郑国际机场而发展，以富士康重点项目为带动，是全国第 13 个、中部地区第一个综合保税区，是我国目前开放层次最高、政策最优惠、功能最齐全的特定经济功能区域，同时也是我国第一个以航空经济为主题的实验区。郑州新郑综合保税区具有保税加工、保税物流、口岸作业和综合服务四大功能区，重点发展保税加工、现代物流、服务贸易、保税研发、检测维修、保税展览、特色金融等产业。2022 年完成进出口总额 4700 亿元，排名全国综合保税区第二。从 2011 年封关运行至 2022 年，年均增长率高达 51.6%。截至 2022 年，与郑州新郑综合保税区相关的配套企业超过 600 家，直接就业人员达 30 多万。

2016 年 12 月，全省第二家综合保税区——南阳卧龙综合保税区开始投入运行，标志着河南省又增添一座高端对外开放平台。卧龙综合保税区正式封关后，依托功能定位和优势功能，围绕南阳光学电子、装备制造、农副产品加工和跨境电子商务产业，形成了集报税展示、研发、金融服务于一体的高端平台，打造了豫鄂陕区域经济中心和全省经济发展新的增长极。2022 年，南阳卧龙综合保税区全年完成一线进出口总值 60.37 亿元，超过 2020 年、2021 年两年之和，保持了远远高于全国综保区、全省的进出口增速。

2021 年 3 月，郑州经开综合保税区正式运营。建成以来，郑州经开综合保税区围绕建设“加工制造中心、研发设计中心、物流分拨中心、检测维修中心、销售服务中心”五大重点发展方向，按照国家要求积极探索综保区建设、管理、运营新模式，大力培育发展新业态。华经产业研究院数据显示，2022 年郑州经开综合保税区进出口总额为 64.26 亿美元。未来郑州经开综合保税区将成为省市对外开放的新高地、经开区“二次创业”的重要平台。

2021 年 12 月，洛阳综合保税区具备开关运行条件，通过正式验收。洛阳综合保税区具有保税加工、保税物流、保税研发和口岸作业四大功能，将围绕保税物流、保税加工、保税研发、跨境电商、现代服务业五大重点产业布局。洛阳综合保税区具有多重政策叠加优势和优越的营商环境优势，集高新区、自贸区、自创区、跨境电商综试区四大国家战略优势于一体，具有非常可观的发展前景。目前，入区合作项目签约正在积极展开。

2023 年 7 月，开封综合保税区封关运行暨首批入区项目集中签约仪式在开封综合保税区东区块现场举行，仪式上，涵盖保税加工、保税维修、保税研发、保税物流、保税服务、跨境电商业态的 12 个首批入驻项目集中签约。开封综合保税区规划面积 1.78 平方公里，与国家级开封经济技术开发区、中国（河南）自由贸易试验区开封片区、国家文化出口基地“三区一基地”套合发展、政策叠加、功能互补。开封综合保税区将依托“汽车及零部件”和“文化艺术品展示交易”特色产业，重点发展保税加工、保税物流、保税服务三大业务。极大推动开封市培育发展保税物流、跨境电商、文化出口等主导产业，推动开封市外向型经济高质量发展。到目前为止，河南省综合保税区达到五家。

近年来，保税物流中心已成为助力河南省外贸增长的重要引擎，促进“一带一路”经贸合作的重要平台。河南保税物流发展势头强劲，四个保税物流中心发挥了外贸进出口产业桥头堡作用，对区域外贸产业发展和“一带一路”共建国家经贸合作的带动能力持续增强。

河南德众保税物流中心（B 型）位于河南省孟州市产业集聚区西部，2014 年 1 月批准设立，同年 10 月通过国家联合验收组综合验收，2017 年 7 月完成跨境电商集货进口第一单业务。河南德众保税物流中心具备保税存储、出口退税、国际采购和分拨配送、流通性简单加工和增值服务、转口贸易、物流信息处理和咨询六大功能，可以将沿海保税港区区港联动的各种优势从港口移到内陆保税物流中心，利用孟州地处“洛三济焦”经济板块核心的区位优势，带动河南省物流业发展。

商丘保税物流中心位于商丘市虞城县产业集聚区，2016 年 1 月获得批准设立，2017 年 1 月通过验收，10 月正式封关运营。商丘保税物流中心以工业原料、机器设备等大宗商品集散为主，将带动商丘周边主导产业的发展。同时商丘市出台了《商丘保税物流中心优惠政策》，将深化“放管服效”改革，实施“一站式”服务，对仓储服务、外贸进出口、跨境电商等业务给予扶持奖励。2022 年，商丘保税物流中心完成保税贸易 69.93 亿元，居全国第 13 位，其中出口排名第 4。

河南民权保税物流中心 2019 年 6 月获得批准设立，2020 年 10 月正式通过验收，2022 年 1 月正式运营。该中心运营以来，抢抓河南省加快现代物流强省、商丘被列为首批国家物流枢纽和国家骨干冷链物流基地承载城市的千载难逢机遇，结合民权交通区位和制冷产业优势，因地制宜，招引枢纽偏好型项目，发展冷链物流、仓储管理、跨境电商、快递运输业，先后招引并签约了韵达民权产业园、万邦鲸采跨境农产品冷链物流港、普洛斯仓储运营项目。在海关总署和国铁集团帮扶下，河南民权保税物流中心启动了“一带一路·民权货运新通道”奠基暨民郑欧班列开行仪式，民权保税物流中心平台公司东大门与郑州中原新丝路多式联运有限公司签署《集装箱国际多式联运安全协议》《国际班列运输代理协议》，都为该中心的超常规跨越发展打下了坚实的基础。

许昌保税物流中心位于许昌市城乡一体化示范区，2020 年 5 月获得批准设立，2021 年 7 月通过验收，10 月封关运营。进出口业务贯通以来，依托许昌市发制品优质产业优势，积极发挥“大通关”服务平台功能，核心业务保持快速增长，2022 年先后实现“单月破亿”“单周破五千万”“单周破亿”“单日破五千万”。

2023 年前 5 个月，河南省保税物流中心进出口 33.7 亿元，同比增长 84.9%。其中，商丘保税物流中心进出口 17.1 亿元，同比增长 39.4%，在全国保税物流中心中排第 12 位；许昌、民权和德众保税物流中心分别进出口 9.1 亿元、4.4 亿元和 3.1 亿元，同比分别增长 77.4%、453.8%和 35123.3%。综合来看，保税物流中心发展态势良好，通过一站式跨境物流供应链网络助力“一带一路”的发展，逐步实现“双循环”与“国际物流体系”的衔接功能。

四　河南跨境电子商务综合试验区态势良好

从 2012 年我国开展跨境电商零售进口试点、2015 年启动跨境电子商务综合试验区建设以来，跨境电商作为国际贸易新业态新模式蓬勃发展，极大地推动了河南与“一带一路”共建国家的经贸往来。2012 年 8 月，郑州成为全国首批 5 家跨境贸易电子商务服务试点之一。2014 年 5 月 10 日，习近平主席在河南保税物流中心考察郑州跨境贸易电子商务服务试点项目后，对郑州跨境电商提出“买全球、卖全球”的殷切希望。河南省牢记习近平主席嘱托，紧抓开放机遇，创新发展模式，积极培育跨境电商产业生态，助力跨境贸易快速增长、实现“买全球、卖全球，大门在郑州”的目标。2016 年 1 月获批设立中国（郑州）跨境电子商务综合试验区。同年 5 月，河南省出台的《中国（郑州）跨境电子商务综合试验区建设工作行动计划（2016~2018 年）》中明确提出要培育“以 B2B 模式为发展重点，以四港联动多式联运的国际物流体系和各类功能性口岸为支撑，以金融、商贸、会展等现代服务业为依托，以制度创新为引领”的跨境电商体系。2019 年 12 月、2020 年 4 月和 2022 年 11 月，国务院又分别批复同意在洛阳、南阳和焦作、许昌设立跨境电商综试区。近年来，河南跨境电商加速前进，持续推动跨境电商综试区建设、完善生态圈、监管创新等方面的发展，带动了全省跨境电商稳步增长。在 2021 年商务部对全国前五批跨境电子商务综合试验区的评估中，郑州位列第一档，排名全国前 10，洛阳、南阳位列第二档，排名全国前 50。

郑州跨境电商综试区 2021 年交易规模为 1092.47 亿元，同比增长 17.35%，线上综合信息服务平台备案跨境电商企业超 1000 家。货物通关高效便捷，跨境商品从申报到放行时效提升至 5 分钟，“9710”“9810”清单以及报关单通关作业模式顺畅运行。申报清单、批次理货、业务系统互联等便利化措施，压缩出口包裹通关时间 40%。“7×24”小时通关机制全面实施，电子口岸入网办理实现“零跑腿”，各类政务通关“零接触”“一网通办”，跨境电商零售进口退货中心仓保障跨境商品“出得去、退得回”。跨境电商线上综合信息服务平台河南“单一窗口”为企业提供“快响应、零延时、秒通关”的高标准服务，平台系统通关能力提高到 1000 单/秒，日通关承载能力达到 3000 万单以上，运营效能稳居全国第一梯队。2022 年 4 月 11 日，跨境电子商务零售进口药品试点完成首单交易，标志着郑州正式开展跨境电商零售进口药品试点业务运营。物流体系更加完备，“网上丝绸之路”和“空中丝绸之路”“陆上丝绸之路”持续保持高效联动，创新开通全货机跨境电商包机，提高国际物流服务效率30%以上，货品投放误差率为0，降低企业20%的物流成本。首创跨境电商班列，率先开通菜鸟号跨境电商班列，创新推出全国首个跨境电商国际铁路门到门线路产品“郑欧宝”，解决跨境电商小包大件货物、液体、带电物品运输难题，探索出一条可复制、可推广的跨境电商出口陆路运输的新通道。2021年累计飞行跨境电商包机超过826班次，中欧班列（郑州）运输跨境电商货物累计448.26万单。境内外跨境电商知名企业纷至沓来，天猫国际、淘宝全球购、京东国际、唯品会、字节跳动、苏宁国际、eBay等知名跨境电商平台均已进入郑州综试区开展业务。

洛阳市2022年跨境电商进出口交易额达72.17亿元，同比增长16.97%。洛阳综试区园区建设卓有成效，洛阳信息科技城、五洲跨境电子商务产业园相继被认定为河南省跨境电子商务示范园区，洛阳ITC培训孵化平台、洛阳863创智广场被认定为河南省跨境电子商务人才培训暨企业孵化平台。洛阳跨境电商综试区注重线上服务平台建设，平台功能包括通关服务、物流仓储、金融服务、出口退税、信用保障、风险监测、数据分析等方面，建成集政府各职能部门的公共服务与企业跨境电商业务服务于一体的一站式综合服务平台，打造跨境电商数据中枢。洛阳综试区跨境电商通关一体化平台初见成效。依托洛阳五洲跨境电商产业园建设的“通关一体化平台”，集保税仓储、保税商品展示、保税物流、通关通检等功能于一体，提供物流仓储、便捷通关等一站式外贸综合服务，截至2021年实现“9610”“9710”“9810”模式累计通关103万单。跨境电商企业类型不断丰富，市场主体不断增加，产业生态不断完善。洛阳市跨境电商各类企业不断涌现，其中拥有康搏特钨钼材料、信成精密、铭辰工贸、天久科技、铭诺国际贸易、合胜光伏等一批本土跨境电商出口企业，玖运国际、河南众创、彤润信息等若干本土跨境电商服务企业，邮政、顺丰、中储、联邦、敦豪等跨境电商物流企业。联合阿里巴巴国际站出口到美国、俄罗斯、法国、英国、澳大利亚等61个国家和地区，出口主要产品有钢制办公家具、新材料、机电产品、布鞋、陶瓷、泳镜、假发、无纺布袋、铝锅、艾草、香菇、花椒等，初步形成了跨境电商与传统产业融合发展的新格局。

2022年，南阳市跨境电子商务进出口152.8亿元，同比增长13.8%，总量稳居全省第三位。南阳综试区服务体系日益健全，依托“单一窗口”

平台，推动卧龙综合保税区与河南电子口岸公司合作建设跨境电商通关一体化平台。目前，该平台已陆续实现跨境电商“1210”“9610”“9710”“9810”全模式的通关监管，并建成集通关报检、数据统计、物流跟踪、金融支付等服务功能于一体的综合性服务平台，可为跨境电商企业提供一站式服务。依托线上综合服务平台，与海关、税务、外汇等相关部门“一点接入”，打通信息交流通道，实现企业“一次备案、多主体共享、全流程使用”，全程无纸化办理，有力提升了信息化服务水平。依托陆上、空中、海上、网上“丝绸之路”，全方位开通国际物流通道。依托南阳国际陆港，开行“宛西欧”“宛渝欧”及南阳与欧洲（俄罗斯）、中亚间双向中欧班列，开行南阳至青岛、宁波舟山港铁海联运线路。园区建设更加坚实，按照以卧龙综保区为核心，以镇平、西峡等地多个跨境电商园区为支撑的“一核多园”体系，促进线上线下联动融合发展。在中心城区建设南阳新经济产业园、装备制造产业园等跨境电商专业园区，在镇平、西峡、邓州、内乡、新野等县市打造与当地产业结合的跨境电商特色园区，形成专业园区与特色园区相结合、定位鲜明、错位发展的跨境电商产业园区集群。引进专业运营服务企业，为园区入驻企业提供优质的进出口手续代办、代理报关、培训孵化、品牌营销、物流转运等服务。市场主体逐步壮大，鼓励企业与跨境电商平台企业、服务企业合作，拓展产品境外营销渠道。包装打造特色优势产业带，形成了光学、胶片、装备制造、艾草、中医药、月季、食品农产品、工艺品、纺织服装、仿真花等多产业带的跨境电商产业格局。截至2021年，全市从事跨境电商的企业超2000家，产业链带动就业人数达18万人。

获批建设后，焦作和许昌综试区正在抓好政策落地，深挖增长潜力，培育跨境电商产业集群，未来势必会带动两市跨境电商产业的快速发展。五个跨境电商综试区共同发力，逐步强化河南在“一带一路”建设中的枢纽地位和价值，助推河南省实现“买全球、卖全球”目标。

五　积极推进RCEP协定在全省落地实施

2022年，商务部等6部门发布的《关于高质量实施〈区域全面经济伙伴关系协定〉（RCEP）的指导意见》中提出，地方可依据自身实际情况，结合自身优势，就高质量实施RCEP探索经验，在有条件的地方建立示范区。河南省不断深化与 RCEP 国家合作，加快构建面向东盟、更好服务“一带一路”建设的开放合作高地和国内国际双循环重要节点枢纽。王凯省长在《关于落实〈省政协十二届五次会议委员讨论政府工作报告意见建议有关情况〉的报告》上批示，河南省应充分发挥自贸试验区开放载体优势和制度创新优势，研究制定打造 RCEP 地方经贸合作先行区政策措施。2023 年 1 月，河南省印发了《建设河南省 RCEP 示范区工作方案》，充分发挥河南自贸试验区开放载体优势和制度创新优势，在郑州片区打造全省首个 RCEP 示范区。

河南省迅速作为，用一系列举措推进 RCEP 示范区建设。对内加强 RCEP 政策学习，梳理印发 RCEP 等经贸规则政策应知应会手册，强化政策普及，对外发布国家最新 RCEP 国别商品减税对比清单，RCEP 项下年度零关税或降低关税商品目录、RCEP 国别投资合作指南等，为企业提供便利查询咨询服务。河南省抢占出口商机，抢抓海外订单，开拓国际市场。郑州市出访东南亚和港澳地区，积极推进柬埔寨稻谷生产和大米出口项目、与印尼合作共建“两国两园”项目。筹建 RCEP 成员国商品展示交易中心，赴上海外高桥保税区考察“全球汇”项目，借鉴建设经验，形成考察报告。不断加强对外合作交流，2023 年 1 月，郑州市推动成立郑州东盟中心项目推进委员会和郑州柬埔寨国际客厅，并举办揭牌仪式。2023 年 2 月，郑州市与柬埔寨签署了河南—柬埔寨—东盟“空中丝绸之路”战略合作协议和郑州—东盟中心补充协议。随后访印度尼西亚，积极寻求与世界城地组织和东盟秘书处务实合作平台，引入“F1 摩托艇”世锦赛，推进 RCEP 风情街建设，促使河南省与东南亚的战略合作迈上新台阶。河南省不断优化对企服务，RCEP 企业服务中心建设持续推进。依托河南自贸试验区郑州片区综合服务中心，为企业提供原产地证书签发、商事证明、出口退税、商事法律等“一站式”涉外综合服务。2022 年，郑州海关共为全省 328 家出口企业签发 RCEP 原产地证书 5088 份。全省超 25 亿元进出口货物享受到了 RCEP 项下关税优惠 1300 多万元，尤其是纺织服装、化工、农产品等产业获益良多。

RCEP 自 2022 年实施以来成绩亮眼，为河南省参与“一带一路”建设带来新的着力点。根据郑州海关的数据，2022 年河南对 RCEP 成员国进出口 2552.2 亿元，同比增长 15.9%，增速高于全省平均水平，进出口值在全省外贸总盘子中的占比也较 2021 年提升 2.9 个百分点，达到了 29.9%。全省新设外商投资企业 330 家，实际使用外资 17.8 亿美元，同比增长 118.3%，增速位居全国第二。实际吸收区域全面经济伙伴关系协定（RCEP）成员国投资 8668 万美元，占全省的 4.9%。货物进出口 8524.1 亿元，全国排名前移至第 9 位，连续 11 年稳居中部六省第 1 位，同比增长 4.4%，总值和排位均再创历史新高。当前 RCEP 已取代美国成为进出口贸易第一大市场，对河南省全球市场进出口额增长的贡献率达到了 96.22%。河南省与 RCEP 沿线的开放通道优势进一步凸显，截至 2023 年 3 月，累计开通航线 70 条，其中国内及地区货运航线 37 条，全球通航点达 44 个，在首尔、河内、胡志明、曼谷、东京、大阪、马尼拉等 RCEP 主要枢纽城市留下了河南的身影，执飞商业航班超 2.7 万架次，货运量超 28 万吨。2023 年第一季度，在郑运营航空公司执飞 RCEP 国家客运航线 5 条，通航城市 5 个；在郑运营航空公司执飞 RCEP 国家货运航线 4 条，通航城市 5 个。

自 2023 年 6 月 2 日起，《区域全面经济伙伴关系协定》对菲律宾正式生效。这表明自 2022 年 1 月 1 日以来，15 个成员国均完成生效程序，RCEP 迈入全面实施的新阶段。未来，河南省将继续抢抓 RCEP 开放机遇，建设开放强省，持续推进 RCEP 示范区建设，进而带动“一带一路”建设取得新成就。

第五节　对外投融资平台体系初步建立

作为“一带一路”的重要节点省份，河南持续完善涉外金融体系，积极整合政策性、开发性和商业性金融资源，逐步建立起完善的对外投融资平台体系，用更加多元的金融服务体系、更加良好的金融服务环境助力“一带一路”建设，为涉外贸易投资和项目合作等提供坚实的金融支持。

一　对外投融资平台利用水平稳步提升

河南省构建多元化金融服务体系卓有成效。中国人民银行郑州中心支行出台《关于扩大人民币跨境使用　助力河南省参与“一带一路”建设的指导意见》，从 7 个方面提出 22 条具体措施，充分发挥“一带一路”建设的金融引导作用。国家外汇管理局河南省分局出台支持涉外经济发展的指导意见，申请并获批在郑州航空港开展经营性租赁收取外币租金的创新政策，推动中西部首单飞机租赁收取外币租金业务顺利落地实施，增强了服务实体经济的能力。

政策性金融、开发性金融加大专项支持力度。中国进出口银行河南省分行加大对“走出去”项目以及农产品出口等领域的支持力度，完善国际结算、担保、贸易融资等一揽子金融服务。国开行河南省分行助推“空中丝绸之路”建设，对省内民航收购卢森堡货航再贷款安排1.8亿美元贷款支持，为河南首家本土飞机租赁公司阿维亚融资租赁有限公司俄航飞机租赁项目完成2.1亿美元的贷款交付，实现了全省飞机融资租赁业务“零”的突破，同时，积极推动“一带一路”共建国家农业产业项目合作，2015年9月，河南省人民政府与塔吉克斯坦哈特隆州政府、中国国家开发银行签订了《关于融资推动农业产业项目合作的谅解备忘录》，对黄泛区实业集团塔吉克斯坦农业产业链建设项目发放贷款约3000万美元。

二　豫企“走出去”金融支持体系不断完善

河南省积极利用基金、专项债券等工具，进一步畅通服务“一带一路”建设的融资渠道。商业银行根据“走出去”企业项目进展及资金周转进度，通过开立保函将合同预付款、留置金、尾款等进行置换，减少企业资金占压。中国银行河南省分行根据郑欧班列大量的小额高频汇款需求，专设批量汇款预处理系统+中银全球智汇产品（GPI）创新服务模式，大幅提高业务处理效率，实现跨境汇款当天到账（最快到账时间仅需2分钟），显著提升了资金使用效率。

河南省设立服务“一带一路”倡议的投资基金。为更好地促进河南省贯彻落实“一带一路”发展倡议，省财政厅与邮储银行河南省分行合作设立了“邮银豫资一带一路（河南）发展基金”。基金采用母子基金架构，母基金规模约100亿元，省财政厅所属豫资公司和中国邮政储蓄银行河南省分行各出资50亿元，将吸引撬动信贷和投资资金900亿元，基金总规模预计达到1000亿元。该基金投资项目分为功能类和产业类两大类，其中，功能类项目不低于基金投资总规模的70%，产业类项目不超过基金投资总规模的30%。功能类项目重点支持全省“一带一路”节点城市的基础设施建设、政府和社会资本合作（PPP）项目，承接全省产业转移重大项目，投资范围覆盖全省棚户区改造、公路、海绵城市、地下综合管廊等各类项目，并先期对全省百城建设提质工程提供低成本的资金支持。产业类项目重点投向健康养老、清洁能源、文化旅游、商贸物流、信息通信、矿产资源等领域。基金的项目投资期限长达20年，可根据项目需求匹配期限。“邮银豫资一带一路（河南）发展基金”的设立，有效助力河南“一带一路”相关基础设施建设的推进，让河南的涉外项目走得更稳、更远。

2017年8月，河南民航发展投资有限公司与河南省现代服务业产业投资基金、中航信托股份有限公司联合发起设立中原丝路基金，总规模200亿元。中原丝路基金将多元化投资于机场建设、临空产业园、物流园区、贸易金融服务、文化旅游等具有良好发展前景的企业和项目。中原丝路基金通过股权、基金等多元化投融资方式为“一带一路”互联互通提供中长期资金支持。中原丝路基金的成立，为河南企业参与“一带一路”建设提供资金支持，进一步加快新业态培育，形成新的经济增长点。

三　“一带一路”金融服务体系逐步建立

目前，人民币在国际贸易与投资领域越来越受欢迎，越来越多的“一带一路”合作伙伴选择使用人民币结算。2019年，中国人民银行宏观审慎管理局发布《关于开展更高水平贸易投资便利化试点业务的通知》，开始在全国18个自贸区开展更高水平贸易投资便利化试点。同年11月，中国人民银行郑州中心支行指导河南省银行外汇和跨境人民币业务展业自律机制制定了《河南省银行外汇和跨境人民币业务展业自律机制优质企业跨境人民币结算便利化方案》。自2019年11月在河南自贸试验区内实施更高水平贸易投资便利化试点业务，省内86家优质企业的跨境人民币结算实现“秒到账”。2021年2月20日，河南省发布了《河南省优质企业跨境人民币结算便利化方案》和《河南省对外承包工程类优质企业跨境人民币结算业务便利化方案》，意味着优质企业跨境人民币结算便利化迈上了新台阶，跨境人民币结算优质企业名单扩容至176家，进一步便利企业与“一带一路”共建国家的经贸合作。

金融体系创新也在多方面同步展开。郑州航空港经济综合实验区开展“跨境人民币贷款”和“人民币贸易融资资产跨境转让”业务创新，其中人民币贸易融资资产跨境转让更是全国首创。通过融资渠道的不断开拓和资本流动的逐渐便利，河南省内企业得以更加便利地开展业务。同时，金融体系的“放管服”改革也在进行。河南省实施贸易单证（进口报关单）核验，帮助银行加强货物贸易对外付汇和贸易融资的真实性审核，提高参与“一带一路”建设企业外汇业务的办理效率和贸易便利化程度。2020年，全省跨境人民币业务实现了较快增长，收支总额达到909亿元，同比增长14.5%，共有2284家企业开办跨境人民币业务，企业数量已连续两年增长超过10%。

第六节　人文交流合作日益密切

“一带一路”倡议提出以来，中国与共建国家秉承以和平合作、开放包容、互学互鉴、互利共赢为核心的丝路精神，以及共商、共享、共建的原则，积极开展各类交流合作。河南积极探索、主动融入“一带一路”建设，积极推动与共建国家的政策协调，在经济领域之外开展更大范围、更高水平、更深层次的区域合作，力争与“一带一路”共建国家共同打造开放、包容、均衡、普惠的区域经济合作构架，为积极探索国际合作及全球治理新模式发挥重要作用，为世界和平发展增添新的正能量。

一　教育对外开放成效显现

近年来，以共建“一带一路”为契机，河南省教育对外开放走上“快车道”，逐渐形成全方位、多层次、宽领域的教育对外开放新格局。

河南省鼓励中外合作办学项目的开展。2017年以来，与“一带一路”共建国家合作举办的中原工学院中原彼得堡航空学院、华北水利水电大学乌拉尔学院，以及河南省首家具有法人资格的中外合作办学机构郑州亚欧交通职业学院相继获教育部批准设立和备案。黄河水利职业技术学院先后与中国电建水电十一局、南非北联学院合作共建赞比亚大禹学院、南非大禹学院，开了河南省职业教育“走出去”的先河，也为河南省境外办学首创了“大禹学院”品牌。2021年河南省完善“1+N”教育对外开放政策文件体系。全年新增中外合作办学机构（项目）20个，其中本科13个。在巴基斯坦、泰国新建孔子课堂各1所，在美国增设附属孔子课堂9所，海外孔子学院（课堂）数量达到24所。新增境外办学项目3个。2022年河南省遴选郑州大学等25所国际化特色高校建设单位，全年新增中外合作办学机构4所、项目24个，稳妥推进971名来华留学生安全入境返校，录取各类国家公派出国留学人员334人。首次举办2022年国际产学研用合作会议（河南），获批中外联合培养硕博专项招生计划278个。

近年来，河南省实施“留学河南”计划，设立留学河南“丝路奖学金”，组织高校出海招生宣讲，致力减少外国学生对省内学校的“信息差”，大力吸引世界各国尤其是“一带一路”共建国家优秀青年来豫留学。对首批815名外国留学生资助奖学金800万元，其中约40%的学生来自“一带一路”共建国家。河南省不仅鼓励外国学生来豫留学，也同时加强公派留学，为河南发展培养拔尖创新人才。“国家留学基金委河南省地方合作项目”“青年骨干教师出国研修项目”“国家建设高水平大学公派研究生项目”“优秀本科生国际交流项目”等优秀项目持续推进，高校骨干教师及学生得以前往国外知名高校或研究机构进修学习，追踪国际学术与技术前沿，带动高校相关学科建设，提升科研水平。近年来，河南省启动了“河南职业院校骨干教师赴德留学项目”，为构建具有河南特色的职业教育体系、推动职业教育的高质量发展提供人才支撑。同时，结合河南省“双一流”建设及“五区联动”“四路协同”发展需求，实施创新人才国际合作培养子项目，加快培养拔尖创新人才。

河南省教育对外开放促进了省内教育水平的提升，加快推进了河南教育的现代化，正在成为河南省对外开放工作的新亮点。

二　科技对外交流稳步推进

河南省面向“一带一路”共建国家，不断拓展合作领域，创新合作方式，提高合作成效。近几年河南省的国际科技合作平台建设态势良好，政府间科技合作层次和水平进一步提高。河南省政府制定目标明确的科技合作战略，建立政府间科技合作指导委员会，充分发挥政府主导作用，将与外方在科技领域的合作推向深层次、高水平。河南省已经与白俄罗斯国家科委建立全面合作关系，建成了中白道路建设科研中心和中白环境工程国际联合实验室，中白激光技术科研中心建设也已立项。与俄罗斯圣彼得堡市政府在化工能源等领域正在开展深度合作。与吉尔吉斯斯坦国立农业大学正在筹建“吉—中农牧业示范中心”。

2021年，河南省重构重塑实验室体系，嵩山、神农种业、黄河3个省实验室挂牌运行。嵩山实验室致力于突破新一代信息技术领域的基础核心问题，神农种业实验室主要致力于解决种业的重大科学问题，黄河实验室锚定了黄河流域生态保护和高质量发展。河南省首批10个产业研究院和8个中试基地启动建设。技术合同成交额突破500亿元，荣获国家科技奖励17项。第二届中国·河南开放创新暨跨国技术转移大会、第七届全国双创周主会场活动成功举办。引进国外智力计划105项，支持经费2470万元。2022年，国家重点实验室增加到16家，已建成省级国际联合实验室275家，与近50个国家和地区建立了合作关系，技术合同成交额突破千亿元。新建河南省杰出外籍科学家工作室20家，实施河南省高端外国专家项目69项，资助63名高层次人才出国培训。省科学院重建重振完成架梁立柱。

三　医疗卫生合作大力拓展

卫生领域合作是推进“一带一路”建设落实的重要内容，河南省积极参与全球公共卫生治理，为完善全球公共卫生治理提供新路径，为高质量共建“一带一路”增添新动力。中国政府批准出资、委托郑州大学第一附属医院实施的援赞医疗项目中赞腔镜中心成功落户在当地利维·姆瓦纳瓦萨医院。该项目已投入450万元，培训专业人员5名，硬件设备安装完毕，并已成功开展相关手术。

2020年，河南省积极参与疫情防控国际合作，认真救助外籍患者，选派骨干赴西亚、中亚和北非地区开展疫苗临床试验，与智利、古巴、利比里亚、泰国等共享防控经验。克服困难继续开展医疗援外工作，中非对口医院合作有序推进。省人民医院外籍专家荣获“黄河友谊奖”。2021年，3个省级重大疫情救治基地加快建设，国家紧急医学救援基地项目有序实施。国家区域医疗中心建设成效显著，心血管、儿童区域医疗中心分别被国家授牌（筹建），国家区域医疗中心达到5个，占全国的1/5。中医药传承创新加快发展，推动出台《河南省实施〈中医药法〉办法》。积极参与疫情防控国际合作，与乌拉圭等国分享防控经验。克服困难继续开展医疗援外工作，河南省援派的中国援赞比亚第22批医疗队荣获赞比亚“五一劳动奖”。2022年，河南省全年新签合作协议41个，其中与省外签署38个，正在执行491个；线上举办中国（河南）—澳大利亚大健康产业合作对接会、巴基斯坦远程医疗培训班。向埃塞俄比亚、赞比亚、厄立特里亚新派出3支医疗队62名队员，顺利完成交接轮换，全年诊治当地患者2.5万人次；与受援医院开展3个中非对口医院合作机制项目。

四　文化旅游融合逐步提升

河南是华夏文明的重要发祥地，中国八大古都中郑州、开封、洛阳、安阳都在河南，具有丰富的文化底蕴。悠久的历史积淀了灿烂的文明，为河南进行国际间的文化沟通搭建了相互学习和合作的平台。郑州已成功举办外交部河南全球推介活动，并与“一带一路”共建国家开展了科技、教育、卫生、文化、旅游、考古等方面的合作。近年来，依托河南省汉语国际推广基地，融合武术、民乐和舞蹈等，河南省重点打造的人文交流品牌项目“武林汉韵”，先后赴美国、俄罗斯等近20个国家和地区演出150余场，观众超过15万人。2019年，第十二届“汉语桥”世界中学生中文比赛由河南省人民政府与孔子学院总部成功举办，有来自105个国家的264名师生参加，海内外受众近10亿人。2021年，成功举办“2021中国（郑州）国际旅游城市市长论坛”、“巡礼世界茶文化”在线交流活动、巴巴多斯“欢乐春节”活动。黄河国家博物馆等项目开工建设。与吉隆坡中国文化中心开展合作，共同执行亚洲级官方比赛——马来西亚亚洲区传统武术网络大赛项目，线上展示推广河南优秀文旅资源。2022年，“节日奇妙游”系列节目成为驻外使领馆重要传播资源，创新开展海外青少年入境游学活动，全面展示“行走河南·读懂中国”品牌形象。

河南省已与49个国家建立118对友好城市关系，友城数量继续稳居全国前列。匈牙利国家贸易署、欧盟中国经济文化委员会相继落户郑州，卢森堡签证中心建成投用，填补了涉外机构入驻郑州的空白。河南通过“一带一路”平台积极主动走向国际舞台，向世界展示河南风采。

第七章　河南融入“一带一路”的经验启示

2023年是“一带一路”倡议提出十周年。十年来，在共建各方共同努力下，“一带一路”朋友圈不断扩大，累计150多个国家、30多个国际组织签署合作文件。植根于丝绸之路的历史土壤，“一带一路”建设为共建各国经济发展带来累累硕果。对于河南来说，积极融入“一带一路”也带来了诸多成果，全省外向型经济发展取得了长足进步，经济发展的质量和效益显著提高。回首十年来河南积极融入“一带一路”的丰富实践，我们感慨颇多，既有很好的经验，也有一些现实的问题和不足。总结积极融入“一带一路”的成功经验，不仅为河南进一步融入“一带一路”提供有益的启示，也为其他类似省份开放发展提供了弥足珍贵的借鉴。

第一节　河南融入“一带一路”的重要使命

“一带一路”是在全球化发展受挫，世界单边主义、保护主义、孤立主义肆虐的背景下提出的国际区域合作的战略构想，是我国携手广大发展中国家突破西方围堵的国际合作平台。经过十年的发展，“一带一路”已经成为我国推进对外合作管总性、纲领性的顶层谋划和行动指引。未来一个时期，河南深度融入“一带一路”，有利于进一步提升开放型经济发展能力和效率，全面推动经济社会高质量发展，为河南建设开放经济新高地奠定坚实基础。

一　逆全球化彰显河南融入“一带一路”的时代性

20世纪80年代以来，新一轮全球化浪潮风起云涌，推动着世界贸易、投资一体化，并影响着人类社会经济社会发展的方方面面。与此同时，全球化也带来了世界气候、环境和收入分配格局的重大调整，西方一些国家开始审视全球化带来的负面影响，随之带来了逆全球化的回流。2013 年英国开启脱欧进程，2016 年特朗普当选美国总统，预示着逆全球化达到高潮，曾经的“地球村”观念在欧美一些国家被贸易保护、边境修墙、控制移民等思潮掩盖，世界单边主义、保护主义、孤立主义肆虐，全球化面临严峻挑战。特朗普上台后，美国对华开启贸易战，大幅度提高关税壁垒，展开了“脱钩断链”的进程。面对这一困境，中国另辟蹊径，义无反顾地推进“一带一路”倡议，在发展中各国开展贸易与投资合作。作为古代“丝绸之路”的东方起点，河南在“一带一路”对外合作中具有天然的优势和巨大的发展空间。积极融入“一带一路”建设，一方面是落实中央“一带一路”建设精神的要求，另一方面也是河南企业走向世界、走向全球，在更大的空间布局生产、输出产能的需要，对于河南促进“双循环”推进高质量发展具有重要意义。

二　“两个确保”突出河南融入“一带一路”的紧迫性

河南省第十一次党代会提出了“确保高质量建设现代化河南、确保高水平实现现代化河南”的奋斗目标，这是河南立足“两个大局”，落实“两步走”战略的总体部署，是当前河南科学发展的关键词。事实上，目前河南主要经济指标距离“两个确保”的目标仍有较大差距。以人均 GDP 为例，2022 年河南人均 GDP 为 62071 元，为全国人均 GDP 的 72. 5%，为江苏人均 GDP 的 43%、广东人均 GDP 的 61%。其他指标如城镇化率、科技贡献率、劳动生产率等，均达不到全国平均水平，与发达地区水平更是差距较大，实现“两个确保”的奋斗目标任重道远。河南要如期实现“两个确保”的奋斗目标，必须确立超常规发展的思路，大力推进制度型开放，在新一轮对外开放中占领先机。“一带一路”作为制度型开放战略的重要载体和依托，是新时期河南扩大对外开放的重要抓手，是河南促进对外交流合作的重要平台。河南积极融入“一带一路”建设，在世界范围内、在更加广阔的国际市场上寻求经贸合作和投资交流，能够为河南引进世界新技术提供更加广阔的平台，是河南加快“双循环”、实现“两个确保”的迫切需要。

三 新发展理念突出河南融入“一带一路”的必要性

发展理念是发展行动的先导，是管全局、管根本、管方向、管长远的东西，是发展思路、发展方向、发展着力点的集中体现。2015 年 10 月习近平总书记在党的十八届五中全会上提出了创新、协调、绿色、开放、共享的发展理念。新发展理念符合我国国情，顺应时代要求，对破解发展难题、增强发展动力、厚植发展优势具有重大指导意义。“一带一路”倡议很好地体现了新发展理念的要求，是指导我国未来一段时期经济社会发展的重要指南。河南积极融入“一带一路”建设，一方面体现了开放发展的要求，致力于同“一带一路”共建国家开展经贸投资合作，这一点对地处内陆地区、开放度低的河南具有重要意义；另一方面也体现了共享发展的理念，致力于同“一带一路”共建国家共享发展成果，这一点对于河南引进外资、促进经济高质量发展具有重要意义。同时，河南是中部大省，是经济欠发达地区，面临着促进中部崛起的历史使命，积极融入“一带一路”建设，有利于促进中西部地区提高经济发展水平，这一点对于国家促进东西部协调发展具有重要的意义。

四 大省优势突出河南融入“一带一路”的可行性

“一带一路”倡议崇尚政策沟通、设施联通、贸易畅通、资金融通、民心相通，致力于同“一带一路”共建国家开展政治、经济、文化领域的全面合作。这种合作是多层次的、多方面的，不仅体现在各国中央政府之间，同时也存在于地方政府之间。对于地方来说，有效的合作需要双方基于一定的基础，开展资源共享共建。就河南来说，大省优势明显，不仅面积大、人口多，而且自然资源丰富，具有同“一带一路”共建国家开展合作的良好条件。第一，土地优势良好。河南土地面积 16.7 万平方公里，与很多“一带一路”共建国家面积相当，同时地势平坦，可利用土地多，广阔的土地为河南对外合作提供了土地要素支撑，也为对外合作带来了较大的腾挪空间。第二，人口优势突出。河南常住人口近 1 亿，也与很多共建国家相当，人口多意味着劳动力丰富，可以为对外合作项目提供劳动力要素支持，同时人口多也意味着市场空间大、消费潜力大，具有与共建国家合作的巨大的市场基础。第三，自然资源丰富。河南煤、石油和铝土等矿产资源丰富，石油冶炼、煤化工等加工能力良好，具有开展对外能源、资源合作的良好基础。

五　基础较好突出河南融入“一带一路”的现实性

按照“一带一路”倡议的政策沟通、设施联通、贸易畅通、资金融通、民心相通的精神，同“一带一路”共建国家的合作主要应聚焦交通基础设施、能源资源、经贸投资和人文交流等领域。河南作为我国的一个经济大省，GDP 总量居全国第五位，是全国重要的农业大省、新兴工业大省，经济社会发展基础雄厚，奠定了河南融入“一带一路”良好的基础条件。一是从交通基础设施看，河南地处中原，铁路、公路、航空等交通路网发达，基础设施完备，具有同共建国家开展合作的交通基础条件。二是能源基础设施良好。河南是能源大省，不仅煤炭、石油、天然气等传统能源储量丰富，开采、加工能力较强，同时其水力、风力、太阳能、生物质能等新能源技术良好，具备了同“一带一路”共建国家开展能源合作的良好基础。三是产业基础较好。河南是经济大省，工农业基础较好，具有一大批开展对外投资和贸易的骨干企业，具有良好的对外贸易和投资能力，也奠定了河南同“一带一路”共建国家良好的合作基础。四是历史文化深厚。河南历史文化资源丰富，洛阳、开封在历史上就是丝绸之路的起点，与丝绸之路沿线国家很早就有频繁的交往与合作。在新的条件下，河南与“一带一路”共建国家开展合作具有良好的历史基础。

第二节　河南融入“一带一路”的基本经验

十年来，河南积极融入“一带一路”取得了丰硕的成果，河南人的开放意识显著提高，开放型经济发展水平明显提升，发展动力和势能显著增强。回顾河南融入“一带一路”历程，有成功实践，也有挫折和不足，总结十年来融入“一带一路”的经验，对于未来河南更加深入地参与“一带一路”建设，具有重要的参考价值和借鉴意义。

一　强化开放意识是河南融入“一带一路”的基本前提

十年来，河南积极融入“一带一路”，取得了丰硕的成果，得益于开放意识的不断增强。河南地处内陆，不沿海、不靠边，开放意识不足成为经济发展的痛点，导致的结果是河南经济开放度低。2021年，河南外贸依存度只有13.9%，远低于全国的38.5%，货物贸易规模占全国的份额仅为2.1%。在“一带一路”倡议下，河南下大力气深入学习开放精神，重塑开放理念，摈弃落后心态。不仅深入学习和领会中央关于扩大开放的精神，还组织广大党员干部去沿海沿边地区学习扩大开放的先进经验，同时以前所未有的勇气和力度加大招商引资，千方百计推进河南优势企业“走出去”开拓国际市场。通过多年的努力，河南人的内陆意识逐渐减弱，开放意识明显增强，在对外开放合作中更加自信。在融入“一带一路”的背景下，河南增强开放意识，不断提高社交能力，增强同“一带一路”共建国家开展经贸合作的本领。以与东盟的交往为例，近年来，河南省委省政府成立“四个专班”促进与东盟交流合作，多次组织河南省经贸外事代表团出访马来西亚、印度尼西亚、新加坡等东盟国家开展经贸洽谈活动。正是得益于开放意识的不断增强，河南融入“一带一路”的路子越走越宽，河南的“朋友圈”不断增大，开放发展的动力越来越强。

二　坚持东引西进是河南融入“一带一路”的关键举措

十年来，河南融入“一带一路”建设，取得了丰硕的成果，得益于正确处理了向东与向西开放的辩证关系。河南地处中原，自古以来就是东西方文明融合交流的要冲，是东西方文化交流合作的前沿。“一带一路”倡议下，河南持续并强化向东开放，承接了以富士康为代表的跨国公司和沿海地区的产业转移，规划建设了一批产业集聚区、商务中心区和特色商业区，河南外向型经济规模快速增长，经济结构明显升级，发展质量不断改善。与此同时，河南以郑欧班列为代表，积极探索和加快向西开放的步伐，推动以电解铝为代表的产能向西转移，推动河南农业、基建和装备制造等优势产业“走出去”。十年来，河南与“一带一路”共建国家交流合作的深度不断拓展，对外合作发展的空间不断增大。十年的实践证明，东引西进，是河南积极融入“一带一路”并取得丰硕成果的关键举措，是推动河南全方位多领域开放的总体方略，也是未来一个时期推动河南开放发展、促进“双循环”的重要指南。

三　实施四路协同是河南融入“一带一路”的重要途径

河南在融入“一带一路”的实践中，创造性地将“一带一路”升级为“四路协同”，形成了以“空中丝绸之路”为引领，统筹推进陆上、网上、海上丝绸之路建设协同发展的开放通道新格局。十年来，河南在对外开放上亮点纷呈，在建设内陆开放高地上实现历史性跃升，在高质量共建“一带一路”中的参与度、连接度和影响力不断提升。2021 年，河南货物进出口 8208.1 亿元，是 2012 年的 2.5 倍，河南对外开放水平明显提升，这些成绩的取得得益于河南持续推进“四路协同”的努力。十年来，河南融入“一带一路”最耀眼的亮点当属郑卢空中丝绸之路，它搭起了河南与欧洲各国经贸合作的桥梁，是迄今“一带一路”合作最成功的范例之一。十年来，中欧班列（中豫号）从无到有、从有到优，运力倍速增长，辐射范围不断扩大，已构建起“多站点多口岸”国际物流网络和“1+N”境内外物流枢纽体系，畅通郑州通往欧洲、中亚、东盟等方向的国际物流干线通道，境内外合作伙伴超过 6000 家，被誉为“一带一路”上的“黄金列车”。十年来，河南借助互联网的优势，大力发展跨境电商，积极推进“买全球、卖全球”，将河南的触角伸向世界的每个角落。十年来，河南积极疏通内河航运，加快与沿海港口的联通，内陆河南以昂扬的姿态走向海洋，对外开放的空间空前广大。十年的实践证明，四路协同是河南积极融入“一带一路”并取得丰硕成果的重要抓手，是推动河南全方位多领域开放的重要载体，为未来河南开放发展提供了新通道，也为兄弟省份融入“一带一路”提供了示范。

四　推动改革创新是河南融入“一带一路”的动力源泉

当前的世界，处在一个大发展、大变革、大调整的转折关头，面临百年未有之大变局。“一带一路”倡议和行动方案，用变革和创新的思路，让更多的国家融入世界市场体系，让这些国家从中受益。河南融入“一带一路”同样采取改革创新的思路。一方面，河南基于融入“一带一路”的需要，在全面改革上做文章，在深化改革上下功夫，推动各项改革举措有机衔接、有效贯通、有序联动，以变革性举措书写河南融入“一带一路”的生动实践。十年来，河南大力推进投融资管理体制改革，稳步推进国有企业混合所有制改革，为企业积极参与共建“一带一路”松绑赋能，促进企业“走出去”开拓国际市场，推动了“一带一路”经贸投资合作的不断扩大。另一方面，河南抓住融入“一带一路”的机遇，在创新方面做文章，积极推进科技创新。十年来，河南积极推进与“一带一路”共建国家科技领域的合作，推进并实施了一批科技合作项目，把“一带一路”打造成科技合作创新之路。河南有效利用上海合作组织、中国—阿拉伯国家合作论坛、中亚科技合作中心等载体，架桥铺路，连接政府，推动与“一带一路”共建国家科技领域的双边、多边务实合作向更高水平、更宽领域拓展。十年的实践证明，改革创新是河南积极融入“一带一路”并取得丰硕成果的动力源泉，也是河南融入“一带一路”十年实践最重要的经验之一，未来一个时期，河南融入“一带一路”仍需要增强改革创新的内在推动力。

五　实施项目带动是河南融入“一带一路”的重要抓手

积极融入“一带一路”，必须强化项目支撑，通过“一带一路”重大项目的建设，带动经贸投资、能源资源、路网建设及人文交流等各领域的合作。近年来，河南不断强化“一带一路”重大项目建设，实施了一批带动能力强的对外交流合作项目。在贸易投资方面，河南积极谋划郑州与卢森堡的合作，推动郑卢空中丝绸之路项目。十年来，郑卢“空中丝路”货运量突破100万吨，中方投资收益超过100亿元。河南积极推进中欧班列（中豫号）创新发展，推动中欧贸易发展。十年来，国铁集团郑州局累计开行中欧班列（中豫号）7572列，发送货物67万标箱。在能源合作方面，河南在国家跨区域能源流向中处于枢纽位置，与“一带一路”共建国家的能源合作十分密切。国家电网河南公司的“电力丝绸之路”项目、河南能源新疆煤电一体化项目、郑煤内蒙古煤炭项目，还有省骨干电力建设企业积极参与东南亚、南亚等地区电力项目建设，油气钻探企业积极参与中东、东亚等地区的能源项目建设等，形成了河南能源领域“一带一路”合作的重要抓手。在科技交流方面，河南实施了一批与“一带一路”共建国家加强农业科技、人文交流等项目，促进了河南文化项目的发展。河南的成功实践证明，积极融入“一带一路”必须坚持项目带动，以项目为抓手，推进对外经贸投资各项工作的开展。未来一个时期，河南深度融入“一带一路”，需要进一步实施项目带动，积极谋划一批高能级的对外合作项目，着力优化对外合作环境，为河南深度融入“一带一路”提供项目支撑和保障。

六 加强组织领导是河南融入“一带一路”的关键环节

河南近些年积极融入“一带一路”的实践，之所以取得了一定的成绩，是与加强党的组织领导分不开的。近年来，历届省委省政府都将融入“一带一路”作为引领全省经济转型升级的重要抓手，一以贯之地持续往前推进。2015 年 10 月，河南省印发《河南省参与建设丝绸之路经济带和 21 世纪海上丝绸之路实施方案》，确立了河南在“一带一路”建设中的战略定位、发展目标、战略布局和重点任务，是河南参与“一带一路”建设的纲领性文件。2016 年 8 月，河南省成立了以时任省长陈润儿为组长的河南省参与建设“一带一路”工作领导小组，统筹指导全省参与建设“一带一路”相关工作，研究审议重大规划、重大政策、重大项目和年度重点工作安排，协调解决工作中的重大问题。事实上，融入“一带一路”涉及经济、科技、教育等各个方面，涉及多个学科、多个领域，时间紧、任务重，需要依靠全省人民的智慧和力量。要深度融入“一带一路”，必须加强组织领导，在党的领导下做好总体框架和顶层设计。2016 年 10 月河南省第十次党代会提出，要深度融入国家“一带一路”建设，打造内陆开放高地。2021 年 10 月，河南省第十一次党代会再度明确，要以“空中丝绸之路”为引领，推动“四条丝绸之路”融合并进。河南这些年来融入“一带一路”取得的成绩，无一不是归功于党的组织领导，归功于全省人民的不懈努力。十年来的实践证明，加强组织领导是河南积极融入“一带一路”并取得丰硕成果的关键环节，也是河南融入“一带一路”最重要的经验。

第三节 河南融入“一带一路”的重要启示

积极融入“一带一路”是省委省政府立足省情作出的重大部署，代表了全省人民的总体利益和总体愿望。新的条件下，深度融入“一带一路”是“十四五”乃至更长一段时期全省上下开放发展的重大任务。十年来河南融入“一带一路”既有成功的经验，也有挫折和不足，通过系统总结这些经验和不足，能够给我们带来一些启示。

一 必须强化开放意识

意识决定行动，行动决定结果。总结十年来河南融入“一带一路”的经验，归根结底就是要进一步强化开放意识，提升开放本领。实事求是地讲，目前河南经济尽管有了一定的发展，但是与沿海发达地区相比仍有较大差距，最根本的原因在于开放意识薄弱，在对外开放领域存在短板。因此，未来一个时期，我们要以共建“一带一路”倡议提出10周年为新起点，进一步强化开放意识，以思想破冰引领发展突围，扎实推进“一带一路”高质量发展。一是要舍得让利。我们要吸引外资，要招引人才，就必须舍得让利。让利主要是不眼红外商、不眼红人才，要让外商有钱赚、让人才有发展，他们才愿意来投资，才愿意出力，一个地方发展才会有动力。否则，瞻前顾后，故步自封，什么事情都难以搞成，开放发展就是梦想。二是胆子要大。正是因为我们地处内陆，距离边境远，开放条件不好，所以我们一定要大胆，一定要敢于拼搏，不能安于现状。“一带一路”为我们指明了开放发展的方向，我们就要大胆地试、大胆地闯，步子要快一点，眼光要远一些，开放才会增加一些，发展质量才会高一些。三是谋事要实。要坚持谋实事、重实干，要围绕“一带一路”高质量发展谋划一些重大项目，实实在在地落实，让各方实实在在地获利，才能吸引更多的投资，才能推进开放更大步子地前进。四是开放本领要强。要积极主动适应新形势新任务新要求，切实解放思想、更新观念，提高站位、担当作为，强化学习、探索创新，大幅提升对外开放的水平和本领。

二 必须突出开放平台建设

河南十年来融入“一带一路”成果丰硕，加快平台建设功不可没。自贸区、综保区、试验区等是开放型经济发展的载体，是打造内陆开放高地的抓手。没有这些开放平台的建立，开放发展只能是一句空话。这一经验启示我们，要建立内陆开放高地，必须进一步突出开放平台建设。一是要聚焦重点、突破难点，抢抓RCEP全面实施等重大机遇，全力建设开放平台、拓展开放通道、提升口岸功能、优化营商环境，打造对外开放内陆“新沿海”。二是要完善各领域开放平台，加强配套建设，以深层次的改革创新集聚资源要素，做强开放功能、口岸功能、贸易功能、服务功能，协同推进大市场、大平台、大通关建设，以高能级平台促进高水平开放。三是要锚定新目标，开放图强创胜局，以自贸试验区提升发展为突破口，高水平建设“一带一路”重要枢纽，重点要提升大宗商品全球配置能力、产业发展引领能力、数字贸易创新能力，着力推动平台能级新跃升。四是要坚持问题导向，对标先进一流，抓紧抓实郑州航空港经济综合实验区发展，建好用好河南自贸区、RCEP示范区等，做强做大郑州—卢森堡空中丝绸之路，提升国际物流网络辐射能力，着力打开国际物流新通道。

三　必须积极推进制度型开放

当今世界，对外开放已经从商品要素流动型开放向制度型开放转变，规则、规制、管理、标准等成为未来开放的重要特征。在“一带一路”背景下，河南未来的开放，也必须强化制度型开放理念，以制度型开放推动河南更进一步融入“一带一路”建设。一是对标高标准国际经贸规则优化和提升现行经贸制度。要组织全省广大干部群众，通过各种培训班、研讨会、多种媒体等，深入学习WTO、RCEP等高标准经贸规则。全面梳理和认识河南现行的经贸规则与国际通行高标准经贸规则的差距，加快清理与高标准国际经贸规则不适应的规章制度。二是充分发挥自贸区对外开放“实验田”功能。在自贸区，要全面引入国际通行规则和制度，落实好外资企业国民待遇，进一步放宽外资市场准入，实施好跨境服务贸易负面清单制度，提高制度透明度、稳定性和可预期性。积极推动投融资体制、贸易管理体制及财税体制等改革，形成以开放促改革、以改革促发展的新机制。三是强化制度创新提升贸易投资自由化便利化水平。要在自贸区制度创新先行先试的基础上，推进全省投资贸易相关领域制度创新，提升河南贸易投资自由化便利化水平，加快形成河南对外经贸合作新优势。四是建立与高水平对外开放相适应的安全保障体系。“一带一路”背景下，河南推进制度型开放，需要加强风险防控，守牢安全底线，统筹发展与安全的关系，保障开放发展的安全性。加快建立能源、粮食等安全保障体系，加快建立产业链供应链安全保障体系，强化斗争精神，提高斗争本领，维护外部环境安全稳定，保障开放发展的安全性。

四 必须突出党建引领

党建工作在融入“一带一路”中发挥着顶层设计、方向引领、服务保障等作用。融入“一带一路”，需要坚持党建引领，将党建工作与融入“一带一路”深度融合，不断聚焦主攻方向、优化队伍结构、增强信心活力，实现经济发展动能的根本性转变。河南近年来融入“一带一路”的实践证明，深度融入“一带一路”，关键在于坚持党的领导。在全面深化改革的新形势下，在开放领域各种新矛盾新问题不断涌现，如何破解化解这些问题，必须要强化党的领导，必须要推进党的建设，必须要强化党建引领。未来一个时期，全省上下要牢固树立“抓好党建是最大的政绩”理念，强化“抓好党建是本职、不抓党建是失职、抓不好党建是不称职”的意识，巩固党对融入“一带一路”工作的领导地位，以党建引领推动河南深度融入“一带一路”。在实践上，要推进党的建设和各项业务融合发展，以党的建设引领推动对外开放各项工作。当前，河南经济社会发展进入新阶段，在新的形势下，要深度融入“一带一路”，必须强化党建引领，要在党建引领之下积极参与“一带一路”，为经济发展注入强劲动力；要在党建引领之下强化融入“一带一路”体制机制建设，扎实推进各项改革；要在党建引领之下稳步推进各项工作，确保融入“一带一路”取得新的新成效，经济社会转型升级再上新台阶。

五 必须强化比较优势

当前，“一带一路”沿线各地区域竞争日趋激烈，只有善于利用、充分发挥自身优势，做到人无我有、人有我优，才能在激烈的竞争中闯出一片天地、占得一席之地。河南要积极融入“一带一路”，就必须发挥比较优势，善于把比较优势转化为经济社会发展的胜势。河南的第一个优势在于人口多，特别是年轻人口多。人口多意味着劳动力多，人力资源丰富，而且价格低廉，对“一带一路”合作项目引进具有显著的吸引力。同时，人口多意味着市场大，意味着产品可以就地消化，从而降低交易成本，对“一带一路”经贸投资合作也具有一定的吸引力。河南的第二个优势在于区位好，河南地处九州之中，居于沟通中西、连南贯北的关键位置。河南九州之中的区位优势，意味着来自东西南北的生产要素如资金、技术、人才等，可以方便地在河南汇集。通过融入“一带一路”，不断优化营商环境，把经过路过河南的优质生产要素留下来，把这些资源充分利用起来，打造新的生产力。河南的第三个优势在于后发优势。就全国来说，河南的外向型经济发展相对薄弱，但是基础弱也就意味着学习成本低、成果转化快。河南积极融入“一带一路”，可以借助于“一带一路”国家的资金和技术，加速高技术产业、新兴产业的发展，从而更快提高河南经济发展的质量和水平。

六　必须强化系统观念

系统观念是具有基础性的思想和工作方法，其核心要义在于统筹兼顾、综合平衡，突出重点、带动全局。坚持系统观念，是党的十九届五中全会提出的“十四五”时期经济社会发展必须遵循的原则之一。河南积极融入“一带一路”，必须坚持系统观念，统筹国内国际两个大局，统筹“五位一体”总体布局和“四个全面”战略布局，加强前瞻性思考、全局性谋划、战略性布局、整体性推进。深度融入“一带一路”是一项系统工程，要善于运用系统科学、系统思维、系统方法研究解决问题，既要加强顶层设计，又要坚持重点突破，既要抓好当前，又要谋好长远，强化需求对接，强化改革创新，强化资源整合，向重点领域聚焦用力，以点带面推动整体开放水平提升。当前形势下，河南深度融入“一带一路”面临不少新情况新问题，要善于运用改革思维和改革办法，统筹考虑短期应对和中长期发展，既要在战略上布好局，也要在关键处落好子。要加快推进有利于提高开放平台资源配置效率的改革、有利于提高外向型经济质量和效益的改革、有利于调动各方面积极性的改革，聚焦重点问题，加强改革举措的系统集成、协同高效，打通瘀点堵点，激发整体效应，为深度融入“一带一路”提供动力源和新支撑。

第八章　新形势下河南深度融入“一带一路”的总体思路

“一带一路”是促进共同发展、实现共同繁荣的合作共赢之路。新形势下，面对复杂的外部环境，河南深度融入“一带一路”，应增强机遇意识和风险意识，准确识变、科学应变、主动求变，充分发挥资源和交通优势，加强战略规划，凝聚开放共识，优化“四路协同”，推动“买全球、卖全球”，完善规则、标准等制度型开放创新，重塑对外开放新优势，加快建设开放强省，打造内陆开放新高地。

第一节　河南深度融入“一带一路”的指导思想

以习近平新时代中国特色社会主义思想为指导，全面贯彻落实党的二十大精神，深入贯彻习近平主席关于共建“一带一路”和调研指导河南工作时的重要讲话重要指示精神，完整、准确、全面贯彻新发展理念，全面融入以国内大循环为主体、国内国际双循环相互促进的新发展格局，践行共商共建共享原则，以高水平全面深度融入共建“一带一路”为主线，持续实施制度型开放战略，坚持东联西进、贯通全球、完善枢纽，坚持内外联动、量质并重、全域统筹，着力提升基础设施互联互通合作水平，着力深化能源资源开发合作，着力拓展经贸合作领域，着力增强人文交流合作，不断优化营商环境，健全多层次开放平台体系，加快构建内陆开放新高地，推动共建“一带一路”高质量发展新局面，为谱写新时代中原更加出彩的绚丽篇章提供重要支撑。

一条主线——全面深度融入“一带一路”。坚定不移扩大对外开放，抢抓 RCEP、中新自贸协定升级、非洲自贸区建设、中欧 CIA 等机遇，深化与“一带一路”重点国家和地区全方位多层次的交流与合作。

一个核心——持续推进制度型开放。积极对接《区域全面经济伙伴关系协定》（RCEP）等国际经贸规则，充分发挥河南自贸试验区在制度创新方面的实验引领作用，加大河南在规则、机制等方面的创新力度，探索优化全球价值链嵌入模式，推动龙头企业在链接国内国际双循环中的突出作用，拓展参与全球产业链供应链的广度和深度，争取国际规则和标准体系制定的话语权。

四条通道——夯实陆上、空中、海上和网上丝绸之路。强化“四路协同”，高水平建设对外开放通道，发挥空中丝绸之路优势，不断增强其辐射范围，深化郑州—卢森堡“双枢纽”合作；扩展陆上丝绸之路，开辟陆路通道，挖掘省内新货源，着力打造中欧班列郑州集结中心；对接海上丝绸之路，加快建设铁海联运通道，打造通达全球的便捷出海口；升级网上丝绸之路，打造国际性跨境电商与多元化贸易中心。

四大领域——交通基础设施建设、能源开发、经贸合作、人文交流。以打造现代综合立体交通枢纽为支点，加快以枢纽经济为牵引的交通运输与经济社会发展深度融合，完善功能性口岸体系建设，形成“铁公机海”四港联动综合枢纽，全面提升与“一带一路”共建国家互联互通水平。加强与国家能源通道建设衔接，积极融入国家油气战略通道，主动引入省外能源，鼓励企业参与能源开发合作。搭建贸易促进平台，进一步加大市场开拓力度，加快培育出口竞争新优势，扩大共建国家特色产品进口。加强人文交流，增强与共建国家在历史文化风俗等方面的相互理解和认同，为深化与“一带一路”共建国家全方位合作打下良好的群众基础。

第二节 河南深度融入“一带一路”的基本原则

一 深度融入，内外联动

紧抓构建新发展格局战略机遇，把河南发展放到全国大棋盘中谋划推动，将全面深度融入共建“一带一路”与郑州航空港经济综合实验区以及黄河流域生态保护和高质量发展等国家战略结合起来，与 RCEP、中欧 CAI 等高标准经贸规则结合起来，深度融入国际产业链供应链，拓展与“一带一路”共建国家全方位深层次的合作。强化与周边区域协作，推动郑州航空港经济综合实验区与开封、许昌、郑州中心城区联动发展，提升郑州、洛阳等主要节点城市辐射带动能力。密切与丝绸之路经济带沿线中心城市和海上丝绸之路战略支点的联系，促进国内外交流与合作，紧抓产业转移机遇，加强与长三角、京津冀、粤港澳大湾区等区域重大战略互促共进、合作共赢。

二　突出优势，龙头引领

充分发挥河南交通、市场规模、资源等优势，重组整合枢纽、通道、物流等，加快完善现代化综合性的集疏运体系，推进枢纽经济和城市功能融合发展。充分挖掘丝绸之路中河南的悠久历史文化积淀和人文特征，积极寻找与“一带一路”共建国家之间合作契合点，以开封、洛阳为中心积极培育具有中原地域特点的丝路文化体系。发挥行业龙头企业的引领带动作用，聚焦重大项目、重点领域率先开展合作，引领辐射河南企业抱团出去，拓展深化与“一带一路”共建国家和地区的交流和合作。增强郑州引领带动作用，提升郑州国家中心城市参与全球竞争和集聚高端资源功能，打造郑汴许核心引擎，形成支撑带动中西部高质量发展的强劲动力源。

三　全域统筹，扩量体质

坚持系统观念，统筹改革和开放、发展和安全、国内和国际、合作和斗争、存量和增量、整体和重点的关系，坚持全省“一盘棋”和充分发挥各市县特色优势相结合，整合全省资源，全局谋划、统筹推进、重点突破、战略布局，有重点、分步骤、有层次地深度融入“一带一路”高质量发展。推动河南与“一带一路”共建国家和地区合作扩量体质，积极对接高标准国际经贸规则，不断拓展合作领域、合作范围；推动各级各类开放平台提档升级、协同发力，提升合作质量，开创高水平开放新局面，开辟高质量发展新境界。

四　完善平台，健全机制

完善平台布局，依托综合保税区、保税物流中心和功能性口岸，叠加自贸试验区、郑州航空港经济综合实验区、跨境电商综试区等政策效应，提升开放平台能级。全面提升跨境贸易通关服务主平台功能，建设跨境贸易大数据平台、口岸运行管理平台、多式联运信息共享平台，加强平台信息互联共享。建设高质量航空经济载体平台，辐射带动河南特色航空产业高质量集聚式发展。健全市场化机制，深入实施制度型开放战略；加强政策对接，健全与共建国家交流合作机制；建立健全跨省对话常态机制，完善跨部门、多层级政策协调机制和工作推进机制，合力推动河南在共建“一带一路”上取得新突破、实现新发展。

第三节　河南深度融入“一带一路”的主要目标

一　2025 年近期发展目标

到 2025 年，深化区域合作、落实重大战略取得显著成效，营商环境更加优化，高标准市场体系基本建成。基本建成现代化的综合交通网，全面形成“米+井+人”的综合运输通道格局，枢纽通道、枢纽经济优势更加突出，信息通信枢纽和信息集散中心基本建成，现代流通体系更加完善。以“空中丝绸之路”为引领的“四路协同”水平显著提升，郑州航空港经济综合实验区建成更具国际影响力的门户枢纽。自贸试验区制度创新、中欧班列（郑州）、跨境电子商务规模质量均走在全国前列，多层次开放平台体系更加健全，更高水平开放型经济新体制基本形成，国际化水平显著提升。对接融入海洋经济的产业体系不断健全、基础设施不断完善、开放水平不断提升，与沿海省份开放合作深度拓展。全省口岸开放能级显著提高，区域协同联动成效显著，口岸经济发展水平居于全国先进位次。贸易、投资等自由化、便利化水平进一步提升，主导产业优势明显，新业态新模式迅速推进，对共建国家双向贸易和投资形成较大规模，交流合作网络基本形成，河南综合经济竞争力和文化影响力显著增强，在“一带一路”建设中的作用和地位显著提升。

——货物贸易进出口总额突破 1 万亿元，服务贸易进出口额 580 亿元。

——实际利用外资总额 230 亿美元，实际利用省外资金额 12000 亿元，对外直接投资备案额 120 亿美元，实际使用外资年均增长 15%。

——构建覆盖全球的海外仓网络。到 2025 年，培育 2 家以上年交易额 50 亿元以上的海外仓企业，10 家以上 10 亿元以上的海外仓企业。

——民航强省建设取得实质性进展，基本形成服务全国、畅达世界的航空现代流通体系，形成以高端制造业、现代服务业为支柱的航空经济产业体系。到 2025 年，全省航空货邮年吞吐量 110 万吨，年均增长 11.3%，其中郑州机场航空货邮吞吐量突破 100 万吨，年均增长 9.4%。机场终端区形成“五进五出”的航线格局，保障每年起降 30 万架次以上，基本建成北、西货运区协同发展的货运保障体系，实现航空货运对全省进出口的贡献率在 60%以上。

——加快跨境电商综合试验区建设，促进跨境电商高质量发展。到 2025 年，全省跨境电子商务交易保持全国领先地位，电子商务交易额力争突破 1.98 万亿元，年均增速 15%以上；网络零售额突破 0.55 万亿元，年均增速 15%以上；跨境电商进出口交易额突破 3000 亿元，年均增长 18%；建设 10 个国家级物流枢纽和 30 个区域物流枢纽，设立 250 个以上海外仓，现代物流枢纽、通道、服务网络系统趋于完善；河南国际贸易“单一窗口”功能覆盖跨境贸易全链条，综合服务能力居全国前列；形成可复制、可推广制度创新成果 100 项以上。

——高标准建设郑州国际陆港航空港片区，中欧班列扩量体质。加快中欧班列郑州集结中心建设，推进中欧班列“五统一”常态化运行，开行 3000 班次以上，中欧班列国际直达线路 25 条，年均增长 26%。

——省域国际陆港数量达到 8 个，港口吞吐量突破 1 亿吨，铁海联运开行线路达到 15 条，海陆空联动开放重要枢纽基本建成（见表 8-1）。

表 8-1　2025 年河南融入“一带一路”主要指标

序号	指标	2025 年	年均增速（%）
1	全省航空货邮吞吐量（万吨）	110	11.3
2	郑州机场航空货邮吞吐量（万吨）	100	9.4
3	郑州机场国际货邮吞吐量（万吨）	70	9.2
4	郑州机场国际航线（条）	90	17
5	郑州机场通航城市（个）	100	17
6	中欧班列国际直达线路（条）	25	26
7	省内国际陆港数量（个）	8	32
8	铁海联运开行线路（条）	15	13

续表

序号	指标	2025 年	年均增速（%）
9	河南单一窗口一般贸易和加工贸易业务量（万单）	65	8
10	全省电子商务交易额（万亿元）	1.98	15
11	网络零售额（万亿元）	0.55	15

资料来源：《河南省人民政府关于印发河南省“十四五”现代综合交通运输体系和枢纽经济发展规划的通知》《河南省人民政府关于印发河南省“十四五”航空经济发展规划的通知》《河南省人民政府关于印发河南省“十四五”开放型经济新体制和开放强省建设规划的通知》《河南省人民政府关于印发河南省国民经济和社会发展第十四个五年规划和 2035 年远景目标纲要的通知》《河南省人民政府关于印发中国（河南）自由贸易试验区 2.0 版建设实施方案的通知》《河南省加快交通强省建设的实施意见》《河南省综合立体交通网规划（2021～2035 年）》。

二　2035 年中期目标

到 2035 年，基本建成开放强省。深度融入共建“一带一路”，高质量发展水平明显提升，更高水平开放型经济新体制基本形成，贸易、投资、金融、运输往来等自由化便利化水平有质的提升，“一带一路”主要节点城市地位更加突出，营商环境进入全国先进行列，连接东中西、辐射海内外的开放能力全面提升，多层次、宽领域、全方位的开放格局全面形成，国内大循环重要支点和国内国际双循环战略链接地位基本确立，枢纽经济成为经济高质量发展的重要支撑，率先建成具有国际影响力的枢纽经济先行区。

——基本形成联通境内外、辐射东中西的现代化高质量综合立体交通网，建成高效率快货物流圈，周边国家 2 天送达，全球主要城市 3 天送达，交通治理体系和治理能力现代化全面实现。

——航空经济成为引领河南经济社会发展的关键环节，带动河南全面参与全球产业链价值链分工，辐射形成现代化的航空经济产业体系，民航强省地位逐渐凸显。全省机场布局结构更加合理，适时开展郑州第二机场的选址和规划，现代化、协同发展的中原机场群逐步建立。郑州机场通达全球主要地区的空中货运大通道达 5 条以上，国际及地区航线通达 80 个以上城市，年货邮吞吐量保障能力达到 500 万吨，年旅客吞吐量保障能力达 1 亿人次，打造世界级航空枢纽。

——全省电子商务产业规模持续扩大，对经济增长的贡献进一步提升，电商助力实体经济转型升级作用显著提升，实现与全球电子商务产业链的深度融合，跨境电子商务在全球占据引领地位，在数字经济、数字贸易领域进入国内第一方阵。

——中欧班列境内外集散网络进一步拓展，到2035年，全省中欧班列国际运行线路数量翻一番，中欧班列年集装箱吞吐量达到15万标箱。

——高质量完成“五型口岸”建设，建成与开放强省、内陆开放高地相适应的现代化口岸体系，形成“口岸+枢纽+通道+平台+产业+生态圈”协调联动格局，口岸开放优势显著增强。

三　2050年长远目标

锚定两个确保，把准战略定位，借助信息技术和现代综合交通体系优势，紧跟改革开放新前沿，着力推动制度型开放战略，持续开展首创性、集成性、差异化改革创新，持续优化营商环境，深化与“一带一路”共建国家全方位交流合作，拓展开放合作空间。到21世纪中叶，与共建国家的交流合作网络全面形成，各领域交流合作进一步密切，实现对共建国家更深层次、更高水平的开放。郑州建设成为有影响力的高端核心现代化国际商都，增强其辐射带动能力，带动河南成为“一带一路”具有国际影响力的综合交通枢纽、商贸物流中心、区域互动合作平台。

——全面建成现代化高质量综合立体交通网，综合交通运输水平位居全国领先行列，成为全国高水平的交通强省，成为具有国际影响力的枢纽经济先行区和世界先进水平的交通强国示范区。

——营造一流营商环境。聚焦市场化、法治化、国际化要求，持续深化“放管服效”改革，对标对表发达先进省份，从理念、方法、路径等各方面不断提升服务水平，用一流营商环境吸引带动经济社会发展。

第四节　河南深度融入“一带一路”的战略行动

作为“一带一路”的重要节点，河南要全面贯彻落实习近平主席提出的“积极融入共建‘一带一路’，加快打造内陆开放高地”的重要讲话精神，围绕推动共建“一带一路”高质量发展开拓创新，以“四条丝绸之路”

为支撑，积极探索具有优势和特色的河南路径、河南方案，实施推动共建“一带一路”的关键性、引领性战略行动，为高质量建设现代化河南、高标准实现现代化河南提供重要战略支撑。

一　空中丝路扩能提速行动

优化航空经济空间发展格局。按照“依托机场、优势互补、交通串联、产城互动”的发展模式，结合河南现有机场的布局，发挥资源要素禀赋、产业基础等特色优势，统筹各机场，培育相关航空产业集群，培育新模式、发展新业态，形成“一核引领、六区联动、多园协同”（以郑州航空港经济综合实验区为核心，洛阳、南阳、信阳、安阳、商丘、周口六区联动，建设郑州上街、安阳殷都、新乡唐庄、安阳永和、周口西华、安阳林州、郑州登封、洛阳万安、驻马店平舆、商丘民权等各具特色的通用航空产业园）的航空经济空间发展格局。

统筹推进国际航空货运航线网络建设。不断拓展以郑州为核心，连接新加坡、迪拜、芝加哥等世界主要货运枢纽航线的“Y”字形国际货运航线网络，织密郑州至 RCEP 国家的航空货运航线网络，加密增开至欧美、澳洲、非洲等货运航线，开通新的国际航线。打造全球枢纽伙伴网络，构筑辐射全球、高效通达的货运航线网络体系和运输通道，建成“全球航空货运枢纽”和“现代国际综合交通枢纽”。推动新郑机场冷链物流、跨境电商分拨等综合基地建设，探索建设内陆空港型自由贸易港，加快建设空空转运中心，拓展与布达佩斯机场海外货站合作，构建链接全球的空中经济廊道。

提升“空中丝绸之路”影响力和辐射范围。谋划河南自贸试验区空港新片区，举办“空中丝绸之路”国际合作论坛，探索推进“河南—柬埔寨—东盟”等交流合作，拓展深化与欧洲国家多领域合作。加快恢复国际客运航班运营，争取开通郑州至巴黎、慕尼黑、卢森堡等客运航线。

做大做强中卢货运航线。提升郑州—卢森堡“空中丝绸之路”品牌优势，深化郑州—卢森堡航空“双枢纽”合作，推进建设卢森堡货航亚太地区分拨中心和运营基地，协助卢森堡货航申请开通郑州至纽约、洛杉矶、达拉斯的第五航权；建设中卢创新科技产业（郑州）园区；发挥其金融中心地位，引进高质量的外资金融机构，打造离岸金融中心，开拓离岸金融市场。

二 陆路通道巩固优化行动

推动“通道经济”和“枢纽经济”高质量发展。以新亚欧大陆桥经济走廊为引领，围绕郑欧班列和郑州航空港两大支点，不断加强综合交通能力建设，打造全方位对外贸易平台，积极参与国际陆运贸易规则制定，大力推动国际陆港建设和运营企业跨区域合作，大幅提升河南进出口货物的数量和效率。

加快中欧班列郑州集结中心建设。建设郑州经开区国际陆港中欧班列综合服务基地，支持洛阳、商丘、安阳、南阳、周口、新乡等地建设地区性国际陆港，支持有条件的地方有序开行班列，实现线路互补和协同发展，提升河南中欧班列的辐射带动力和整体竞争力。打造中部进口汽车、粮食、肉类等进口商品的集散交易中心，建成德国、比利时、芬兰、越南等一批海外分拨集疏中心。谋划举办中国（郑州）中欧班列国际物流博览会，探索建设中欧班列金融服务、科创研发、大数据处理等中心和应急物资保障基地，探索货物集结与班列开行、国际冷链与国内产业衔接的最优化模式，形成“干支结合、枢纽协调、中心集散”的科学高效的集—疏—运体系。

推动国际班列扩量体质。做强欧洲、中亚、东盟线路网络，拓展至区域全面经济伙伴关系协定（RCEP）成员国的货运通道，积极开辟跨里海进入欧洲腹地的南线通道。开辟西亚线路，发展日韩等亚太地区中转线路，开行省际省内合作班列，提升中欧班列（郑州）使用频率，通过陆海新通道，打造贯通欧亚、枢纽集散的陆上经济走廊。拓展特种集装箱、冷链物流、跨境电商、商品展示体验等增值服务，提升班列运营质量。

三 网通全球卖遍天下行动

全面推进全省跨境电商综合试验区建设。依托各地资源禀赋、产业基础等优势，探索创新发展路径，形成跨境电商综试区错位互补、联动协同发展新格局。以郑州跨境电商综试区为示范引领，加快推进洛阳、南阳等跨境电商综试区建设，充分释放郑州的区位交通、政策创新和跨境电商进口领先发展的效应，充分发挥洛阳的制造业产业基础和文化旅游特色，充分依托南阳的农产品和家居用品特色产业，从顶层设计、体制机制、产业结构、招商引资等方面着手，探索跨境电商综试区各具特色、差异发展路径，支持开封、商丘、焦作、许昌等有条件的地区积极申报跨境电商综试区，通过典型示范引领全省跨境电商高质量发展。

提升跨境电商核心竞争力。推进E贸易核心区建设和郑州航空港经济综合实验区建设，集聚跨境电商全产业链核心企业，打造跨境电商产业集聚升级、资源整合集聚、发展环境良好、支撑体系完善的“跨境电商集聚区”，打造以郑州为综合服务中心、各地利用自身资源潜力建生产中心的产业集聚格局，推动各地特色产业打造“中部地区跨境贸易产业基地”。在跨境电商、移动支付等前沿数字服务领域创新发展，加快与平台企业、物流企业、服务企业合作，提升跨境电商交易规模。推进征信体系创新，研究制定跨境电商征信体系标准。对标RCEP、CPTPP以及DEPA高标准经贸规则，鼓励河南领军企业积极参与国际对话交流和跨境电商贸易标准和规则的制定。

培育贸易新业态新模式。提升跨境电商发展规模和水平，推动跨境电商与制造业融合联动，发展新型加工贸易业态，拓展以医药为主体的特色产业体系。探索线上线下融合发展模式，推动跨境电商O2O线下体验模式和“1210”模式反向复制推广，加快发展“保税+”新型贸易，拓展“跨境电子商务+空港+陆港+邮政”运营模式。利用国际会议、展览等平台的影响力，以重大节会、文艺赛事和展演为载体，积极开展经贸文化交流合作。

四 通江达海联通世界行动

实施内河水运“通江达海”工程。加快推进全省内河航运高质量发展，优化升级高水平航运对外开放新平台。拓宽出海大通道，大力推进内河水运建设，加快河海联运建设，完善省内航道与港口布局，谋划建设郑州、周口国际陆港，布局信阳港、漯河港、平顶山港等地区性重要港口，构建生产型、农资型、矿产型、石化型等特色国际陆港体系，形成“一核多点”“一干多支”发展格局，打造河南通江达海新通道。优化以东向、南向为主的铁海联运通道布局，开通与日照港、青岛港、连云港港、上海港、宁波港等铁海联运班列，推动内河水运与沿海港口无缝衔接，全面对接“海上丝绸之路”。加强与越南、广西的港口和铁路合作，做大郑州、漯河等地到东盟的国际班列，共建豫桂东盟商贸物流大通道。支持新乡加快融入西部陆海新通道建设。

积极融入海洋经济发展。加强与沿海口岸互联互通、合作共建，加速发展海洋经济产业，做强河南中豫国际港务集团，促进周口市、信阳市、漯河市、平顶山市、南阳市等地河港运力和航线网络建设，培育集装箱航线，探索发展近洋直达航线与远洋支线网络，打造全省河港业务投建管运贸“一体化”产业链。

实施口岸互联互通工程。推进周口、漯河、固始、淮滨等内河港口二类口岸建设，推动航空口岸、铁路口岸、功能性口岸等联动发展，打造与海港直接相连的内地物流中心。加强与海洋强省通关合作，深化口岸、海关特殊监管区域（场所）等业务协同，推进出入境口岸与属地间申报、查验、通关物流等环节信息共享，全面提升跨区域通关和贸易便利化程度。

深化区域对接合作。主动对接沿海经济区及西部陆海新通道等国家战略，提升与北部、东部、南部海洋经济圈合作水平。加强与天津、山东、江苏、浙江、上海、福建、广东、广西、海南等地海洋经济发展示范区对接，推动一批海洋经济产业链上下游项目落户河南。推动河南自贸试验区、开发区与境外及沿海园区合作，加快临港经济区建设，培育一批向海经济产业园区，与省辖市共建对接融入海洋经济示范县。

五　综合交通体系升级行动

塑造流通新优势。着力建设空中、陆上、水上、网上出海新通道，构建海陆空网统筹协调、东西双向开放的新格局，全面推动河南深度融入“四条”丝绸之路，织密辐射通达全球的“丝绸之路”通道网。加快构建现代化立体综合交通网络，开辟多式联运新路线，改造升级现代物流设施和商贸流通设施，加强应急物资储备基地建设，完善流通体制机制，培育具有较强国际竞争力的现代流通企业和供应链平台。

优化综合交通枢纽体系。积极参与国家综合立体交通网主骨架河南段建设，积极推进新亚欧大陆桥等综合运输通道的建设，优化中原城市群交通网络。完善郑州综合交通枢纽体系，加快“四港联动”体系建设，增强郑州的辐射带动能力。支持洛阳、商丘、南阳等地市建设全国性综合交通枢纽，打造郑洛西高质量发展合作经济带。打造安阳、周口等重要的区域性综合交通枢纽，支持其他地市建设交通枢纽城市。

六　豫企出海豫品出境行动

积极推进“豫企出海”行动。借助“一带一路”建设，打通豫企出海新通道。深度整合交易、物流仓库等平台资源，充分发挥河南产业优势，组建“走出去”企业联盟，带动豫货抱团出海，助力经济转型升级。提高大型客车、食品制造、工程轮胎等行业龙头企业国际化经营水平，培育具有国际竞争力、影响力和创新能力的跨国公司，引领带动企业参与全球供应链产业链合作。支持“专精特新”企业通过设立联合基金、小比例参股、共建研发中心等多种方式积极开展海外投资。利用豫企“走出去”海外平台，输出优势产能，开拓“一带一路”共建国家新兴市场。创新发展对外承包工程，鼓励企业联盟拓市，支持投建营一体化，积极参与第三方市场合作，带动技术、服务、装备和标准“走出去”。

鼓励推动“豫品出境”行动。巩固河南精深加工农产品和劳动密集型产品等传统产品出口，扩大发制品、工程机械等特色产品的出口规模，不断提高新能源、节能环保等新兴产业的国际竞争力。提升农产品出口平台功能，建设周口、驻马店、南阳等特色农产品加工出口平台，用好原产地优惠政策，扶持地方特色产业，开拓多元化国际市场，拓宽出口渠道，促进食品农产品出口。推动全省中欧班列资源发掘和“班列+园区”行动，大力发展冷链产品、农产品、工业品等特色班列，打造“郑欧”商品品牌，在“一带一路”共建国家建设河南特色商品展销中心和境外集散中心、创新产业园、海外仓等，促进运贸产联动发展。用好上海进博会、东盟博览会等国家级经贸平台，高质量举办河南投洽会、全球跨境电商大会、中国（郑州）产业转移系列对接活动等河南品牌展会，做好河南品牌展销。联动主流媒体、自媒体、社会机构等传播平台，深入挖掘河南品牌故事，把河南品牌集聚起来抱团发展，通过“一带一路”讲好河南故事、塑造河南品牌，让河南文化和河南品牌走出国门、享誉全国、影响世界，提高河南品牌国际影响力和竞争力。

七　数字赋能贸易升级行动

推进数字“一带一路”建设。按照高效、集约、安全原则，加强数字基础设施布局，统筹推进网络基础设施、应用基础设施、算力基础设施等建设，立足智慧口岸、智享联通、智能边境，加快数字化、智能化现代信息技术应用，完善大数据处理与分析系统，建设跨境贸易大数据资源目录、产业辅助决策分析系统、企业跨境贸易档案等，实现国际贸易业务全链条数字化覆盖，赋能贸易升级。加强与“一带一路”共建国家各层级的沟通协调，深化数字经济合作、共建数字基础设施、提供数字化服务，保护数据安全，推动数据治理，协同推进数字产业化和产业数字化。积极发展丝路电商，推动跨境电商等新业态、新模式，通过数字服务和数字贸易推动形成“丝路文化”传播优势，形成多元互动的人文交流格局。

深化河南国际贸易“单一窗口”建设。全面提升跨境贸易通关服务主平台功能，实现口岸和国际贸易领域相关业务全覆盖，提高在线业务办理效率。推动平台“通关+物流”“外贸+金融”等服务模式创新，深化与金融、通信、电商、信息技术、保险等行业对接，推动大数据、人工智能等技术创新应用，建设具有国内领先水平的国际陆港、多式联运服务平台，实现更大范围的国际贸易信息联通交换，为各参与方提供个性化、精准化服务。

推动口岸场站智能化大数据体系建设。推进口岸部门单位信息化、无纸化、智能化建设，实行货物全流程实时跟踪与可视化监管，依托“单一窗口”打通航空、铁路等各类口岸通关和物流信息节点，优化提升口岸服务效能。整合全省进出口数据资源，搭建与国家、沿海、沿边地区“单一窗口”及其他贸易政务平台紧密对接的基础信息资源平台，建立公共数据开放服务清单制度和信息发布共享机制，促进跨口岸、跨区域信息联通、共享和协作，实现实体口岸与数字口岸有机融合，推动生产、贸易、物流、外汇、税务、通关等跨境贸易相关数据实时汇集和公共数据安全开放。

八 对外物流体系提升行动

畅通骨干物流通道。加快推进郑州空港型物流枢纽建设，构筑辐射全球、高效通达的“空中丝绸之路”物流大通道，补齐内河航运物流通道短板，畅通新亚欧大陆桥及京港澳、大广、二广、晋豫鲁、太郑合、济郑渝、宁洛、沪陕、北沿黄等物流通道。

完善物流运行体系建设。围绕航空港经济综合实验区，把郑州建设成为物流枢纽引领的现代国际物流中心。建设洛阳、南阳、安阳、商丘等国家物流枢纽中心，完善区域分拨、保税物流、国际中转等设施，打造国家级供应链组织中心和商贸物流集散分拨中心。打造区域物流枢纽和节点，有效衔接国家物流枢纽，构建“通道+枢纽+网络”的现代物流运行体系。推进海外物流设施建设，构建服务全球贸易、跨境电商的物流支撑体系。建立枢纽信息连通机制，推动全省陆港业融合发展，提高物流枢纽规模化、组织化、体系化运作水平。

推进国际物流交流合作，加快区域物流协同发展。推动布局双向跨境电子商务贸易平台和海外仓，探索开行进口跨境电商班列，拓展“跨境电子商务+空港+陆港+邮政”运营模式，提升通关效率和贸易便利化水平，完善面向全球的跨境电商物流体系。提高与主要港口连通度，融入全球海运服务网络。强化与京津冀、长三角和粤港澳大湾区等重点城市群的物流业务联动，探索建立共享业务模式，建立郑州都市圈物流产业发展联动对接机制，探索共享城市物流中心、配送网点等设施，加强物流枢纽联盟建设，促进枢纽业务对接、设施联通、功能联合和资源共享，提升区域物流一体化发展水平。

九　中原文化走向世界行动

培育文化企业。结合各地市文化特色，培育具有较强竞争力的文化产品和文化企业，通过文旅交流、文化产品展览、国际文化交易平台等多种形式，在“一带一路”共建国家和地区树立鲜亮的“河南名片”，搭建起“一带一路”文化交流、民心相通的桥梁，建设具有国际影响力的丝绸之路历史文化旅游带。

加强文化交流合作。推动省内高校结合地域特点和资源优势，积极开展与“一带一路”共建国家在高等教育、科学研究和人文社会等领域的交流与合作，加快与国外知名大学的联合办学步伐。积极对接陕西、山东等省市，打造中原文化的“城市群”“文化圈”，重点以汉唐儒法文化为标签“走出去”开展文旅产品、文旅项目的交流与合作，全面展示河南人文风采，提升对外文化交流的层次和水平。

讲好河南故事。充分发挥河南人文特色优势，深入挖掘少林功夫、太极、茶文化、汉唐文化等文化交流名片，整理汇编成河南故事。将“一带一路”共建国家的经贸合作与人文交流结合起来，借助新技术和多元传播渠道，大力宣传推介中原传统文化、传播河南形象、塑造河南品牌，让世界听到河南的声音，以文化交流促进经贸合作，以经贸合作深化文化交流。

第九章　深度融入“一带一路”，积极参与基础设施建设

基础设施建设是“一带一路”互联互通与合作发展的基石。十年来，作为我国内陆地区重要开放高地的河南，积极推动跨省域基础设施协同共建和高效衔接，“铁公机海”四港联动综合枢纽建设日益成熟完善，以郑州—卢森堡“空中丝绸之路”为引领的“四路”协同发展新格局逐渐形成，对外开放能级不断提升。但与此同时，河南基础设施建设也存在一定的问题和不足，航空货源匮乏且结构单一、省外陆路班列竞争加剧、跨境电商领军企业缺乏、对接海上通道能力不足等制约了“四路”发展，区域协同联动机制缺失、多式联运政策落实不到位、产业支撑能力不足、一体化运输组织水平不高、数字信息化基础不扎实、口岸开放平台建设能级不高等也在一定程度上制约了河南深度融入“一带一路”基础设施建设。新时代，交通区位优势凸显的河南具备深度融入“一带一路”基础设施建设的天然优势，而在国家积极推动构建新发展格局的大背景下，在全国各地深度参与“一带一路”建设的大环境下，在着力推动内陆地区高水平开放的现实需求下，河南也必将在推动“一带一路”基础设施建设上贡献属于自己的中原力量。

第一节　交通基础设施互联互通

交通运输是推动国民经济发展的基础性、先导性、战略性产业，是“一带一路”建设的优先领域，既包含“硬件”建设，又包含制度、规则、标准等“软件”建设。“一带一路”倡议提出十年来，河南在“一带一路”交通基础设施互联互通建设方面，以通道和枢纽建设为突破口，积极打造现代综合交通枢纽，国际交通物流枢纽能级不断提升，口岸等开放平台载

体建设不断升级，“一带一路”共建成效显著。后续在交通基础设施互联互通方面，应在完善“一带一路”现代综合交通运输体系、推动多式联运体系建设、拓展全国及区域综合交通枢纽功能、拓展通道经济辐射联动发展空间、积极参与国家综合立体交通网主骨架建设等方面综合发力。

一　夯实“一带一路”现代综合交通运输体系

构建现代综合交通运输体系是加快建设交通强国的关键，有助于推进铁路、公路、水路、民航、管道、邮政等运输方式的一体化融合发展，提高交通网络效应和运营效率。对“一带一路”建设而言，夯实“一带一路”现代综合交通运输体系，既是服务“一带一路”的现实需求，也是新时代交通引领功能发挥的重要体现。近年来，河南公路、铁路、航空设施和运载能力居全国前列，“米+井+人”综合运输通道布局基本形成，未来在“一带一路”现代综合交通运输体系构建上将会发挥更大价值。

（一）构建高质量综合立体交通网络

1. 拓展航空网络

2017年6月，习近平主席明确提出，支持建设郑州—卢森堡“空中丝绸之路”，郑州—卢森堡“双枢纽”合作模式由河南方案正式上升为国家战略，为河南融入“一带一路”建设指明了方向。未来，河南应积极拓展航空网络，探索形成以郑州机场为门户枢纽，干、支协作的区域机场格局，完善南亚、非洲和南美洲等新兴市场航线，不断提升航空物流的通达性和网络结构品质。深化“双枢纽”战略合作，争取扩大第五航权配额，创新航线组织模式，积极打造空空转运中心，推动区域通用航空产业发展。通过不断提升机场保障管理能力，深化空域精细化管理改革，将推进制度型开放与发挥交通枢纽优势有机结合，推动全球资源的优化配置、强化务实合作，共建世界级枢纽航线网络。

2. 畅通陆路通道

2021年，河南高速铁路营业里程达到1998公里，高速公路通车里程达到7216公里、通达所有县城。未来，河南应依托铁路和公路主通道，以陆桥通道建设为主轴，通过畅通串联省内中心城市，夯实“一带一路”陆路通道。积极培育集政治外交、社会发展、经济外贸特征于一体的“一带一路”国际联运人才、工程咨询人才，完善国际联运培训机制。通过连接亚欧陆路大通道、西部陆海新通道，加大向西、向南开放的力度，通过对接海上丝绸之路，拓展向东开放，通过对接“草原丝绸之路”向北对接联通东北亚地区，如蒙古国、俄罗斯的陆路通道，构建河南“一带一路”对外开放新局面。此外，河南还应推动高速公路多路联通，加快国家高速公路复合通道建设，提升黄河北岸物流中转集散功能和对外交通联系效率。

3. 完善内河航道

2021 年，河南内河航道里程达到 1725 公里。近年来，河南内河水运与沿海港口实现了无缝衔接，颍河、淮河等内河航道作为可通江达海的河道，其高级航道建设逐渐展开，在“海上丝绸之路”建设方面实现了有效对接。未来，河南还应按照“一纵三横九支+其他航道”的总体航道布局，进一步完善布局、统筹衔接，积极拓展航道通航里程，高规格谋划建设郑州港、周口港、信阳港、南阳港、洛阳港、商丘港、驻马店港、漯河港、平顶山港、许昌港等地区性重要港口，并逐步提高港口吞吐量。

（二）强化交通基础设施一体化衔接

1. 推动多层级交通网络一体化

多层级、一体化的交通网络是集铁路、公路、内河航运、管道运输、航空等海陆空交通基础设施于一体的协同发展的综合交通枢纽体系，能够依据不同客货需求和交通模式，实现更高层面的客货供需动态平衡。河南推动实现多层级交通网络一体化应注重依托郑州都市圈、中原城市群等超大型城市群高度发达的多元一体化综合立体交通网，加快建设全国性综合交通枢纽城市，实现国际和跨区域人员、物品等资源的高效流转和配置。不断提升机场、铁路、内河港口等枢纽的综合服务能力，提高航空客运、货运服务效率，通过大力发展枢纽经济，构建枢纽集群、枢纽城市、枢纽港站“三位一体”综合枢纽体系，推动综合枢纽功能的优化升级。

2. 注重与空间开发一体化统筹

强化交通基础设施的一体化衔接，要注重在空间资源利用和开发方面推动各类交通基础设施的一体化发展。在交通基础设施建设过程中，应基于自然地理格局和人口经济分布情况，统筹区域协调发展、主体功能区、新型城镇化等战略实施，与城市化空间格局构建、产业功能区构建等空间格局紧密结合，并立足陆海生态系统的完整性和连通性，强化各类交通方式的空间协同发展与一体化衔接，提升交通运输的可持续发展效能，提高国土资源利用率。

3. 推进高质量运输服务一体化

构建协同融合的综合运输一体化服务体系，充分发挥各运营主体的专业服务优势，在运营主体间构建有效的沟通协商机制，破除不同主体间的沟通瓶颈，推动实现信息共享。注重解决交通运输“最后一公里”“关键一公里”问题，推动航空、铁路、公路、水运等交通网络的互联互通，统筹考虑客运、货运不同特征，推动运输服务实现多元化、品质化发展，加快发展旅客联程运输，建设高效货运服务网络，积极建设大容量、低成本、高效率的物流骨干通道，提升交通运输规模化、集约化水平。

（三）全面推进交通绿色低碳转型

1. 加快智能技术的深度推广与应用

通过构建智能交通体系，能够有效解决综合运输效能低下、交通耗能高、服务水平落后等问题，是现代化交通发展的趋势。河南应坚持创新驱动发展，积极推动大数据、人工智能、区块链等新技术在交通行业的应用与推广，提升交通运输时效性、安全性与可持续性，推动智能信息化服务在运输装备集成设计、运营调度、服务一体化等方面的应用，提升交通运输系统安全运行水准，构建互联、柔性、协同，具备全球竞争力的智能交通运输体系。

2. 推进交通基础设施绿色低碳发展

推动交通运输的绿色低碳转型，是建设资源节约型、环境友好型“一带一路”交通运输体系的重要内容。“一带一路”交通基础设施项目建设中应树立全寿命周期成本理念，把节约、绿色的要求融入交通基础设施建设规划、设计、施工、运营的全过程，尤其要注重新能源、可再生能源在交通基础设施领域当中的应用。大力开展废旧材料的再生及综合利用，尤其是钢筋、水泥、砂石等关键建筑材料的循环利用，推动实现资源运用的减量化。

3. 加快构建集约高效交通运输体系

科学布局各类站点，改善交通的通达性和便捷性，促进不同交通运输方式之间的高效组织和顺畅衔接，加强运输线路、班次、舱位等资源的共享，优化货物运输结构，优化客运组织方式，提高运输的实载率。加快发展绿色货运和现代物流，积极引导“一带一路”货物运输向高效化、网格化、规模化、集约化方向发展，放大专业化运输和第三方物流在交通运输中的重要作用，提高大宗货物的配送效率。

（四）加强交通现代化治理能力建设

1. 完善交通运输行政管理体系

深化“一带一路”铁路、公路、水路、民航等管理体制改革，健全综合交通运输统筹发展、检测与服务体系，不断完善“一带一路”跨区域、跨领域、跨层级综合交通运输协同发展工作机制，积极推进多规融合。探索建立符合高质量发展要求的“一带一路”交通运输指标体系，完善动态监测机制，加强对重点领域标准的有效供给，适时推进深化交通运输领域的“放管服”改革。进一步深化“一带一路”交通投融资机制改革，稳定交通发展专项资金政策，鼓励社会资本积极参与投资。

2. 健全交通运输高质量发展体系

完善“一带一路”综合立体交通网络发展机制，统筹铁路、公路、水路、民航、邮政等基础设施的协同规划与发展，推动交通网络与能源网、信息网等基础设施的互联互通和数据共享。以新一代信息技术为依托，建立完善“一带一路”传统型和新型交通基础设施的融合发展机制，通过完善新型基础设施布局，推动多部门、多主体对交通基础设施的协同参与，进而实现对“一带一路”交通运输全局性的存量、增量统筹，引导要素资源向具备更高效益的项目倾斜。

3. 完善交通安全与应急管理体系

在“一带一路”交通基础设施建设过程中，要注重完善交通运输安全生产体系建设，积极搭建交通运输安全生产管理制度体系，坚决遏制重大特大交通安全事故的发生，并通过建立自然灾害交通防治体系，提高交通的防灾抗灾减灾救灾能力。完善交通运输应急管理体系，进一步优化“一带一路”交通应急处置的区域协同联动机制，提升应急救援能力和现代化专业救援体系建设，完善应急补偿机制和“一带一路”交通运输重大风险防范化解机制。

二 大力推动开放型多式联运体系建设

“一带一路”交通基础设施建设是支撑内外开放和实现产业转移的基础，而发展多式联运，能够有效降低运输成本、提升运输效率，并通过最大限度发挥综合运输的长处，实现资源的合理配置，减少货损货差，降低物流成本。开展多式联运体系建设，需要注重强化多式联运基础设施衔接，积极探索如何打破区域壁垒、创新多式联运组织模式，提升多式联运信息化水平，推动多式联运标准体系的构建完善。

（一）积极打造陆海联运走廊

1. 推动中欧班列行稳致远

依托郑州国家一类铁路货运口岸，河南中欧班列枢纽集疏功能和业务承载能力不断提升，覆盖范围涉及全国3/4区域，境外网络遍布30多个国家130个城市。打造陆海联运走廊，需要积极推动中欧班列（郑州）发展，拓展中欧班列（郑州）国际干线物流通道和日韩亚太中转线路，推动冷链班列、定制班列、数字班列创新发展，通过加快设立海外分拨集散中心等，积极打造中部地区货物集散基地和大宗货物交易中心，推动班列运输与贸易一体化发展。与此同时，还应借助中欧班列（郑州）首条跨境电商专线的开行，多维度推动中欧班列（郑州）涉及业态的融合发展，实现中欧班列（郑州）模式、运营、技术、场站等建设的优化升级。

2. 丰富完善铁海航运航线

近年来，郑州、洛阳、新乡、平顶山、驻马店等地市开通了多条直通青岛、宁波的铁海联运线路，铁海联运成效初显。未来，河南应进一步丰富、完善铁海航运线路，抓住新时代推动中部地区高质量发展、黄河流域生态保护和高质量发展、淮河生态经济带建设等重大历史机遇，积极探索构建“海—公—铁”国际联运大通道，推动国际陆港“一支三干”海铁公多式联运项目建设，强化产运融合与统筹协调，打造河南与“海上丝绸之路”高效对接的通江达海的铁海联运航线。

3. 大力实施借港出海战略

联合国贸易和发展会议统计数据显示，全球货物贸易的80%通过海运实现。自“一带一路”倡议提出以来，“一带一路”共建国家积极加强海上互联互通建设，作为内陆地区的河南，借助黄河、淮河等内陆河道，应大力实施借海出港战略。空间上可以按照“以线串点、以点带面、内外对接”的思路，规划好河南本地港口城市与外省沿海重要节点城市与口岸的对接，如与天津、连云港、宁波、深圳等重要港口城市的连接、合作，将“一带一路”出海道路进一步畅通、延伸、拓展。最终，通过以河南重要交通枢纽功能为依托，打造陆路与海路高度连接系统，实现支点港口、枢纽城市与产业园区深度融合与共同支撑，形成具有河南独特优势的陆海联运格局。

（二）探索拓展空陆联运业务

1. 高质量打造“空中经济走廊”

河南探索拓展空铁联运业务，要注重进一步强化“空中丝绸之路”的辐射带动作用，即在巩固提升郑州航空港内陆空港型枢纽功能的同时，不断创新空空中转，完善国际航线布局，推动郑州机场与国际国内重要枢纽机场的联动发展，打造辐射全国、畅达全球的空对空联程航线网络，全面构建能够有效对接全球主要经济体的“空中经济走廊”。

2. 积极推进“空铁”联运建设

“空铁”联运作为一种联合运输方式，通过机场与高铁的无缝中转，能够进一步放大“双高”的速度优势，拓展航空及铁路运输的单一辐射圈。河南在“一带一路”建设中推进“空铁”联运，应在积极完善交通基础设施建设的同时，推出丰富的“空铁”联运产品，鼓励铁路、民航不同运输方式之间共建售票、取票、换乘等基础设施，加快旅客联程运输发展，探索建立“空铁”统一、连续、明晰的导向标识系统，提供高品质服务。此外，还应注重积极探索建设郑州航空港高铁快运物流基地，推动中欧班列（郑州）集结中心第二节点建设，推动中欧班列（郑州）与郑州机场联动发展。

3. 推动实现“空铁公”无缝衔接

在航空与铁路、公路的联结方面，河南应注重强化郑州机场与重点客运、货运公路的运输联系，通过创新完善卡车航班相关配套业务，充分利用公路、铁路在集散和“门到门”配送等方面的优势，强化机场货物的集疏能力，推动民航与其他交通方式的深度融合，创新打造无缝衔接、中转高效的“空铁公”联运服务产品。

（三）拓展“一站式”多式联运服务

1. 进一步夯实完善物流通道建设

从国家顶层设计看，对内，重点建设有“四横五纵”9条物流大通道，串联东中西、连接南北方，用于提升相关城市群和口岸城市的物流综合服务能力；对外，建设有“两沿十廊”国际物流大通道，用于强化服务“一带一路”及对接RCEP。河南作为我国内陆地区重要的交通要塞，在共建“一带一路”方面要进一步夯实物流通道建设，积极对接国家总体战略布局，尤其是要用好西部陆海新通道、沿海及沿边走廊，陆路以中欧班列（中豫号）郑州—东盟线和中欧班列（中豫号）漯河—泰国线为依托，空中以郑州国际机场为依托，进一步完善国际国内陆路、航空货运航线网络，畅通与东盟国家政治、经贸、文化交流的出入境通道。

2. 推动“一单制”运输模式多点开花

“一单制”也可以理解为一票到底，是指货物在多式联运的全过程中只凭一份多式联运运单即可完成所有货物运输手续，极大地提高了多式联运的一体化运输服务水平，能够从源头上解决多式联运的瓶颈制约，可以真正实现信息共享。“一带一路”多式联运体系建设应注重“一单制”的全面落实和多点开花，积极推进装备、服务、流程、规则、信息等的标准制定，不断优化多式联运服务规范，提高物流运输效率，为企业提供最优的配置方案。此外，河南交通运输部门可以依托河南区位优势，积极推动形成内外联通、高效安全的多式联运体系，保障供应链畅通，保证经济高效，探索多式联运“一单制”河南样本。

3. 创新“一站式”高品质服务

如果说“一单制”主要围绕货物，那“一站式”就主要围绕人，也就是多式联运中的客运。“一站式”高品质服务就是在满足客户需求的前提下，通过一个站点服务解决客户后续的所有问题，是服务的集成、整合与提升。创新“一带一路”多式联运“一站式”高品质服务的关键是构建“一站式”服务平台，其中要注重服务标准的制定与数字信息化建设，通过平台的精准匹配与供需方的双向选择，在多式联运方面为企业提供检验检测、人才培训、知识产权、设备共享等更加精细、全面、优质的“一站式”服务。

（四）积极探索多式联运标准规则

1. 完善多式联运政策保障体系

一是加强组织领导，探索设立河南“一带一路”推进运输结构调整联席会，制定符合本地实际的多式联运工作实施方案，协调推进过程中遇到的重大问题。二是完善财政等政策支持，尤其是加大多式联运枢纽站点以及集疏运输体系建设的资金扶持力度，加大对国家物流枢纽、综合货运枢纽、中转基地等项目的资金支持力度。三是优化完善监督考核机制，对河南参与“一带一路”多式联运发展水平进行测度，加强对多式联运运输结构调整的监督监测。

2. 探索制定多式联运货物交接服务标准

对“一带一路”多式联运服务规则标准进行系统研究，促进不同行业、不同运输方式、不同企业之间服务规则的衔接，积极参与和探索建立全国性的多式联运货物交接服务规则和标准。在多式联运票据单证格式设计、不同类别货物分类、货物包装与装载要求、运费计价规则制定、货物交接规范制定、责任划分标识、报销理赔标准制定等方面，积极探索具有河南特色的“一带一路”地方性多式联运货物交接服务规则。

三 拓展全国性及区域性综合交通枢纽功能

河南地处中原，具有联结东中西、畅通南北方的突出区位优势，是我国构建双循环新发展格局的重要支点，在推动“一带一路”交通互联互通的要求下，以综合交通枢纽建设为切入点，以交通物流为支撑，拓展河南城市全国性综合交通枢纽功能，大力发展枢纽经济，是河南深度融入“一带一路”建设的时代选择。

（一）增强洛阳枢纽服务功能

1. 完善提升洛阳铁路枢纽布局

积极构建完善“十”字形高速铁路骨架，在高速铁路布局方面，洛阳要在高铁与城际铁路方面加快与周边省辖市地区连接、直通，推进郑州—

洛阳城际铁路建设；在普速铁路建设布局方面，要积极推进洛宜铁路外迁和洛阳—十堰铁路项目建设，拓展洛阳普速铁路运营里程。此外，还要不断完善洛阳龙门站的枢纽服务功能，提高中亚、中欧班列（洛阳）的开行班列数量，壮大洛阳至中亚五国、俄罗斯的铁路班列，积极推动铁海联运建设，提升铁路货运枢纽综合服务能力。

2. 提升洛阳机场服务保障能力

洛阳作为“一带一路”主要节点城市和国家物流枢纽城市，应积极推进航空枢纽经济发展，加快推进洛阳机场综合交通枢纽建设，落实洛阳机场三期改造扩建工程，推动洛阳第二机场的选址研究工作，科学谋划洛阳龙门通用航空机场。此外，洛阳还应以综合保税区建设为契机，以稳步推进洛阳跨境电商综合试验区建设为依托，借助洛阳机场建设，探索“跨境电商+空港+陆港+邮政”运营新模式。在注重乘机安全、准点、便捷的同时，注重旅客在机场的出行体验，加快建设具有本地特色的“人文机场”，尤其是提升特殊旅客服务保障能力，全面推动旅客服务质量的升级和机场保障能力的提升。

3. 加快建设国家骨干物流基地

洛阳应健全物流枢纽体系，建立完善洛阳南部地区专业物流节点，在洛宁、栾川、嵩县等地区瞄准自身特色，大力发展冷链物流、电商物流，推动地区特色产业与流通体系融合发展。此外，洛阳各县区还应强化区域物流集散、分拨与配送功能，加大重点商贸流通企业招商力度，引导“专精特新”小型商贸企业发展，壮大商贸流通市场主体。积极推动各县区综合客运、货运枢纽建设，完善物流网络，丰富洛阳多层次物流枢纽体系，培育发展智慧物流、绿色物流、冷链物流、高速铁路物流、网络货运等现代物流新业态。

（二）拓展南阳枢纽发展空间

1. 统筹空、铁、公、河运输方式一体衔接

南阳位于豫鄂陕三省交界，是武汉都市圈、郑州都市圈、西安都市圈合围的中心地带，也是我国中西部地区的过渡地带，具有建成全国性综合交通枢纽城市的独特区位优势。南阳在“一带一路”建设中应统筹航空、

铁路、公路、内河航运四种运输方式，推动“空铁水公”一体化衔接。对此，应加快构建“十”字形高速铁路网络，推动呼南高铁和宁西高铁建设，依托南阳东站建设“铁公机”枢纽站，积极推进南阳机场搬迁，并按照4E级标准建设南阳新机场，对南阳新机场与南阳东站实行一体化规划建设，推进南阳地域内河复航工程，推动高铁、航空、公路、水路四港联动。

2. 积极推进完善内河航运及配套设施建设

南阳目前的交通运输短板是水运，白河作为南阳市内最大的河流，不能通航，是南阳综合交通枢纽建设的巨大损失，如果能重现南阳水运繁华，将会为南阳综合交通枢纽建设添上浓墨重彩的一笔。对此，白河作为南阳的母亲河，应积极筹备白河复航工程，积极规划白河（南阳—豫鄂省界）三级航道，提升航道运输吞吐量。此外，唐河航运作为被列入国家“四纵四横两网”高级航道网的重要组成部分，也要稳步推进唐河复航工程，在四级航道建设、桥梁改造、港口作业等方面持续发力，聚力打造河南唯一的“水铁公”多式联运物流枢纽。

3. 探索建设具备多式联运功能的物流园区

南阳应综合发挥“空铁水公”综合交通优势，聚焦智慧物流园区建设、智能云仓建设、保税物流园区建设等，着力建设货运物流示范城市和现代物流中心。依托大数据、物联网等现代信息技术，推动信息之间的互联互通，以智慧物流信息平台建设为支撑，强化物流园区的智慧化管理。与此同时，依托内河航道，推动南阳及周边地区钢铁、电力、汽车、石化等产业向内河航道沿线集聚，积极探索“内河码头+物流园区+物流服务”模式。

（三）提高商丘枢纽发展能级

1. 完善加强“十”字形高铁衔接通道建设

商丘是河南第二个综合交通枢纽城市，高铁普铁更是构建起了“双十字”枢纽，形成了以铁路为主的综合交通运输体系。在“一带一路”建设中，商丘应进一步完善其高铁通道衔接优势，优化提升商丘东站等综合交通枢纽建设，加快商丘动车存车场建设，提升对外交通能力。大力实施铁路拓展成网工程，加快京雄商高铁建设，实施公路加密提质工程，加快推进商丘机场建设和沱浍河航道建设，填补豫东地区无航空枢纽的空白，构建一体化现代交通体系。

2. 进一步优化提升货运枢纽布局

综合货运枢纽是现代综合交通运输体系的重要组成部分，商丘应在深度融入“一带一路”的过程中，依托铁路、公路货运场站建设，统筹推进综合货运枢纽与国家物流枢纽的融合共建，从而进一步优化提升综合货运枢纽布局。提升商丘作为枢纽城市的中转链接能力，通过加快构建豫东承接产业转移示范区等，促进商丘全面对接、融入“一带一路”产业及流通分工体系，打造集采购、生产、贸易、流通等于一体的供应链体系，推动不同运输形式跨行业、跨地区衔接与联动。

3. 打造豫鲁苏皖商贸物流集散中心

商丘是面向豫鲁苏皖近亿人口庞大消费市场的商贸服务型国家物流枢纽。未来，商丘提升其枢纽能级，应注重创新商贸组织模式，借助“一带一路”倡议，密切与国内外的商贸物流联系，挖掘商丘产品向全球辐射的潜力，加快推进商丘商贸服务型物流枢纽建设。以商贸市场、开发区等作为重要商贸载体，推动传统商贸流通方式的转型升级，大力发展国际物流、电商物流、产业物流和冷链物流等新模式。以商丘、民权两个保税物流中心为基础，在积极申建商丘综合保税区的同时，打造辐射豫鲁苏皖的物流分拨服务中心和大型国际农产品物流中心，并不断拓展在交易、结算、金融等方面的综合服务功能，提高全要素生产率，推动商品向价值链中高端迈进。

（四）完善区域性综合交通枢纽建设

1. 完善安阳陆港型国家物流枢纽功能

安阳是河南唯一一个被纳入京津冀一体化协同发展的城市，是河南对接京津冀协同发展战略的桥头堡，也是入选全国陆港型国家物流枢纽的城市。未来，在融入“一带一路”的过程中，安阳应进一步丰富和完善交通基础设施网络，加密高速公路网，加快建设国家级通用航空产业综合示范区，不断提升综合运输服务水平，全面实施物流提质发展行动，建设国家、区域物流枢纽，推动货运物流服务转型升级，大力发展航空、冷链、电商快递等特色物流，打造引领豫北地区枢纽经济发展的“物流豫军”。

2. 提升漯河全国性邮政快递枢纽功能

在融入“一带一路”的过程中，漯河应依托其综合交通枢纽优势，完善建设邮政快递寄递网络体系，积极打造全国性邮政快递枢纽，并围绕提升行业规模实力、优化寄递网络建设、提升行业创新能力、提高行业服务水平、提升行业治理能力五大方面提升漯河全国性邮政快递枢纽功能。与此同时，漯河还应通过聚焦跨境寄递网络建设和服务国际寄递物流供应链体系等，不断提升自身服务“一带一路”跨境寄递的能力，探索实施漯河电商快递产业园等重大项目。

3. 打造周口临港型多式联运枢纽

近年来，周口航运迅猛发展。2022 年，周口市港口的货物吞吐量达到 3305 万吨，同比增长 13.4%，集装箱吞吐量同比增幅更是达到 51%。作为引江济淮工程的代表，周口在“一带一路”建设中应充分发挥其临港型枢纽的多式联运功能，推动航道升级、航线开辟，并围绕提升港口综合服务能力、规划临港依存型产业、推动临港产业招商三大重点，强基础、拓空间、增动能，构建“港、产、园、城”同步发展的多式联运新模式。

四 拓展枢纽经济辐射联动发展空间

为推动“一带一路”交通基础设施互联互通，提升河南交通运输总体效能，应积极发挥河南区位优势，通过积极培育跨域通道建设等，强化与中西部地区的产业链合作，促进跨省毗邻区域合作，以枢纽城市建设为重点，拓展枢纽经济辐射联动发展空间，高质量培育打造中原—长三角、京港澳、陆桥、济郑渝 4 条通道。

（一）协同建设中原—长三角通道经济带

1. 完善提升三门峡至连云港段陆桥通道

陆桥通道是我国“八纵八横”高速铁路布局中东西方向的主要干线之一，为新亚欧大陆桥经济走廊建设提供了有力支撑。陆路通道中涉及中原—长三角经济走廊的就是三门峡到连云港段，涉及河南三门峡、洛阳、郑州、开封、商丘 5 个城市。河南应依托国家陆桥通道，以黄河流域生态保护与高质量发展战略和淮海经济区等战略为支撑，加快沿线城市的交通基础设施建设和产业协同发展，向东积极拓展河南连接青岛、天津、上海、连云港等沿海港口的定点班列，向西加密郑州—卢森堡、郑州—汉堡等中欧班列（郑州）线路，大力推动禹亳铁路、连霍高速商丘至豫皖界段等陆路通道的改建和扩建工作。

2. 完善提升商丘至杭州商合杭高铁通道

2022 年 9 月商合杭高铁全线建成通车，是一条连通中东部地区的高铁大通道，也被称为“华北第二通道”，是中原—长三角通道经济带的大动脉，而河南商丘则是商合杭高铁的终点之一。河南应依托商合杭高铁通道，在推进商丘枢纽城市建设的同时，积极推动商丘打造承接东部地区产业转移的示范基地，鼓励商丘建设成为区域性中心城市，并以此为契机，提升商丘与安徽、浙江等兄弟省份和沿海省份的交流与合作，以交通通道建设推动产业走廊建设，进一步丰富和完善通道的经济发展效能。

3. 推动建设南阳至南京宁西高铁通道

宁西高铁是一条正在规划建设的东西方向高铁干线，贯穿我国东中西部地区，连通了长三角城市群的南京与西部地区的陕西西安，涉及中原—长三角经济走廊的是南阳—南京段。河南应积极推动宁西高铁合肥至南阳段建设，早日形成南阳、信阳向东进发的大通道，并以此为契机，推动河南南部城市加速融入长三角城市群。与此同时，河南还应以国家大别山老区振兴发展规划为支撑，推动大别山周边县市区实现交通基础设施和社会公共资源的共享共建，不断提升区域协作水平。

（二）协同打造京港澳通道经济带

1. 优化布局主要枢纽城市节点

河南在高质量融入“一带一路”交通基础设施互联互通的过程中，应依托京港澳综合运输通道，将郑州、鹤壁、许昌、新乡、漯河、安阳、驻马店、信阳等枢纽城市作为协同打造京港澳通道经济带的主要节点，充分发挥“通道+枢纽”的综合效应，强化河南向南、向北的双向集聚辐射能力和跨区域产业、经贸合作。加快建设郑新、许港等产业走廊和豫北枢纽经济协同发展区，在科教、医疗、产业等领域加强河南与北京、河南与广东之间的战略合作，促进河南与“一带一路”东亚、东南亚国家之间的经贸联系。

2. 强化与京津冀、粤港澳地区的产业合作

京港澳通道南北连接了我国两大战略区域，即京津冀地区和粤港澳地区。一方面，京津冀地区重点对接中蒙俄经济走廊和新亚欧大陆桥经济走

廊，河南应依托豫京创新发展和南水北调战略合作，积极承接区域产业转移，在装备制造、石油化工、纺织品、钢铁等产业领域展开密切合作，以此为契机拓展河南“一带一路”北部通道；另一方面，粤港澳地区重点对接中国—中南半岛经济金走廊和孟中印缅经济走廊，河南应与粤港澳地区在数字经济、服装鞋帽、医疗器械、化学制造、家用电器、现代服务业等关键领域展开合作，以此为契机拓展河南“一带一路”南部通道。

3. 注重先进制造业与现代服务业双重支撑

在数字技术迅猛发展、产业变革日益深化、消费升级呼声愈烈的现实背景下，促进先进制造业与现代服务业“两业”融合是推动共建“一带一路”高质量发展走深走实的关键一环。协同打造京港澳通道经济带，河南应围绕深化“两业”融合，积极构建面向服务型制造的专业服务平台，积极培育通道经济发展新模式，注重个性化定制、供应链管理、综合解决方案提供、制造业远程运维、产品生命周期管理等在汽车、电信、服装、建材、食品、能源等领域的拓展应用。

（三）培育建设济郑渝通道经济带

1. 提升郑州枢纽城市发展核心动力

郑州是河南的重要枢纽城市，是济郑渝经济带和“一带一路”的重要节点城市，河南实现联动建设陆桥通道经济带，必须注重郑州枢纽功能的充分发挥。对此，应提升郑州“通道+枢纽+物流”的优势，推动人流、物流、资金流、技术流的高效流动，借助“四条丝绸之路”，积极发展枢纽偏好型产业。加快推动机场三期建设和郑州南站枢纽产业园建设，高标准打造薛店物流基地和中欧班列郑州集结中心，提升郑州国际铁路枢纽地位和航空货运枢纽能级，打造全球性国际邮政快递枢纽，构建陆、海、空高效衔接、内外联动的多式联运体系，强化郑州作为河南枢纽经济发展核心动力源的综合实力。

2. 提升枢纽城市辐射联动发展能力

除郑州外，河南的新乡、濮阳、许昌、南阳、平顶山 5 个城市均为济郑渝通道经济带的枢纽城市。为提升枢纽城市辐射联动发展能力，应以枢纽城市为依托，配合产业发展，强化城市间合作交流，通过积极构建特色专业化产业走廊、文化旅游走廊、创新走廊、生态经济走廊等，实现枢纽城市之间的关联发展，进而推动不同枢纽地区资源、要素、产业的集聚，拓展枢纽经济辐射联动发展空间。并通过探索构建多元化合作机制和区域利益协调机制等，推动交通等公共设施一体化建设，推动省内枢纽城市之间实现公共服务共享。

3. 培育以生态为引领的通道经济带

济郑渝通道经济带建设与生态密切相关，涉及南水北调中线生态经济廊道和汉江生态经济带两大生态通道建设，以及长江经济带建设。对此，河南在培育建设济郑渝通道经济带时应着重培育以生态为引领的通道经济带建设，坚持生态优先、绿色发展，注重相关枢纽城市的绿色转型发展。以南阳为例，可以通过中医药、花卉、旅游等产业协作发展，强化与襄阳等城市之间的区域协作。此外，在培育以生态为引领的绿色“一带一路”通道经济带时还应注重绿色制造体系构建、绿色园区建设、绿色工程建设、绿色产品开发、绿色产业链供应链建设等方面，加快构建绿色发展体系。

五　积极参与国家综合立体交通网主骨架建设

国家综合立体交通网主骨架是我国综合立体交通网建设中最关键、最重要的线网构成，是我国不同区域间、省际联结的桥梁，也是向外对接“一带一路”国际运输通道的主动脉，是资源配置效率最高、运输强度最大的骨干网。国家综合立体交通网主骨架实体线网里程为 29 万公里左右，包括 6 条主轴、7 条走廊、8 条通道，在“一带一路”交通基础设施建设中具有重要价值。河南地理位置优越，可连接南北、贯穿东西。与此同时，河南作为我国的交通大省，在国家综合立体交通网主骨架建设中也处于重要位置。

（一）强化“米”字形运输通道功能

1. 构建发达的快速交通网

河南应抢抓共建“一带一路”机遇，加密直飞全国大城市和“一带一路”共建国家的航线，加快建设面向东盟的快速空中走廊，在内循环航线网布局上做到干支衔接，在外循环航线网布局上做到广泛覆盖。此外，河南应通过参与建设京津冀—粤港澳主轴、大陆桥走廊、二湛通道等国家综合立体交通网主骨架建设的契机，续建、新开高铁项目，提升高铁通道联通效率，完善太郑合、济郑渝综合运输通道服务功能。围绕加密高速公路网，积极推进京港澳、连霍高速公路扩容改造，提升公路网综合运输能力。

2. 构建高效的优质干线网

在融入“一带一路”交通基础设施建设的过程中，河南作为内陆地区，应不断畅通“通江达海”的内河干线航道网络，以淮河、沙颍河、唐河、沱河为主骨架，推动形成“一纵三横”的出海水运通道网，探索打造亿吨级内河枢纽港。此外，在铁路方面，河南还应依托中欧班列，密切与西部陆海新通道的联系，进一步畅通向南、向西的“一带一路”外部通道。在公路方面，河南应积极构建以干线公路成环为主、一级公路环线为辅，畅通国省道干线网、辐射多通道的公路网格局。

3. 形成广泛的基础连接网

为推动共建“一带一路”成效不仅惠及城市，更能辐射乡村，真正实现全民共享，河南应加快推动综合交通网提速升级工程，补齐集疏铁路线服务短板，提升乡村公路建设水平，形成广泛的基础网。具体来讲，河南应持续推动高标准路网向偏远地区和贫困地区延伸、覆盖，提升交通网对角联通、八方辐射能力，尤其是提升农村公共骨干线效率，探索推进铁路专线直通工程，补齐铁路的“最后一公里”短板。

（二）完善“井”字形运输通道布局

1. 完善中原城市群多中心网络主骨架

以大广、二广、晋豫鲁、沪陕四大通道建设为依托，构建更加多元化、便捷化的综合运输侧通道，进而对中原城市群多中心网络主骨干架结构的优化完善起到推动作用。大广通道是京津冀—粤港澳主轴的重要组成部分，涉及河南濮阳、商丘、开封、周口、信阳 5 个城市；二广通道是二湛通道的重要组成部分，涉及河南济源、洛阳、三门峡、平顶山、南阳 5 个城市；晋豫鲁通道是区域级综合运输通道，涉及河南安阳、鹤壁、濮阳 3 个城市；沪陕大通道是国家级综合运输通道，涉及河南信阳、驻马店、南阳 3 个城市。河南完善“井”字形运输通道布局，需要着重优化提升这些枢纽城市的运输通道建设能级。

2. 强化不同区域和运输方式间的融合发展

在统筹推进各种不同运输方式融合发展方面，河南应逐渐强化交通基础设施建设与国土空间规划等的衔接协调，协同推进综合运输通道内部多种运输方式的规划建设，实现多种运输方式的深度融合；推进省内综合枢纽城市内部轨道交通与综合客运枢纽的便捷换乘与衔接，推动轨道交通四网融合；推进交通基础设施网与运输服务网、信息网等的融合发展。在推进不同区域交通运输融合发展方面，河南应提升与中部地区、全国主要城市群之间互联互通的能力，深度融入全国重点区域交通运输统筹发展大局；积极推进中原城市群交通运输一体化、郑州都市圈交通运输一体化和城乡交通运输一体化，建立健全区域交通运输协同发展机制。

3. 提升通道整体运输效率和通达能力

提升通道运输智慧化发展水平，积极构建综合交通运输大数据服务体系，鼓励物流园区、机场、港口等货运站场广泛应用物联网、自动化等技术，提升多维监测、精准管控和协同服务能力。统筹利用普速、高速、城际铁路等轨道交通，合理配置运行区间、运行时间和停靠点，推动缓解不同区域客运、货运吞吐量与运输通道长度之间的矛盾。提升内河高等级航道智能化水平，推动船岸协同与自动化码头、场堆发展。建立完善的供应链管理系统，对配送方式、运输路线、运输效率等进行优化处理，提升物流运输质效。

（三）畅通“人”字形运输通道连接

1. 向北畅通沿黄综合运输通道

北沿黄通道是区域级的综合运输通道，起自西安，经济源、焦作、新乡，到达日照。河南融入“一带一路”应以干线铁路和高速公路网为骨干，打造北沿黄综合运输通道，积极融入黄河流域“一”字形大通道建设。具体而言，河南可以通过密切与京津冀地区的综合交通大枢纽联系，拓展沿黄综合运河通道的北向联系，尤其是要深度拓展安阳作为京津冀城市群和中原城市群重合区域的交通运输通道综合运输功能，借助京港澳高速、京广铁路、107 国道等运输通道，串联起河南向北的大通道。

2. 向西密切与黄河沿线地区联系

畅通“人”字形运输通道连接，河南需密切与西部地区，如山西、陕西等地区的联系。河南应以高速铁路、高速公路和内河航道建设为重点，积极推动建设宁洛综合运输通道，并通过提升中欧班列（郑州）的总体运营水平，密切与西部地区的联系。此外，河南还可以通过推动洛阳、三门峡、济源等豫西部地区枢纽城市交通运输通道建设，与关中平原、晋南地区实现联动发展，并与之在黄河流域生态保护和高质量发展方面加强合作，从而密切河南与黄河沿线地区的联系。

3. 向东加深与东部沿海地区合作

畅通“人”字形运输通道连接，河南需密切与东部地区，如山东等沿海地区的联系。对此，河南应积极推动郑州、洛阳打造面向东部地区的出海新通道，促进洛阳、豫东地区与长三角城市群资源要素高效流通，并推动河南与山东就黄河流域横向生态补偿建立良性互动。此外，河南还可以通过探索建设内陆“无水”自由贸易港，探索打造河南沿黄河流域“东联日韩、西接欧亚”的陆海大通道，强化河南陆海双向开放能力，完善东北亚国际航运布局和国际海运航线布局。

第二节　信息通信基础设施互联互通

“一带一路”框架下的基础设施建设不仅包括交通基础设施建设，还包括信息通信基础设施建设。随着科技的进步与社会的发展，全球已经步入数字信息化时代，中国作为通信大国和通信强国，在共建“一带一路”的过程中，信息通信业走出国门，为“一带一路”共建国家和地区带来了中国技术、中国标准、中国产品和中国服务。未来，河南在深度融入“一带一路”的过程中，也应重视信息通信基础设施互联互通的重要作用，通过借助增强郑州作为国家互联网骨干直联点的流量疏通能力，积极谋划参与国家互联网骨干网络建设，积极打造内陆地区互联网交换中心和国际通信出入口通道，进一步畅通“网上丝绸之路”。并通过统筹布局云计算、大数据等基础设施，积极打造河南支撑“一带一路”建设的对外开放数据高地。

一　夯实“一带一路”通信网络基础设施建设

推动河南“一带一路”信息通信基础设施互联互通建设的基础是把握信息基础设施快速演进升级的契机，夯实河南“一带一路”通信网络等新型基础设施建设。对此，河南应加强对信息网络基础设施建设的统筹布局，在大力提升区域信息化水平、探索建设国际信息枢纽、创新推动物联网建设、构建完善工业互联网等方面着重发力，在“一带一路”信息通信基础设施建设中厚植河南担当。

（一）提升区域信息化整体水平

1. 夯实信息基础设施建设基础

信息基础设施是国家的战略性、关键性和先导性基础设施，是“一带一路”基础设施建设的重要组成部分，夯实信息基础设施建设基础至关重要。对此，河南应加大对关键核心技术和基础研究工作的投入力度，强化多元机构联合攻关，积极攻克信息基础设施建设所涉及的“卡脖子”问题。坚持以应用为导向的原则，注重信息基础设施与场景创新的深度融合，积极推进网络化制造、个性化定制等新模式的发展，推进智慧物流、数字贸易、共享经济等的应用。拓宽信息基础设施建设的投融资渠道，鼓励广大民间资本积极参与，优化投融资机制，创新政府与社会资本合作的 PPP 模式，并通过提升信息网络治理水平，保证数据与信息安全，推进信息基础设施服务的普遍化、均等化。

2. 提升“宽带中原”建设能级

宽带网络是属于国家战略的公共基础设施，也是推进河南网络强省建设的重要载体。为积极融入“一带一路”基础设施建设，河南应加快完善宽带基础设施，通过优化骨干网络架构，加强技术创新供给，统筹推进高速宽带网络建设，提升骨干传输网络容量，持续改善用户上网体验。有效降低网络咨询费用，让利于民，提高电信企业运营效率，推动电信企业与互联网企业、广电企业等市场主体间的合作分工，推动电信市场有序开放。完善配套支持政策，保障基础设施建设，拓展光纤到户覆盖范围，通过共建共享在促进宽带网络绿色集约发展的同时，强化宽带网络基础设施保护工作。

3. 提升“一带一路”通信水平

推动跨境光缆等通信干线网络建设是《推动共建丝绸之路经济带和 21 世纪海上丝绸之路的愿景与行动》的重要内容，能够实现国际通信互联互通水平的提升，促进信息丝绸之路的畅通与联结。对此，河南应积极构建和探索打造跨国“信息大通道”，跳脱地理空间对区域发展的束缚，不断强化对“一带一路”共建国家的网络互联互通，在网络节点建设、数据中心建设、云计算平台搭建、中国—东盟信息港建设等方面积极与共建国家展开合作，在推动提高“一带一路”共建国家和地区信息基础设施覆盖率方面贡献河南力量。

（二）探索建设国际信息枢纽

1. 适度超前布局5G基建

中国是5G通信网络技术的领导者，引领全球5G的发展浪潮。5G作为支撑经济社会实现数字化、智能化转型的关键设施，在稳投资、助升级、促消费以及培育经济发展新动能方面潜力巨大。河南应坚持“以建带用、建用并举”的发展方针，大力统筹5G网络布局，积极推进5G核心网大区中心建设和5G商用部署，深入实施“5G+”工程，促进5G技术持续创新演进，并围绕共建“一带一路”在现代农业、智能制造、医疗健康、现代服务、绿色发展等方面创新打造标杆性5G应用场景，为推动“一带一路”高质量发展不断增添新动力。

2. 打造智慧城市示范区

智慧城市建设是我国立足信息化、工业化、城镇化目标所作出的重大战略选择，也是推进数字“一带一路”建设的重要载体。对此，河南应以郑州为重点，探索打造智慧城市示范区，积极构建万物互联、全域感知、智能融合的智慧城市数字基础体系，高质量推进城市网络覆盖，提升政务云服务能力。促进数字资源融合联动，通过汇集整合企业和社会数据资源，高标准打造城市数据资源池，完善算力支撑体系，加快量子计算与区块链技术融合发展，探索打造国际数据港。不断提升城市治理的智慧水平，深化信息技术在交通管理、治安防控、能源创新等领域的应用，推进城市信息模型平台建设，丰富智慧应急应用场景。

3. 探索推进量子网络发展

量子网络业被称为量子信息网或量子互联网，是量子科技领域的前沿热点，也是量子信息技术研究和应用的重要方向。截至目前，我国虽然在量子通信领域处于国际领先地位，但是还尚未提出量子互联网发展战略，河南可以对此进行积极谋划探索。具体而言，河南应做好量子互联网的顶层设计，推动量子通信与量子计算发展并重，强化对量子精密测量的研究工作；积极推动量子互联网产业链布局，促进量子互联网技术与产业的联动发展；促进产学研结合与协同创新发展，共同推动量子存储、量子中继等关键技术瓶颈突破，完善相关人才的培育和引进机制。

（三）创新推动物联网建设

1. 不断加强科技创新引领

物联网是新型基础设施建设的重要组成部分，也是经济社会数字化转型和智能化升级的关键产物，在推动现代化基础设施体系建设、推动传统产业转型升级方面作用重大。河南应通过核心关键技术突破，围绕信息感知、传输、处理等产业链关键环节，提升物联网创新应用效能，提高物联网感知终端供给的能力。充分利用5G网络可靠性高、时延低、连接广的特点，拓展物联网应用场景，深度挖掘物理数据的应用价值；通过联合建立物联网技术孵化中心、物联网产业技术联盟等，打通科技成果转化链条，围绕科技创新，推动物联网建设。

2. 探索“物联网+”新业态

创新推动物联网建设，需要注重物联网与各类产业、技术等融合创新发展。具体来讲，河南应围绕“5G+物联网”，丰富通信技术供给；围绕“大数据+物联网”，推动实现对数据的高效协同处理；围绕“区块链+物联网”，探索建立能够保障数据确权、感知终端的信用体系和价值流通体系；围绕“人工智能+物联网”，积极构建智能场景应用平台，提升智能化服务水平。

3. 推动构建协同创新机制

在创新推动物联网建设的过程中，河南应积极鼓励地方龙头企业与高校、科研院所协同建立物联网创新发展协同中心，推动科技成果的孵化、试熟化与工程化应用，探索“专利+标准+开源社区”发展模式，推进“产学研用”一体化。此外，还可以通过依托基金会、开源社区等，集聚研究者、开发者和用户资源，增强行业服务支撑能力，打造成熟的物联网开源产品和应用解决方案，推动形成具有国际竞争力的物联网协同创新生态。

二 加快“一带一路”算力基础设施建设

在数字经济快速发展的今天，数据的高效处理决定了数字经济高质量发展的水平，而算力则是数字经济新时代推动经济社会发展的“发动机”，对推动科技进步和行业数字化转型意义重大。河南在高质量共建“一带一路”的过程中，应在算力基础设施建设、算力技术产业发展、数字化转型等领域逐渐加强与“一带一路”共建国家和地区的交流合作，积极拓展数字贸易发展空间，通过推进一体化算力大数据中心建设、统筹布局绿色智能算力基础设施、大力推动数智供应链体系建设等，加快推进“一带一路”通信基础设施互联互通。

（一）推进一体化算力大数据中心建设

1. 优化数据中心基础设施布局

河南应在强化数字转型、融合支撑的前提下，以新一代通信网络为基础，坚持适度超前原则，发展规模适中的数据中心，在服务本地算力需求的同时，推动“一带一路”智能计算中心、超级计算中心等算力基础设施建设。与此同时，在全国加快构建一体化大数据中心体系的大背景下，河南还应逐步强化算力支撑，积极探索建设 E 级、10E 级超级计算中心，并通过强化区域协同联动，发展区域数据中心集群，推动数据的跨区域规模化、集约化发展。围绕“一带一路”积极拓展国际基础设施合作，积极推进数据中心联通共用，在“一带一路”共建国家积极开展国际数据中心试点建设，加速跨境陆海电缆建设，推动算力资源和数据的整合。

2. 强化能源等配套机制建设

算力需要电力支撑，算力发展需要以能源发展为依托。推进一体化大数据中心建设，需要推进电力网与数据网联动建设，构建电力、数据协同运行机制，降低算力中心的综合用电成本。推动建立绿色数据中心标准体系，探索优化能耗新政策、新机制，积极探索跨区域、跨省域能耗和效益分担与共享机制。积极推动引导清洁能源的开发使用，鼓励大数据中心和数据运营方强化对内部能耗数据的监测与管理，通过应用节能新技术，提高能源利用率。

3. 建立健全公共算力资源供给

河南应积极探索构建一体化算力服务体系，逐步完善对算力资源的云接入和一体化调度，积极搭建算力高水平云服务平台，通过云服务方式在源头降低算力的使用成本，提升对资源的调度能力。推动政企合作，打造集公共数据资源开发利用与基础算力资源于一体的公共算力服务体系，提升算力服务的安全性、精准性和可靠性。此外，企业应积极发挥其市场化主体作用，不断优化服务体验、创新技术模式，探索打造集行业数据开发利用环境与专业算力资源于一体的行业算力服务。

（二）统筹布局绿色智能算力基础设施

1. 加快数据中心智能化建设

加快建设5G网络等高速泛在精品网络，为数据中心提供大宽带、低延时、高品质的数据服务支撑，通过无处不在的网络连接，实现对多级算力资源的整合、优化，进而提升算力资源利用效率。加快构建云网融合的新型基础设施，提升智能敏捷能力和数据通达性，以国家一体化大数据枢纽节点建设为依托，分梯次建设大规模的公有云，进一步完善河南的大数据中心布局和云布局，并尝试将算力体系延伸布局到“一带一路”共建国家和地区。

2. 提升数据中心绿色化程度

“双碳”背景下，未来符合可持续发展要求的大数据中心建设必须以生态优先、绿色低碳为引领。对此，河南应将绿色低碳发展作为大数据中心建设的重要内容，不断强化技术创新和管理升级，处理好节能降碳与5G/IDC高速发展之间的关系，在数据中心内部积极推进绿色新云网打造、绿色新生态构建、绿色新发展赋能、绿色新科技护航等绿色行动，坚决筑牢数据中心的绿色支撑，坚持绿色低碳发展，积极探索建设大型、超大新绿色数据中心。

3. 打造多层次算力设施体系

坚持科技自立自强，加大技术创新力度，探索打造以算力为核心的多层次软硬件协同创新生态体系，推动产品链条的转型、升级、优化。加强对算力的多路径探索，推动量子计算、类脑计算等前沿技术的前瞻性布局，推动数据中心与前端网络、存储网络和计算网络的协同发展，构建数网协同的绿色智能算力体系；强化云这一技术底座对数字化转型的重要平台支撑作用，以数据为核心、以价值为驱动，推动云网数智深度融合，构建数云协同的绿色智能算力体系；围绕资源协同、数据协同、服务协同三大方面，大力推进云计算和边缘计算互补协同，降低运维成本，构建云边协同的绿色智能算力体系。

（三）探索建设跨区域互联网交换中心

1. 优化算网融合技术布局

算网融合是对算力需求更加精准高效地调度，使其到达对应的资源节点，是“东数西算”工程实现算力全国调度的关键支撑。河南应以通信网络设施建设和计算设施建设及融合发展为基础，加强对计算、存储以及网络资源的统一管控，推进存、算、网深度融合，实现对算力的精准调度。推动算力在带动产业升级、驱动智能化发展等方面作用的充分发挥，在技术创新、政策制定、参与主体等方面为算网融合提供可靠支撑。

2. 推动数据要素跨境流动

在推动数据要素跨境流动方面，河南应在数据交互、监管互认、服务共享等方面与“一带一路”共建国家和地区展开国际交流与合作，积极参与数据安全、认证评估、数字货币等国际数字技术标准制定，推动跨境数据双向有序流动，积极鼓励省内企业开展“一带一路”数据跨境流动业务合作。统筹数据开发利用与安全，围绕跨境电商、服务外包、跨境支付等业务，积极探索构建跨境数据分类、分级管理机制和多渠道、便利化的数据跨境流动机制。

3. 创新市场策略与监管模式

以积极构建良好网间互联生态为目标，创新推出新型互联网交换中心市场策略，规范交换中心端口费、会员费、增值业务费等收费模式。以政府主管部门为主，通过积极搭建交换平台、安全保障平台、综合管理平台等，对交换中心以及接入企业实行同步多层次监管，提高监管效率，优化监管职能。对交换中心的网间质量、结算、安全、争议等管理部分明确监管办法和处理原则，对接入企业在技术能力、企业资质、业务范围等方面加强审核，通过短周期、动态化、灵活化的市场策略和监管模式，提升互联网交换中心运行效率。

三　推动“一带一路”融合基础设施建设

融合基础设施是信息基础设施发展的必然趋势，是信息技术的跨界融合，是指通过对互联网、大数据、人工智能等技术的深度应用，推动传统基础设施转型升级而形成的一种新型基础设施。在推进“一带一路”基础设施建设的过程中，河南应根据我国经济社会发展需要，沿着创智赋能、协同发展的脉络，借助新一代信息技术和数字化赋能，重点聚焦工业、交通、能源、环境、民生等方面，积极开展融合基础设施建设，进而推动生产方式和组织方式的变革与经济社会发展效能的提升。

（一）推动实现基础设施数字化赋能

1. 大力发展智慧交通

探索构建综合交通大数据中心体系，推动大数据、区块链、互联网、人工智能等技术与交通行业的深度融合，推动数据资源对交通发展的赋能，促进运输服务网、基础设施网、能源网等与信息网络的充分融合发展，推进智慧民航、智慧机场等建设，深化交通公共服务和电子政务发展，推动实现出行即服务。

2. 大力推进智慧物流

河南应依托自身区位及资源优势，加快流通设施标准化应用与物流科技水平提升，围绕共建“一带一路”，在引进培育优质物流企业的同时，通过夯实科技支撑，高质量建设一批商贸物流中心和仓储配送中心，完善“一带一路”商品加工、运输、存储、装卸等流通设施建设。积极探索建设规范、统一的“一带一路”物流信息平台，利用技术创新，推动对物流的实时跟踪与可视化管理，提高运行质效，提升物流安全性与准确性。

3. 大力部署智慧能源

新时代，能源产业与数字技术的创新融合是推动我国能源产业实现高级化、现代化的重要引擎，能够显著提升能源产业的核心竞争力。对此，河南应大力推进数字技术发展，积极推动火电、水电等传统电力资源的数字化改造与智能化升级，提升电力系统联合调度的智能化水平，以数字智能化助力电力、煤炭、油气等绿色开发与高效安全生产，提升能源利用率。与此同时，积极推动综合能源服务于智慧城市、智慧园区等建设的深度耦合，积极探索新能源基础设施共建共享，推动实现资源的合理、高效、综合利用。

（二）推动信息技术与行业的融合发展

1. 推动新技术与现代农业的深度融合

随着数字技术的发展，信息化已经全面融入农业农村现代化的全过程，为现代农业发展提供了新动能。河南作为农业大省，在推动共建“一带一路”的过程中，应注重数字技术赋能乡村振兴，加快现代信息技术在农业生产领域的广泛、深度应用，打造“数字农田—数字旅游—数字消费—数字服务”新业态，积极推进“互联网+”农业科技创新，推动数字技术与农业研发、生产、加工、运输、销售、体验、消费、服务等全产业链条的深度融合。

2. 推动新技术与制造业的深度融合

数字技术创新是助力解决先进制造业“卡脖子”问题的重要途径。在推动新技术与制造业深度融合的过程中，河南应围绕制造业底层技术创新，积极构建自主、安全、可控的信息技术体系，推动技术创新链与产业链的高精准对接，并依托数字产业创新联盟等载体，加速推动技术成果向制造业生产方面的转化。此外，河南还应积极推进国家工业互联网大数据中心建设，聚焦化工、汽车、机械制造等领域，积极构建统一流程、标准一致、数据互通的数据管理中心，并通过不断完善数据管理制度，整合产业链、供应链、价值链全链条数据，推动实现数据汇聚共享。

3. 推动新技术与服务业的深度融合

信息、数字技术与服务业的深度融合主要体现在信息技术服务业的发展，加快推进软件和信息技术服务业的高质量发展，有助于为构建现代化产业体系和共建“一带一路”提供有力支撑。对此，河南应在信息技术咨询、培训服务、设计开发、技术运维、数据处理以及增值服务等方面展开业务探索，促进信息技术系统效能的发挥，实现技术与服务的耦合发展。鼓励电商、文旅、设计研发等服务企业，在大数据、技术、创意等方面积极发挥其要素优势，积极发展服务衍生制造，推动服务产业链条向其他各类行业延伸。

（三）构建完善工业互联网

1. 构建完善互联网平台体系

在数字经济发展的浪潮下，工业互联网是工业与互联网深度融合的产物，是推动我国供给侧结构性改革的重要抓手。近年来，河南工业互联网平台支撑体系日益健全，并在技术创新、平台管理等方面展现了强大的公共服务能力。未来，河南应围绕深度共建“一带一路”，强化政策引领，进一步丰富完善工业互联网平台的顶层设计，强化平台赋能。围绕新能源装备、机械工程制造、高端纺织业等先进制造业集群，培育区域级、省级、国家级工业互联网平台，并通过对平台的评估测试，提升平台服务能力，强化平台对优质资源的对接、供给。

2. 丰富完善工业互联网数据体系

工业互联网建设以数据为核心，注重数据功能体系的构建。构建完善“一带一路”工业互联网，需要丰富完善工业互联网数据体系。对此，河南应注重加强对数据开放和共享的顶层设计，从感知控制、数字模型、决策优化三个基本层次，健全完善工业互联网发展指数，推动各类系列数据的应用。积极构建河南“一带一路”工业互联网数据合作共享生态，探索构建公平、开放、透明、合理的数字市场规则体系，鼓励省内各行业和企业开展高效数据合作和数据共享，激发各类主体开展工业互联网数据合作的积极性，推动实现工业数据共享。

3. 完备构建工业互联网安全体系

工业互联网极大丰富和拓展了网络空间的边界与功能，推动了工业与互联网的交叉渗透与融合，诸多风险安全挑战也随之相伴而生。对此，河南在构建完善“一带一路”工业互联网的同时，应充分认识工业互联网安全的重要性与紧迫性，超前布局工业互联网安全体系。强化制度保障，推进多元主体共治防范，进而解决安全意识不强、责任边界不清晰等问题；从企业角度出发，在设备安全、网络设施安全等方面筑牢工业互联网安全防护基础；以技术为抓手，依托省级、国家级技术保障平台，强化安全资源储备，提升工业互联网安全保障和安全防护能力。

四　夯实“一带一路”信息网络安全

“一带一路”信息通信互联互通的基础在信息通信基础设施建设，关键在提升网络的“大联结”能力，抓手在务实推进信息通信合作，保障在夯实信息网络安全基础。近年来，中国高度重视与“一带一路”共建国家和地区的数字经济发展，取得了举世瞩目的成就，电信服务合作日益深化，数字赋能价值不断凸显。信息通信安全事关我国经济发展、政治稳定，网络安全和信息化是一体之两翼，需要统一谋划、部署、推进和实施。

而作为我国内陆地区重要对外开放高地的河南，未来应在强化网络安全技术防护、大力推进隐私计算发展、构建网络安全保障体系方面着重发力，真正奠定好“一带一路”信息通信基础设施建设中信息网络安全这一压舱石。

（一）强化网络安全技术防护

1. 夯实网络信息技术安全支撑

强化“一带一路”网络安全监控与预警系统建设，加大核心技术投入，探索构建安全可控的信息技术体系，推动自主可控的产业链发展，在不断优化产业生态环境中，提升技术产品研发的内生动力。主动构建“一带一路”网络安全防御体系，推动密码学、加密技术等安全技术在网络安全中的应用，提升网络连接的可信性、可管理性和安全性。此外，网络安全是一个全球性问题，需要“一带一路”共建国家的通力合作和共同应对，在信息共享、技术交流等方面加强合作联系，提高“一带一路”网络安全整体水平。

2. 构建网络安全专业技术团队

网络安全专业技术团队的构建可以围绕首席网络安全信息官、网络安全分析师、网络安全架构师、网络安全工程师四类人才展开。具体而言，首先应配备一名安全技术团队领头人，负责“一带一路”网络的总体安全态势，该领头人技术和实践经验丰富，可作为团队的首席安全信息官。其次是网络安全分析师，能够分析“一带一路”网络安全现状，善于查找安全隐患与漏洞，制定安全策略。再次是网络安全架构师，其应具有较强的管控能力，能从总体架构上分析、设计网络整体架构，并对网络安全基础设施进行配置、调试、维护。最后是网络安全工程师，对“一带一路”网络系统安全能进行总体评估和加固，提供最优的安全解决方案。

3. 健全网络信息安全运营体系

加强“一带一路”网络信息安全顶层设计规划，明确网络安全目标、原则和方向，以防止网络泄密、数据保护为重点，围绕信息资源维护、运维队伍建设、信息安全等方面建立系统的制度规范体系。分区域、分行业建立网络信息安全预警、监控体系，对日常的报警和日志信息等实现多元监控和整合，不断丰富网络安全监测的基础数据信息，探索实现对“一带一路”全网安全态势的长期跟踪与监控，提升“一带一路”政务网络安全应急处置能力，提升对网络安全事件的快速响应和处理能力。

（二）大力推动隐私计算发展

1. 加快对隐私计算的基础性研究

隐私计算涉及多方安全计算、可信环境计算等诸多方面，能够为“一带一路”数字经济发展中的数据保护和数据开放需求提供有效的解决方案，而推动隐私计算发展的前提关键就是加快隐私计算的基础研究。对此，河南应集合省内和全国优质科研资源，建立专业的隐私计算研发团队，在隐私计算安全性、协议及标准算法制定、硬件加速芯片研发等方面加大研究力量与经费投入，并不断加大各类地方科技部门对隐私计算相关研究的资金支持力度，为研究提供宽松、优质的基础保障。

2. 强化隐私计算在金融行业的应用

数据已经成为“一带一路”建设的重要时代标签，而隐私计算能够帮助有效解决不可信环境下多方数据协作问题，为“一带一路”金融机构发展提供助力。对此，河南应积极搭建金融类隐私计算平台，加强信贷风险管控、金融数据共享、反洗钱等场景在平台中的应用，打破“数据孤岛”问题，对“一带一路”共建国家企业和个人客户风险进行精准评估。与此同时，借助大数据、安全计算等新技术，在加强跨行业、跨部门间的数据整合与利用的同时，积极推动隐私计算在科技金融、绿色金融、普惠金融、产业金融等领域的广泛应用。

3. 拓宽隐私计算在医疗领域的应用

现阶段，医疗行业数字化发展迅速，隐私计算在医院信息化平台建设、公共卫生预警系统建设、新药物研发和医保业务等场景中都得到了广泛的应用。未来，河南“网上丝绸之路”建设应在确保数据安全的前提下，积极发挥隐私计算在医疗数据资源跨机构、跨地域流动的重大作用，为重大医学问题研究、病例探究等做好大数据积累。此外，还应逐步完善公共数据开放共享机制，不断拓宽隐私技术在医疗方面的应用场景，推动统一技术标准的制定和数据的跨区域互联。

（三）构建网络安全保障体系

1. 构建网络安全综合防御体系

在推进数字化“一带一路”建设中，网络和数据安全极为重要，尤其需要构建完善“一带一路”网络安全综合防御体系，提升安全防御能力。对此，河南应建立完善的“一带一路”网络安全监控机制，对网络攻击、漏洞隐患、木马攻击等及时反应和通报预警。完善综合保障能力，通过完善经费保障制度，积极打造一流的河南信息技术企业和网络安全企业，强化工程安全管理，保障技术应用的安全可靠。此外，还应聚焦网络安全监督、执法，严厉打击危害“一带一路”数字网络安全的违法犯罪活动，提升网络安全保卫能力。

2. 优化提升云网安一体化服务

随着数字化进程的加速推进，云计算、大数据、物联网、互联网等信息技术普遍应用，借助收集终端网络数据信息，能够对事件进行综合研判，可以多维度动态评估风险的云网安一体化服务应运而生，构筑起数字化转型的安全底座。优化提升云网安一体化服务可以从零信任安全、云网安协同、网络安全服务三方面入手。一是以身份和授权为着力点，通过构建四维零信任（终端信任、用户信任、网络信任、应用信任），实现对业务风险的高效管控。二是通过搜集安全威胁信息，对威胁来源进行精准溯源，推动实现云网安一体防护。三是积极构建安全资源池和安全服务方案，灵活解决运维工作量大、难度高、防御不佳等问题，提升安全服务质效。

3. 强化网络安全人才队伍建设

构建网络安全保障体系的基础是人才队伍建设，筑牢“一带一路”网络安全新防线，人才是关键。对此，河南应在“一带一路”网络安全人才队伍培育方面下足力气，鼓励省内高等院校以整合或新建的方式探索成立“一带一路”网络安全学院，重视本土人才培养，保障优质的网络人才供给，尤其是核心研发和管理岗位的人才供给。探索制定良好的激励政策，对从事网络信息安全的相关企业、部门等提供一定的激励政策，如项目支撑、资金支持等；对其中的优秀网络安全人才给予激励，尤其是在工资、住房、子女入学等方面，推动建立良好的网络安全人才梯队。此外，还应加强对全省人民的网络安全教育、宣传，普及网络安全知识，积极构建多层次、完整性的“一带一路”网络安全人才培养体系。

第三节 口岸基础设施互联互通

口岸是“一带一路”基础设施互联互通建设的重要门户，作为经济体制改革的试验田，推动口岸基础设施互联互通对“一带一路”高质量发展意义重大。“一带一路”倡议提出十年来，河南紧紧跟随国家口岸发展大势，口岸建设正逐步向“互联网+”智慧通关、服务一体化等方向发展；口岸通关货物智能化知识产权保护逐渐兴起，并呈现出多元化、高端化、隐蔽化的特点；口岸管理逐渐向“大通关”协作管理体制迈进，关注跨部门、跨区域樊篱的打破。现阶段，在“一带一路”口岸建设过程中，河南的口岸区位优势更加凸显、口岸政策叠加效应愈发突出、口岸合作平台建设更加深化，但也面临口岸基础设施建设滞后、管理体制落实困难、政府市场矛盾难以调控、地缘政治因素制约明显等突出问题。未来，河南应在推动高能级“一带一路”口岸平台建设、口岸与物流及贸易联动发展、“一带一路”共建国家海关改革共进等方面下足力气，推动实现河南“一带一路”口岸基础设施的互联互通。

一 全力打造高能级“一带一路”口岸平台

口岸平台是开放型经济发展的重要依托，积极打造高能级“一带一路”口岸平台是推动“一带一路”口岸基础设施互联互通的重要支撑。“一带一路”倡议提出十年来，河南大力推进口岸平台建设，口岸平台体系更加健全，海关特殊监管区域建设成效显著，自贸试验区、跨境电商综试区建设步伐不断加快，全省综合保税区和保税物流中心数量达到 9 个，“一带一路”口岸开放平台布局不断优化。此外，河南药品进口口岸、中欧班列运邮试点等功能性口岸成功获批，澳洲活牛口岸实现了转型升级，汽车整车进口口岸实现扩容，“一带一路”功能性口岸发展势头良好，功能性口岸数量也达到 9 个，在内陆地区处于领先地位。未来，河南推动“一带一路”口岸基础设施互联互通，需要注重全力打造高能级“一带一路”口岸平台。

（一）夯实口岸高质量发展基础

1. 完善口岸通道平台体系建设

完善口岸通道平台体系建设是推动实现口岸高质量发展的基础。对此，首先，河南应积极推动航空枢纽口岸体系建设。以“空中丝绸之路”建设为引领，不断提升国际航空货运枢纽口岸承载能力，夯实口岸设施支撑；深化“7×24”小时通关保障，提升航空口岸服务水平，高水平设立口岸进境免税店，完善航空口岸通关联动机制；积极推进中国邮政、顺丰、FedEx等区域运营中心建设，推动高新制造、快件、跨境电商等业务发展，提升航空口岸的要素集聚功能。其次，河南应推动铁路口岸及国际陆港体系建设。加快推动中欧班列郑州集结中心建设，拓展延伸铁路功能性口岸业务，高质量打造中部进口汽车、粮食、肉类等进出口商品交易中心；推进完善全省铁路、公路、港口货运场站设施建设，推动中欧班列在全省开行，并通过深化与沿海口岸合作，推动跨区域口岸协同联动发展。

2. 不断深化口岸合作交流

创新口岸合作交流机制，尤其是探索跨区域、跨国界口岸联动发展模式，是推动实现口岸高质量发展的关键环节。对此，河南应通过推动空、陆、网、海“四条丝绸之路”联动发展，建立健全“四条丝绸之路”的协同发展机制，并以此为依托，推动航空及铁路口岸、海关特殊监管区域、功能性口岸之间的联动合作，优化整合要素资源，完善口岸协同联动机制，构建多层次、立体化、全覆盖的口岸协同联动发展体系。此外，河南还应建立健全中部六省口岸合作机制，推动河南与长三角、京津冀、粤港澳大湾区等区域合作，逐步深化跨区域通关协作；主动参与多边、双边口岸合作机制构建，深化与“一带一路”共建国家口岸执法合作，推进出入境口岸与属地之间在各流程环节的信息共享与标准互认。

3. 打造一流口岸营商环境

一流的口岸营商环境是“一带一路”高质量口岸建设的重要支撑。对此，河南应通过大力推广“一站式”阳光收费，落实口岸查验环节相关减免政策，推动实现口岸基础作业“零收费”等，不断优化完善口岸收费目录清单，加大口岸收费清单项目审查力度，推动口岸作业相关流程纳入政府购买服务范围，不断降低企业进出口环节的合规成本。此外，河南还应通过压缩口岸进出口整体通关时间、推进口岸作业精细化管理等，不断缩减海关申报前各类相关检疫检验等作业时间，提升重点区域通关效率。

（二）激发口岸经济发展新动能

1. 聚力推动绿色口岸建设

建设“一带一路”绿色口岸的关键是牢固树立绿色发展理念，河南推进“一带一路”绿色口岸建设应通过加强口岸环境综合治理、积极落实口岸环保标准规制、推动口岸工作智能化、数字化转型等，推动口岸运行效率的提高和口岸的可持续发展。此外，在环境方面，河南“一带一路”绿色口岸建设还应注重加强对濒危野生动植物及其制成品的进出口管制，严格禁止“洋垃圾”入境，维护生物物种的多样性；在口岸环保标准制定方面，积极推动节能减排等绿色低碳技术在口岸中的改造和应用，推动口岸实现绿色节能减排。

2. 丰富完善口岸平台支撑

“一带一路”口岸建设离不开开放平台支撑。对此，河南应积极推动自贸试验区、综合保税区、保税物流中心、经济技术开发区、产业园区等开放平台建设，不断提升开放平台数量与能级，并在深化制度型开放中，推动口岸与开放平台建设的联动发展。具体而言，应积极打造一批特色凸显、优势突出的功能性口岸，并通过强化各地枢纽合作，推动口岸开放平台向全省的延伸；强化综合保税区与自贸试验区的联动发展，搭建高能级的外贸综合服务、大宗商品交易、金融服务创新等开放平台，拓展航空、铁路、水运口岸经营主体发展能级，积极打造集口岸、通道、市场、服务等管理、运营于一体的综合性口岸运营主体。

3. 不断优化口岸产业体系

产业兴则经济兴，口岸产业的发展直接关系口岸经济的发展，口岸经济的发展是推动口岸高质量发展的关键动能。现阶段，河南在“一带一路”口岸产业发展过程中，应瞄准不同地区、不同类型的口岸特色，聚焦高端制造、现代服务等产业发展，解决口岸产业发展中面临的规模小、结构单一、水平不高等问题，推动口岸经济从通道经济向产业经济转型。各口岸所在地可依据本地产业特色，发展贸易加工、特色资源加工、国际产能合作等不同产业类型，并通过建设食品进出口集散分拨中心、国际产业园区等，积极打造多功能、一体化的跨区域商品交易平台。此外，河南还应积极培育引进文化创意、金融服务等新兴外向型服务业，大力发展金融、会展等现代化服务业。

（三）积极打造数字化智慧口岸

1. 深化国际贸易“单一窗口”建设

加快现代信息技术在口岸建设中的应用，推进口岸“单一窗口”建设是新时代打造数字智慧口岸的关键一招。对此，河南应推动口岸和国际贸易等业务在跨境贸易通关服务平台的全面覆盖，以数字信息化为突破口，提高在线业务办理效率。拓宽国际贸易信息联通交换范围，聚焦更具个性化和精准化的服务，积极推动“通关+物流”“外贸+金融”等平台服务模式创新。与此同时，围绕大数据、区块链、人工智能等新技术，加快推动数字化场景在国际贸易中的应用，在不断提升企业与政府效能的同时，打造全国一流的跨境贸易服务平台。

2. 搭建口岸互联互通信息平台

高标准打造口岸互联互通信息平台，能够极大提高口岸的信息服务水平、业务服务质量。对此，河南“一带一路”口岸互联互通信息平台建设应围绕大口岸、大通关的发展战略，综合运用先进的数字信息技术和现代物流技术，以多式联运信息系统建设为起点，依托口岸信息资源，对数字、信息资源进行充分的整合、利用，积极推动海关、税务、交通、外经贸等政府监管部门与各类企业的信息互联，为用户提供更优质的信息增值服务和个性化服务，逐步提升口岸信息服务的质量，建成管理统一、信息开放的口岸互联互通信息平台。

3. 推动口岸场站智能化建设

口岸是重要的基础性枢纽设施，数字技术与口岸场站的融合发展，口岸场站智能化水平的提升，将对“一带一路”智慧口岸建设起到极大的促进作用。对此，河南应积极推动先进技术设备在各类口岸及海关特殊监管区域的广泛应用，早日实现口岸货物流程的实时跟踪与可视化监管，在集装箱设备交接、运输全流程探索实现单证无纸化，积极探索在机场、铁路等场站实现无人化、智能化管理，不断优化提升口岸服务效能。此外，河南还应积极联合华为等智能数字化企业，围绕安全、质量、巡检、人员、资料管理等方面探索打造一体融合的“一带一路”智慧口岸方案，提升口岸场站现场作业管理质效，规范流程，确保安全。

二　积极推动口岸与物流、贸易联动发展

与“一带一路”口岸建设密切相关的两个词，一个是通道，一个是经济，而在通道建设中起到重要作用的是物流，在外向型经济发展中起到重要作用的是贸易。因此，河南要在共建“一带一路”高质量发展中推动口岸互联互通，必须要注重口岸与物流、贸易的联动发展。现阶段，河南“一带一路”口岸建设在大开放、大通关、大产业、大协同方面取得了显著成效，但在拓展外向型通道功能类型、推动对外贸易高质量发展方面还存在短板。未来，河南应通过夯实“一带一路”产业支撑、打造现代化“一带一路”商贸流通体系、高水平建设“一带一路”国际物流通道等，推动河南内陆国际物流枢纽高地建设和内陆外贸强省建设，助力河南“一带一路”口岸高质量发展。

（一）打造“一带一路”贸易畅通集散地

1. 积极打造口岸特色产业园区

贸易发展离不开产业，产业的发展离不开园区，园区是推动经济、外贸增长的发动机，也是物流通道建设的重要依托。河南创新打造“一带一路”贸易畅通集散地需要注重具有本地特色的口岸产业园区建设，应聚焦河南物流经济和产业发展短板与瓶颈，以物流口岸建设为依托，围绕农业、装备制造、食品加工、生物医药、汽车制造等特色产业，建设完善具有河南特色的产业园区。与此同时，积极开展园区规模和质量提升行动，培育一批经济体量大、带动能力明显、示范作用强的千亿级口岸特色产业园区，为“一带一路”商贸流通体系建设提供坚实保障。

2. 建设全国重要的服务贸易基地

河南打造“一带一路”服务贸易基地，应依托口岸建设，突出服务贸易与货物贸易、对外投资、物流园区建设等联动发展，并在高标准建设海外仓的同时，大力发展“保税+商品交易”“保税+维修”等服务新业态，培育数字服务、中医药服务等特色出口服务基地。依托大数据、互联网、区块链、云计算等搭建新兴服务贸易交流促进平台，加快建设服务外包城

市，前瞻布局“一带一路”服务外包产业集群，不断增加高附加值服务外包比重，依托物流通道建设，打造具有本地特色和比较优势的服务贸易基地。

3. 推动口岸与国际化城市融合发展

不断提升城市尤其是物流枢纽城市的国际化程度与对外交往能力，能够为国际化物流通道建设提供重要依托与源源不断的动力，进而提升整个区域的经济外向度、区域影响力和辐射带动能力。对此，河南应积极探索建设一批“一带一路”国际友好城市，积极拓展与东南亚、拉美、中东欧等国家和地区的经贸往来；培育具备国际视野的高水平专业服务机构与人才梯队，不断提升国际交往水平；加强与“一带一路”共建国家的技术创新交流合作，探索建设“一带一路”科技创新合作中心，高水平建设对外文化教育基地，培育更多的外经贸交流活动品牌。

（二）加强“一带一路”国际物流通道建设

1. 增强国际要素集散功能

实现对国际资源的最优化集散配置是物流通道建设的基础，其关键是构建高质量的物流枢纽。对此，河南应通过强化通道物流枢纽节点衔接，提升面向“一带一路”共建国家和地区的要素资源集散配置能力，加快发展多式联运，稳步推进国家级空港型、陆港型、港口型、生产服务型和商贸物流型枢纽建设，提升物流的集约、智能、绿色、标准化水平和运营组织效率，探索构建国际物流供应链节点网络。此外，河南还应围绕枢纽口岸建设，打造国际信息物流枢纽，探索建设全国一体化大数据中心体系郑州节点，提升口岸联通国内国际信息的能力，积极推动跨境数据流动，探索打造内陆型国际数字枢纽港。

2. 提升通道互联互通水平

推动“一带一路”国际物流通道建设，应统筹东西南北四个方向，不断提升通道的互联互通水平。对此，河南应深度融入西部陆海新通道建设，通过加快推进铁路、公路等基础设施建设，建立健全省际协商联席制度，加密铁海联运、国际铁路、跨境公路班列，加快境内外分拨中心建设，创新通道运输模式，完善通道运营功能，提升物流服务效能，强化与粤港澳大湾区、北部湾等地区和东盟市场的合作。此外，河南还应加快建设中欧班列集结中心，强化与长江周边地区以及华南地区的联系，加密中亚、西亚、南亚通道网络；通过加快内河航道建设，加强铁海联动，优化畅通向东开放通道。

3. 完善通道经济产业体系

河南构建完善“一带一路”通道经济产业体系，应注重依托物流中心和物流园区等通道上的重要节点，大力发展外向型农业、临空临港制造、飞机租赁、跨境电商、国际会展、航空维修等通道相关产业，以及集散、中转、分拨、配送、加工等现代物流业。拓展向西通道产业组织功能，推动相关产业在西部陆海新通道、中欧班列（郑州）等重要开放通道周边集聚，加强河南产业与通道周边、沿线地区的互动发展。此外，还应依托郑州航空港经济综合实验区和郑州机场，加快推动建设国家级通用航空产业综合示范区，加速形成与航空运输等关联的航空产业支撑体系。

（三）打造市场化法治化国际化营商环境

1. 深层次推进“放管服”改革

营商环境是一个国家和地区政治、经济、社会、文化等因素的综合反映，是各类经济活动得以展开的基本保证，而打造面向“一带一路”的市场化法治化国际化营商环境的关键在于深入推进“放管服”改革。对此，河南应通过简政放权，减少各类审批事项，在降低制度性交易成本的同时，切实降低市场主体的生产、运营成本，松绑减负市场主体，推动减税降费，充分激发企业动能和创造性。不断强化事中事后监管，在提升市场监管水平的同时，不断创新和改进市场监管方式，不断优化和完善市场监管机制，推动实施重点监管，尤其是对“一带一路”建设要采取更加包容审慎的监管原则，引导和推进新兴产业健康发展，使监管更加便捷、有效、灵活。

2. 充分发挥市场在资源配置中的决定性作用

充分发挥市场在资源配置中的决定性作用是营商环境建设的首要目标。对此，应注重借助口岸及枢纽功能的充分发挥，推动实现各类要素资源的市场化配置，在深化改革中不断破除阻碍要素自由流动的体制机制障碍，健全要素市场运行机制，推进土地、劳动力、技术、资本、数据等的市场化改革，推动建设高标准的“一带一路”市场体系。全面落实市场准入负面清单制度，提升准入政策的透明度，提升市场准入机制的公平性，实施更大范围、更宽领域、更高层次的全面开放，推动实现对外贸易的多元化发展，高水平推动规则、规制、管理、标准等制度型开放。

3. 加快推进营商环境保障体系创新

政府有力引导、市场有效回应、社会有序参与是推动“一带一路”营商环境建设的必要保障。因此，推动实现以政府、市场、社会良性互动为目标的营商环境保障体系建设意义重大。对此，政府应构建完善相关制度、政策，为企业和各类社会经营主体提供良好的办事、创业环境，推动提升政务服务便利化水平。加强社会信用体系建设，全面构建亲清政商关系，培育信用市场，维护信任关系，降低交易成本，严格惩处各类失信行为，提高社会信用体系建设的法治化、规范化水平。推动广大社会公众积极参与营商环境运行机制建设，丰富、完善各类问题处理机制，坚持营商环境建设公共性导向，重视发挥各类主体在营商环境评价中的主体地位。

三　推动“一带一路”共建国家海关互联互通

口岸是国际货运的枢纽，是对外经贸往来的门户，海关作为重要的国家出入境监管机关，与口岸密切相关，推动“一带一路”口岸基础设施互联互通同样要注重推动“一带一路”共建国家海关的互联互通。自“一带一路”倡议提出以来，中国海关以“五通”建设为目标，在与“一带一路”共建国家监管互认、执法互助、信息互换等方面取得了积极进展。未来，河南应通过积极开展与“一带一路”共建国家海关的大协作，构建安全高效的大通关体系，建设顺畅便捷的“一带一路”大通道，最终实现互利共赢的大发展。

（一）构建监管联动的“大协作”体系

1. 创新多部门协作共管模式

互联互通是未来世界海关的发展趋势，而每个海关下还涉及多个部门、处室，推动“一带一路”共建国家海关互联互通和跨区域跨部门协同联动发展，创新多部门协作共管模式是重要一环。对此，河南应深入推进跨部门综合监管，建立健全跨部门综合监管体制机制，确定跨部门综合监管的事项清单、责任分工，按照领域归口、业务相近的原则，强化监管政策的协同性、有效性和可操作性，明确部门监管权限和职责。完善跨部门综合监管协同方式，积极构建科学合理的多部门联动响应机制，对风险和隐患进行动态评估和及时处置，推进问题线索的跨部门联合处置，积极开展跨部门联合信用监督。

2. 推进特殊监管区高水平开放

推进海关特殊监管区域和场所的全方位高水平开放是实现“一带一路”口岸高质量发展的重要保障。对此，河南应注重加快提升海关特殊监管区域加工制造、研发设计、物流分拨、销售服务、维修监测等核心功能；通过强化对综保区和保税物流中心的建设管理，高标准搭建信息监管平台，推动实现海关综合监管的智能化、高效化、便捷化，创新海关监管模式；优化完善海关特殊监管区域的机构设置和薪酬体系构建，强化发展绩效监管和考核，提升海关特殊监管区域的运营管理水平。

3. 完善跨区域协同联动机制

河南建立完善“一带一路”跨区域协调共进机制，应积极推动各地方、各部门加强监管联动，建立健全监管的资源统筹调配机制，尤其是垂直部门之间更应加强跨区域信息共享与执法协作，确保监管资源的有效整合，及时协同开展跨区域、跨层级联合监管执法。此外，还应建立完善跨区域长效合作机制，加强不同区域之间各部门的信息沟通，推动各类要素的自由有序流动，营造良好的监管环境，清理废除妨碍区域统一市场建立和公平竞争的各类做法，积极推进区域市场一体化进程，助力实现区域协调发展。

（二）构建高效安全的“大通关”体系

1. 积极开展 AEO 互认合作

AEO（经认证的经营者）是世界各国海关对高信用企业的统称，而 AEO 互认则是对建立起 AEO 制度的海关之间，对各自认证的 AEO 企业给予最便利的通关政策，企业会享受到更多的参与国外市场竞争的机会和优惠措施，可以最大限度降低企业的贸易成本。对此，河南应注重吸收“一带一路”共建国家的良好经验、做法，审慎思考中小企业管理灵活、结构简单的特点，持续加大对中小企业 AEO 认证支持力度，推动第三方机构参与 AEO 认证。此外，在“一带一路”共建国家 AEO 互认中，要通过多方开展研讨会等推介中国经验、中国制度，不断扩大我方海关 AEO 工作影响力，探索开展“一对多”区域 AEO 互认。

2. 推进“一站式”高效通关

“一站式”通关能在极大提高通关效率的同时，倒逼海关进出口监管改革，推动实现货流畅通。对此，河南应对一些统一归口受理的通关业务，如货物申报、查验放行、税收征管等，提供全天候预约、网对网核查等全流程、便利化服务，探索提供一揽子税收征管支持；对符合一体化经营要求的总部企业，通过探索实施“以总部为单元”的保税监管模式，实施一体化保税监管，统一归口办理相应业务；探索开设科技创新人才出入境“绿色通道”；积极探索开展农产品快速通关“绿色通道”项目，推动农产品在中哈、中吉、中塔边境的无障碍通关；推动实现对大批量铁路进口设施的“随到随检”。

3. 深化大通关合作机制衔接

河南深化大通关合作机制，应积极推动建立“一带一路”共建国家海关协调联络机制，促进“一带一路”共建国家海关之间的交流合作，定期进行沟通协调与经验分享，构建参与度广泛的“一带一路”共建国家海关合作圈。此外，还应密切与“一带一路”共建国家和地区的海关战略合作，积极推进监管互认、执法互助、信息互换“三互”国际海关合作，并通过运用高科技手段，实现不同海关间的精准、智能监管，深化能力建设合作，推动实现与“一带一路”外经贸量大、政局稳定的海关合作文件全覆盖，推动海关间的经验分享与互学互鉴。

（三）构建便捷顺畅的“大通道”体系

1. 建立中欧班列沿线海关联络机制

河南在构建“一带一路”大通道体系的过程中，应大力支持中欧班列（郑州）的运营发展，积极拓展中欧班列在河南的运营范围，在畅通“一带一路”国际物流大通道的基础上，推动海关“大通道”建设，解决海关领域的通而不畅问题。积极探索建立中欧班列沿线海关联络合作机制，争取在河南多举办以支持中欧班列发展为主题的研讨会，积极邀请“一带一路”共建国家海关积极参与、共商举措。积极与中欧班列沿线主要国家签署通关合作文件，降低班列通关成本，畅通班列运营，并以达成合作共识的形式直接参与“一带一路”共建国家海关协调解决各类通关问题。

2. 推动中欧陆海快线沿线国家通关便利化

中欧陆海快线被称为继传统海运航线、中欧班列之外的“第三条贸易通道”，在“一带一路”建设中具有重要价值。推动中欧陆海快线沿线国家通关便利化，应注重对符合条件的特殊监管区内的仓储物流企业，在诚信化管理的基础上，对通过“分送集报”的报关模式输出的货物，评定合格后，从外贸企业货物流通的实际需求出发，实施“预报即放”，即7×24小时全天候、无障碍按需实现分批转移配送至中欧陆海快线沿线国家，破解企业货物仓储量大、批次多等通关难题。此外，河南还应积极推动中欧陆海快线沿线国家通关协调咨询点建设，进一步提升通关便利化水平。

四　完善“一带一路”口岸互联互通体制机制

口岸互联互通体制机制建设是推动“一带一路”口岸建设的重要保障，是推动“一带一路”口岸高质量发展的重要支撑。完善“一带一路”口岸互联互通体制机制能够为口岸建设提供强大的动力，能够有效解决涉及深层次利益调整的各类改革问题，进一步推动海关体制机制创新，进一步完善社会主义市场经济体制，助力口岸实现集约高效、安全便利运营，真正构建起具有地域特色的一流现代化口岸。

（一）建立健全口岸联动协调机制

1. 完善口岸应急处理机制

制定完善口岸突发事件应急预案，建立健全应对口岸突发公共卫生事件的高效管理体制、全面应对机制和科学法制措施，提升口岸卫生工作的快速反应能力。建立完善口岸应对突发公共卫生事件的数据库，帮助口岸工作人员及时了解和掌握应对突发事件的流程、办法，推动实现口岸应急工作的信息化、科学化、规范化。

2. 创新口岸联防联控机制

强化各级地方政府和有关部门之间的协作配合，通过进一步畅通联络渠道，积极参与各级口岸联防联控机制建设，积极建立快速响应制度，推动数据、信息等资源共享。积极开展境外联防联控合作体系建设，充实口岸一线力量，强化人员培训，加快建立口岸生物安全监测预警体系，不断提高口岸联防联控核心能力。

（二）优化提升口岸大通关管理机制

一是强化组织保障机制。口岸大通关涉及政府部门众多，应不断缩小地方部门与中央直属部门的职权差距，并在地方政府职能划分上，对口岸、外贸、交通等相关部门的管理职能进行更为科学、合理的划分，进一步强化口岸的组织协调职能，明确各级部门的管理权限。二是深化资源共享机制。通过推进信息资源共享共建，为口岸大通关提供便捷、高效、一体化的服务，进而积极推动信息技术与口岸基础设施建设的共建共享、口岸管理信息与载体的共建共享、不同地区数据通信标准的共建共享。三是完善法律法规机制。口岸管理是一项政策和法律涉外性很强的工作，应积极探索制定口岸综合管理法规，避免因口岸系统各单位隶属关系不同、业务范围不同等带来的进出口贸易纠纷，提升口岸通关质量和效率。

（三）建立健全口岸利益平衡机制

健全口岸利益平衡机制的关键是构建制度化、法治化解决机制。首先，应积极构建政府主导的公共责任机制，加强对口岸的管理、督查。其次，要构建完善利益调节机制，强化税收监管。再次，要畅通利益诉求机制，推动不同海关之间的消息畅通。最后，应建立利益矛盾化解机制，完善利益协商制度，以便在遇到利益冲突时，可以及时妥善应对。此外，不同口岸之间还应建立完善人才利益补偿机制，积极推动不同地区相同类型口岸之间的人员流动，尤其是推动口岸发展发达地区的人才向口岸发展欠发达地区流动，完善发达地区向欠发达地区吸纳口岸人才的利益补偿机制。

第十章　深度融入“一带一路”，深化能源资源开发与合作

能源是现代经济的重要支撑，是人类社会生存和发展的重要基础，对经济、社会发展起着不可或缺的重要推动作用。能源供应安全直接关系国家的经济竞争力。近年来，我国石油、天然气等能源对外依存度不断加深，国际能源市场的变化对我国的能源安全影响日益增加。“一带一路”共建国家是全球化石能源最为富裕的地区，也是我国主要的能源进口来源地。深化与“一带一路”共建国家的能源开发与合作是“一带一路”合作的重要内容。河南是一个经济大省，未来经济发展需要加强能源的安全与保障。河南深度融入“一带一路”，迫切需要强化与“一带一路”共建国家能源资源开发与合作。

第一节　保障能源供应链稳定

近年来，河南能源产业迅速发展，作为主要的能源生产和消费大省，保障供应能力不断增强、结构调整成效明显、节能减排效果突出、用能水平大幅提升、体制机制改革稳步推进，有效保障了河南的经济社会发展和人民生活。但是，以煤炭为主的能源格局仍未改变、化石能源产能较难提升、新型能源规模和利用程度还有待开发，导致河南能源对外依存度节节攀升，加上体制结构的矛盾、节能减排和绿色低碳的要求，保障河南能源供应链的稳定是目前亟待解决的问题。在“一带一路”能源资源合作开发中，河南要两条腿走路，既要外引，又要内增，不断优化能源资源布局，保障河南能源供应链稳定与安全。

一 优化能源资源布局

（一）构建多渠道全方位能源外引格局

河南能源供需格局逐渐从能源净调出省份向能源净调入省份转换，预计“十四五”期间能源对外依存度将达到60%。深化与“一带一路”共建国家能源领域合作，鼓励企业开展“一带一路”能源资源投资，加快推进油气、电力入豫新通道建设，对河南能源供应链安全具有重大意义。

1. 扩大外电入豫规模

河南电网作为全国电力联网的重要枢纽，是西电东送的重要节点。作为人口大省和经济大省，河南用电量一直居高不下，“西电东送”作为我国电力能源的重要运输通道，在“一带一路”能源通道建设中具有重要作用，不仅畅通了河南电力运输通道，也为河南经济社会发展注入了强劲动力。要稳步推进特高压跨区电网建设，推进跨区输电和联网工程，逐渐消除特高压风险安全隐患，提升青电入豫、疆电入豫的送电能力。要通过建设与西南、华中的水电调剂通道、陕电入豫工程等，加强与山西、内蒙古、吉林等地的沟通对接，适时挖掘新的外电入豫通道，形成东南西北多向“外电入豫”通道，缓解河南用电紧张窘境。

2. 完善油品外引通道

油品外引通道建设是我国“一带一路”能源资源开发合作的重要内容。河南作为“一带一路”重要枢纽节点，通过参与建设原油和成品油管道，可以打通海上原油的入豫通道，从而降低省内原油的运输成本，提升河南炼化企业的市场竞争力。抓住郑州这个油品枢纽骨干，通过完善油品网络、成品油管道布局，实现油品管道互联互通，提高成品油的管道输送比例，提升河南油品外引能力，从而保障河南油品市场的稳定，为全省经济社会发展奠定坚实基础。

3. 拓展外气入豫通道

天然气作为一种清洁能源，天然气能源合作对推动绿色“一带一路”建设具有重要意义。为缓解河南天然气储量不足、用量紧张的局面，可通过完善天然气输送通道，增强天然气外引能力。积极对接我国“西气东输、北气南下、川气东送、海气登陆”的战略布局，拓展多途径多方向的外气入豫通道，不断引入俄气、海气、西气、晋气、陕气、川气等天然气资源。

4. 提升优质煤炭外引能力

煤炭作为传统能源，目前仍是“一带一路”合作的重要能源资源。河南煤炭资源比较丰富，但优质煤炭储量不多，引进省外、国外优质煤炭资源，对于河南煤炭供应具有重要作用。为此，河南要加强与晋、陕、内蒙古等优质煤源地协商签订战略合作协议，通过建设铁路运输专线，实现矿区、运输专线、用户的无缝衔接，减少运输损耗，保障优质煤炭外引的稳定供应格局。河南与“一带一路”共建地区能源合作重大工程如表 10-1 所示。

表 10-1　河南与“一带一路”共建地区能源合作重大工程

项　目	内　　容
外电入豫工程	开工陕西—河南直流输电工程，建成驻马店—武汉、南阳—荆门特高压交流输电工程，谋划豫中东、长治—南阳特高压交流第二回线路，提升哈密—郑州、青海—河南特高压直流输电工程送电能力
油气外引工程	提升兰州—郑州—长沙输油管道运行水平，推动日照—濮阳—洛阳原油管道、锦州—郑州成品油管道全线贯通。扩大西气东输一线、二线、榆林—济南输气管道，推动西气东输三线（中卫—枣阳）、新疆煤制气外输管道（中卫—潜江、豫鲁支干线）、苏皖豫（盐城—商丘）输气管道河南段等国家天然气主干线建设
煤炭外引工程	完善浩吉、瓦日等铁路煤炭输送线路，推进豫西、南阳等煤炭储备基地铁路专用线建设

资料来源：《河南省人民政府关于印发河南省“十四五”现代能源体系和碳达峰碳中和规划的通知》。

（二）完善能源供应发展格局

完善能源供应发展格局是保证能源安全的关键环节。河南实现“两个确保”、推进十大战略，需要强有力的能源供应保障。优化河南能源开发利用布局，是保障能源安全的重要任务。未来一个时期，河南要以“一带一路”能源开发与合作为契机，统筹全省资源禀赋、产业结构、交通运输、环境承载能力和经济发展水平等，加快建设“一廊道、两张网、三基地”的能源供应发展格局。

1. 打造沿黄绿色能源廊道

黄河流域拥有优质的绿色能源资源，在黄河流域生态保护和高质量发展国家战略引领下，沿黄河流域打造绿色可再生能源廊道是绿色“一带一路”的客观要求。河南应通过在黄河流域合理部署风电、地热等能源和储能示范项目，带动河南能源结构优化升级，推动黄河流域高质量发展。

2. 建设智能电网和油气管网

能源的输送离不开管道管网的建设，能源通道建设是“一带一路”能源资源合作的重要方面。在智能电网建设方面，河南要统筹推进市域和农村智能电网建设；在天然气管道方面，要加快推进河南在西气东输中的天然气管道建设，布局河南天然气干线和支线网络，完善河南天然气外引格局；在油品管网建设方面，要尽快建成油品入豫通道，与河南原有油品管道实现互联互通，提高成品油管道输运的比例，保障河南油品稳定供应能力，助力河南经济社会发展。

3. 加强三个基地建设

即加快中原能源储备基地、农村能源革命示范基地及智慧能源创新基地建设。“一带一路”能源资源开发合作，既有传统能源的开发转型，也有可再生能源的推广应用，当然也离不开能源的储配。三个基地的建设是河南依据现有能源基础和相关优势，加强传统能源开发、积极布局新型能源和增强能源储配能力的根本保障。要建设煤炭储备基地、地下储气库及原油储备基地，为河南经济社会发展提供能源保障。要大力推行智能电站、储能示范项目建设，创新能源大数据的共享及应用，推进能源智慧化智能化发展。要深化农村能源革命试点，引领广大农民树立清洁能源消费理念，以兰考农村为能源革命试点，推进综合性能源服务，实现能源低碳、智慧、普惠发展。

二　增强能源风险管控能力

百年未有之大变局下，能源资源面临着储运、安全、供应等风险。在推进“一带一路”能源资源开发合作过程中，要统筹发展和安全，一方面要加强能源通道建设，加快储运能力建设；另一方面又要加强应急安全管控，提升能源运行安全水平。

（一）完善能源通道建设

1. 研发新一代管道技术

以提高运输量、减少投资投入为目的，运用新技术、新工艺，在提高管道质量的基础上，提升管道运力和安全。

2. 提升能源管网的数字化、智能化水平

在能源通道管网不断扩大的前提下，充分利用数字仿真模拟技术，深入开展油气管网系统优化研究，为能源管道网络安全运行提供基础和保障。

3. 加大国产设备的开发和推广力度

关键设备关系能源储运安全，要提高现有关键核心设备的可靠性和稳定性，研制更高级别和更大口径的国产设备，适应能源输运的需要。

4. 开展海洋管道技术研究

进一步加大对海底管道技术的研发，包括海底管道的一体化设计、防灾减灾、焊接、维修、抢修以及废置拆除等。

（二）加快能源储运能力建设

1. 提高电力应急处置能力

强化电网分区运行能力，进一步增强电网互通互济能力，提升电网上下级协调水平。在电网项目的选址上和配电设备的选择上要优化资源配置，从源头上提升电网的防灾减灾能力。积极布局南阳天池、洛阳洛宁、信阳五岳等水电调峰设施建设，适当建设一批小型的燃气发电机组。加强防汛抢险保供电、医院等重要用户应急装备配备和应急处置能力建设，确保应急发电设备“应配尽配、配而能用”。升级调度、配电、数据中心等防护能力，全面提升安全保障能力。

2. 提升油气储备调节能力

油气储备是“一带一路”能源资源合作中必须要加强的重要方面，油气储备调节能力的提升是油气外引入豫通道建设的重要支撑，没有强大的油气储备，油气外引工程就是无源之水。为此，河南要完善油气输送网络，在加快推进“两纵四横”省级天然气主干管网建设的基础上，持续推动国家干线配套支线管网建设，提升管网互联互通水平。统筹各储气设施建设，完善中原储气库，形成完善的储气调峰机制。推进省内与国家主要油品管道的互联互通，健全成品油输送网络，建设安全高效的现代化原油储备基地。

3. 完善煤炭储备基地建设

作为“一带一路”能源资源合作中的传统能源，煤炭具有托底保障的基础支撑作用。煤炭储备基地作为保障能源安全的重要环节，有利于提升河南能源保障能力，确保能源供应稳定。河南应加强煤炭运输通道和储备基地的建设，完善煤炭的集疏运体系，不断完善现有煤炭储备基地，逐渐建设新型现代化煤炭储备基地，推动煤炭产业的优化升级和结构转型，形成煤炭储备与产能储备相结合的储备体系。同时，建设具有支撑性和系统调节性的煤电项目，发挥传统煤电在应急调峰方面的重要支撑作用，支持河南煤炭企业不断“走出去”开拓“一带一路”共建国家煤炭能源合作。河南融入“一带一路”能源风险管控重大工程如表 10-2 所示。

表 10-2　河南融入“一带一路”能源风险管控重大工程

项　目	内　容
外电气应急处置和抗灾能力提升工程	新增 4 个 220 千伏分区电网，分区内形成以 2 座以上 500 千伏变电站和一定规模火电厂为支撑的 220 千伏环网结构。省内黑启动电源数量由 2 个增加到 15 个
油气储备设施工程	建设中原文 23 二期、卫城气顶、中原文 13 西、卫 11 等地下储气库项目，打造中原储气库群。论证建设平顶山盐穴储气库。建成江苏滨海 2×27 万立方米（水容积）LNG 储罐。建成洛阳原油商业储备基地二期工程
中原大型煤炭储备基地工程	加快完善鹤壁、南阳（内乡）、义马等现有国家煤炭储备基地功能，推进焦作、西峡、永城、济源、周口、淮滨、平顶山等煤炭储备（配）基地建设，新增静态储备能力 500 万吨以上

资料来源：《河南省人民政府关于印发河南省“十四五”现代能源体系和碳达峰碳中和规划的通知》。

（三）加强应急安全管控

1. 提升能源网络安全管控水平

能源网络安全是能源安全的重要保障和技术支撑，“一带一路”能源资源合作中，必须把能源网络安全管控放在核心位置，确保能源网络基础设施安全运行。要加强能源网络安全关键技术研究和突破，建立完善能源网络预警、防控、监督、反馈平台，在能源行业中推行我国自主研发的北斗全球卫星定位系统，确保电力、油气、煤炭等能源基础设施的安全健康平稳有序运行。

2. 加强风险隐患治理

当前形势下，风险无处不在，“一带一路”能源资源合作过程中的风险隐患治理具有重要的预防作用。要开展重要设施、重点环节、重大项目的风险隐患排查，及时预测预警可能存在的能源风险隐患，加强风险隐患的治理。完善应急预案体系，定期开展应急演练，提高对能源风险隐患的响应处置能力；强化主体责任，地方政府、企业要各负其责，将能源风险隐患消除在源头；要强化重点能源企业、重点区域监管，提升能源风险的应急处突能力；建立健全能源专家库和能源风险治理专业队伍，制定能源基础设施建设标准，指导能源企业参与能源基建和常态化风险隐患排查。

3. 加强能源基础设施防护

建立健全能源基础设施联防联控体制机制，保障大型发电站、变电站、能源项目、能源通道等设施的安全。加强对煤炭、油气、新能源、核电等能源的安全管理，把能源安全标准放在监管第一位，把安全贯穿能源资源开发合作全流程各环节，提升能源基础设施安全水平和防护能力，确保能源基础设施安全。

第二节　加快能源结构优化转型

近年来，在“双碳”目标的指引下，河南能源结构逐步优化，煤炭绿色转型、非化石能源消费占比不断提升，为河南经济社会发展提供了重要支撑和能源保障。与此同时，河南能源结构转型仍面临着一些挑战和困难，产业结构偏重的问题仍然较为突出，“十三五”时期，河南能源消费结构中，煤炭消费比重为67.6%，高于全国10.8个百分点，“多煤、缺油、少气”仍然是短期内能源结构的常态，河南面临着实现“双碳”目标与能源结构优化转型的双重压力。“一带一路”能源资源合作框架下，推动能源绿色低碳转型、提升能源产业链现代化水平、深化能源体制机制改革是河南能源资源高质量发展的重要任务。

一　推动能源绿色低碳转型

能源绿色发展是“一带一路”能源合作的重要内容，目的在于促进能源的绿色低碳转型，从而促进经济社会的可持续发展。推动共建“一带一路”，要发挥河南的优势，大力推动传统化石能源的绿色低碳转型，加快发展非化石能源，加快节能增效减碳，在新能源的开发、清洁能源的高效利用以及传统能源优化转型方面加强与“一带一路”共建国家和地区的紧密合作，促进河南及共建国家和地区能源绿色低碳转型。

（一）加快发展绿色能源

1. 积极推进风能、太阳能高效利用

风能、太阳能是可再生的清洁能源，河南要因地制宜，围绕太阳能、风能等新能源，结合各地市地形、资源优势，开展风能、太阳能技术研究、规划选址布局等，适度推进风电、太阳能发电供暖等优质能源项目，寻求传统能源的替代。在安阳、许昌、信阳、濮阳等地积极布局风机和光伏装备，在学校、新农村、医院等重点场所，利用智慧化、数字化新技术、新设备，探索推进一批示范项目和示范基地，推动新规划建设的风电、光伏发电项目配置储能设施，有序在全省推进风机发电、光伏产业项目，推动河南能源结构优化升级。

2. 着力推动氢能发展

氢能是极重要的清洁能源，是河南能源规划的重点发展方向。河南应抢抓氢能源发展机遇，在新乡、安阳、郑州等地积极开展氢能产业布局，形成稳固的氢能产业链供应链。加快氢能示范项目建设，在氢能的优化提纯、运输等关键核心领域联合开展技术攻关，集中力量建设氢燃料电池汽车示范城市群，建设安全可靠、便捷智能的加氢站，助力氢燃料电池汽车的应用推广。

3. 推动水电绿色发展

绿色水电是以人为本、保护环境下的可持续发展的技术，是在生态环境保护的前提下提出的。河南应提前规划统筹，开展绿色水电技术研究和应用，在布局水电产业的同时，采取合理措施保护鱼类栖息地、保护生态流量等，加大生态环境保护及生态修复力度，淘汰改造旧水电站，提升水资源的利用效率，提高水电工程的安全水平和调度能力。

4. 因地制宜发展其他可再生能源

主要包括地热、生物质能等可再生能源。调查评价河南地热资源储存量，在地热资源丰富的地区积极开展地热资源开发，合理、有序推动地热供暖项目。生物质能方面应充分利用生物质能原材料，集中推动生活垃圾的能源化利用，推广种植生物质能源的树种和植物，推动动物天然气的规模化开发和应用，提高生物质能的利用效益和利用水平，通过生物质能实现发电、供暖等目的。

（二）促进化石能源绿色转型

1. 推动煤炭绿色高效发展

结合河南资源优势，积极推进煤炭资源优化配置、安全高效开采和合理利用，充分发挥煤炭对能源体系的支撑和托底保障作用。建设绿色矿山，推进煤炭结构性产能优化，推动企业非煤产业升级改造，加强对煤机产业链的延伸和拓展，建设一批碳基半导体、高性能纤维材料生产基地。加快推进河南能源集团大型乙二醇及深加工基地建设，加快建设平煤神马集团千亿级尼龙城，推进郑煤集团煤电一体化。

2. 优化升级火电结构

实施煤电机组标杆引领行动，深化煤电行业节能降碳改造。优化煤电项目的结构布局，不再建设非必要煤电机组，以产能置换为前提，在电力缺口较大的豫东、豫南等地区，建设清洁支撑电源。对存量煤电项目，分情况有序淘汰关停、持续优化、灵活性改造。加强工业余热回收再利用，积极发展余热发电。逐渐将煤电项目向基础性的辅助电源转型，加强应急备用和调峰电源能力建设。

3. 充分挖掘油气生产潜力

稳定省内常规油气资源产量，加大中原油田、河南油田区块精细勘查力度，实施“控递减”和“提高采收率”工程，保障持续稳产。积极推进非常规天然气资源开发，加大页岩气等非常规的天然气资源勘探和开发力度。

4. 持续推进炼能优化

对接国家石化产业规划布局，谋划打造千万吨炼油、百万吨乙烯的洛阳高端石化产业基地，引导洛阳石化按照“少油增化”的发展方向，通过延链、补链、强链实现炼化一体化发展；调整洛阳石化现有油品产品结构，提高航空煤油产量。推进濮阳新型化工基地建设，结合现有化工产业基础，研究谋划石化接续项目。支持南阳特种石蜡生产基地建设，充分释放河南油田石蜡精细化工产品产能，提高石蜡高端产品产量，增强行业竞争力，实现河南油田可持续发展。

（三）大力推动节能降碳增效

1. 加强能源生产的绿色化

在化石能源的开采上应采用绿色低碳开采方式，注重监控碳排放量，推进绿色智能开采技术的应用推广，在余能和副产品的回收上要加大回收利用力度，降低开采中的碳排放量；着力研究推广先进的开采技术和先进装备，电气化改造燃气、燃煤、燃油等传统高耗能设备。对矿区实行循环发展模式，综合治理沉陷区、采空区，研究二氧化碳地质收纳封存。在能源加工储运上，不断转型升级炼化产业，建设绿色智能炼厂，加大对炼化产业链的延伸拓展，提升传统能源的综合利用水平；不断优化煤炭的运输网络，开展绿色的多式联运方式，在仓储和物流方面积极推广智慧低碳方式。

2. 着力用能方式的低碳化

在工业领域实施低碳节能行动，建设绿色的制造体系，广泛应用节能低碳的技术、装备及工艺流程等，降低碳排放，控制化石能源的消费，建立健全绿色用能监测评价体制机制，对钢铁、化工、建材及有色等行业领域开展绿色用能智能检测。在建筑行业推行绿色节能建筑标准，在公共交通领域推广多式联运、氢能替代等绿色低碳方式和技术，在公共场所升级改造传统供热、照明等基础设施，在生活方式上倡导清洁低碳绿色的生活方式。引导社会科学合理低碳使用能源，鼓励企业在争取能源消费绿色标识的前提下积极布局可再生能源。

3. 提升节能降碳管理能力

完善能耗强度和总量双控制度，建立用能预算管理体系，实施能源消费总量预算管理，探索实施区域能评制度；强化节能审查事中事后监管，形成“区域能评+分类管理+能效标准”的节能管理模式；以用能权的有偿使用和交易为重点，加快机制创新、制度突破、模式探索，激发市场主体活力，推动能源要素向优质企业、优质项目流动和聚集；建立智慧节能综合服务平台体系，有效提升节能管理水平；推行综合能源服务模式，实施能源消费集成化、智能化改造和重点用能单位节能降碳改造。

二　提升能源产业链现代化水平

“一带一路”能源合作过程中，面临着能源装备的技术短板、传统能源使用的持续增长、新能源使用的安全问题以及一些非传统风险问题，客观上影响着能源的安全保障。河南除了要加快推动能源的绿色低碳转型以外，还要瞄准能源产业链，一方面提升能源科技创新水平，加强关键核心技术的攻关，延伸产业链、补齐短板；另一方面加快能源产业数字化智能化升级，完善能源科技和产业创新体制机制，不断提升对能源产业链的自主可控及现代化管理水平。

（一）增强能源科技创新能力

1. 强化前沿科技攻关

联合科研机构、能源企业、政府集中攻关能源领域关键核心技术，推动能源关键核心技术的自主化、规模化应用。着力加强新型储配技术的研发，推进储能技术标准的优化完善，健全储能管理体系，合理规划储能实际规模，加强对传统能源和新能源储能系统的合理规划布局，多元化应用新型储能技术，探索共享、聚合的能源新业态新模式，保障能源运行安全。在氢能的制作提纯、储运等关键环节，逐步攻克核心技术难题，重塑氢能全产业链发展，由点及面推动氢能源在燃料电池和社会生活中的广泛应用。

2. 加快研发能源绿色低碳技术

在工业、建筑、交通等领域加强深度脱碳技术研发储备，加大 CCUS 技术开发与示范力度。超前研发新一代低成本、低能耗 CCUS 技术，发展与能源耦合的负碳排放技术。推动新能源、新型电力系统等重点领域整合新建一批能源研发创新平台。加快低碳能源技术装备产业化，推进首台（套）技术装备示范应用和能源科技成果的现实转化。切实做好核电厂址资源保护工作，积极探索核能清洁供暖。

3. 打造一批重点能源研发平台

鼓励重点能源企业、科研院所和高校开展协同创新，在能源与生态协同等领域联合组建一批“政产学研用”一体的研发基地作为联合创新平台，积极培育建设能源领域国家重点实验室、国家技术创新中心和国家工程技术研究中心，推进能源科技领域的国际交流与合作。重点加大引进培育力度，与中国科学院、中国工程院等开展“院地合作”，加强与重点高校的交流与合作，加快推动国家级研发机构在河南布局创新平台和基地。

（二）加快能源产业数字化智能化升级

1. 建设能源数据共享平台

支持能源企业建立能源供需、能源服务平台，有序建设行业、城市能源平台，创新能源平台服务，引导各级各类能源平台互相融合、协同发展。加大能源数据中心建设力度，打造一批能源数据示范中心和数据共享平台，从制度上完善能源数据的产权、流通、交易和开放等，建立健全开放共享的能源大数据资源库，在能源管理治理中发挥能源大数据的支撑和保障作用。

2. 推进能源智慧化示范工程建设

创新实施虚拟电厂、智能微网、综合能源服务、清洁能源基地等新模式新业态，开展能效管理、负荷智能调控、智能调度等智慧能源系统技术示范。建设能源数字化、智慧化示范平台：在电力系统有序建设“智能风机”“智慧风电”“智慧光伏”项目，加快实现智慧电厂、电网及智慧水电等，建设智能化自动化调度系统，实现电站的无人化管理；在油气管网中，开展管网的全智能化运营、全生命周期管理、全数字化移交等智慧化工程应用；在煤矿企业结合企业特色因地制宜建设智能化示范工程。

3. 加强数字化的能源基础设施建设

加强能源信息技术在能源产业发展中的重要作用，在能源基础设施自动化、网络化、数字化的引领下，加大能源智能调度体制机制建设，智能化升级改造现有能源基础设施，运用人工智能技术、区块链、云计算及新一代信息技术等，重点在能源基础设施建设方面加以推广应用，提高能源系统灵活感知和高效生产运行能力。推动信息产业和能源资源的深度融合发展。

（三）完善能源科技和产业创新体系

1. 优化科技资源配置

围绕国家的战略性需要，优化组合能源创新体系，建设能源资源科技创新平台，加快构建能源领域国家实验室，优化国家能源研发创新平台建设管理。汇集高等院校、科研院所及企业的科研力量，实现能源科技资源的共享和优化配置，深化军民科技协同创新。充分发挥社会主义市场经济条件下的新型举国体制优势，深入落实攻关任务“揭榜挂帅”等机制。提升能源核心关键技术产品产业化能力，完善技术要素市场，加强创新链和产业链对接，完善重大自主可控核心技术成果推广应用机制，推动首台（套）重大技术装备示范和推广，促进能源新技术产业化规模化应用。

2. 激发能源领域创新活力

以能源技术市场为导向，以企业为能源创新主体，以产学研用深度融合为路径，发挥大企业引领支撑作用，构建能源科技和能源产业创新体系。健全知识产权保护运用体制，实施严格的知识产权保护制度。健全能源领域科技人才评价体系，完善充分体现创新要素价值的收益分配机制，全方位为科研人员松绑，优化能源创新创业生态，激发能源行业创新活力。

三　深化能源体制机制改革

能源体制机制改革能增强能源市场的活力，在“一带一路”能源资源合作中具有重要作用，能有效发挥政府和能源市场的积极作用，促进能源市场的良好运行。河南应从建设现代能源市场、加强能源治理制度建设、激发能源市场主体活力入手，深化能源体制机制改革，更好实现能源市场化运行，为经济社会发展提供活力源泉。

（一）建设现代能源市场

1. 优化能源资源市场化配置

加强天然气市场化改革，保障天然气市场有序竞争，实现天然气的高效保供，不断健全天然气市场化的期货交易平台建设。加快原油和煤炭市场化改革，建设成品油期货交易市场，建设煤炭区域性、全国性交易中心，形成统一开放、竞争有序、功能齐全的现代化煤炭市场体系。深化电力系统改革，分层次有步骤地建设各级各类电力市场，逐渐建立全国统一电力大市场，深化配售电、调峰、储能、交易等改革，激发电力市场活力。

2. 深化价格形成机制市场化改革

探索研究尖峰电价、季节性电价、水电、核电、燃煤燃气发电等不同的电价形式，进一步完善峰谷电价、输配电价、新型储能电价等价格机制。加强成品油市场化价格形成机制研究。深化天然气价格形成机制，加强天然气储配交易中心建设，市场化推进天然气价格改革和调峰服务机制改革。

（二）加强能源治理制度建设

1. 依法推进能源治理

加强能源领域法律法规的建设，包括能源总体法律规定和煤、电、新能源等单项法规，以及配套的规章，形成一套完整的能源法律体系。完善能源领域技术规范和标准，对能源资源的计量标准和碳排放标准进行统一核算。加强能源行业执法改革，推进能源执法队伍的整合，开展能源执法方式的创新，对自由裁量权加以规范约束，不断提升能源领域执法水平，保障执法的公平和公正。

2. 优化能源监管模式

加强与各级能源监管机构的紧密联系，实现能源监管上下联动、协同配合，有效落实能源领域重大规划，保证能源项目顺利推进。发挥能源市场的积极作用，加强信用管理，营造能源领域公平竞争、有序发展的市场环境。做好监测预警工作，对生产运行中的各种能源事故建立快速反应机制。依托能源交易平台作用，探索开展能源的线上平台交易，推进区域性能源交易平台的建设。加强对电力、油气管道、天然气等领域的安全生产监管，坚持预防为主的原则，将能源领域的安全隐患抓在平时、放在日常，防止重特大能源安全事故的发生。

3. 加强能源低碳转型政策保障

充分发挥市场机制作用，加强能源行业和政府间的沟通和双向调节，完善在能源绿色低碳方面的财政金融政策，不断推动建设高标准的能源市场体系。建立健全可再生能源领域的政策保障体系，完善绿色金融政策体系，引导资本进入新能源、氢能等清洁低碳能源领域。通过设立能源领域低碳转型相关基金，开展传统能源低碳转型、新型能源技术攻关等重大基础性能源项目。加强能源相关的税收政策支持，落实能源领域重大技术装备进口免税政策，加大对优质能源项目、关键核心能源技术的税收支持力度。

（三）激发能源市场主体活力

1. 放宽能源市场准入

修订完善能源相关法律法规，加强能源领域负面清单管理，凡是负面清单以外的能源领域，发挥能源市场的支配作用，鼓励各类市场主体公平平等进入。市场化开展油气勘探开发，通过竞争出让和退出机制，不断完善油气服务市场。对国有能源企业开展混合所有制改革，引导社会资本和力量参与能源领域改革，激发能源市场活力。

2. 优化能源产业组织结构

发挥能源企业的创新创造活力，进一步推进能源投资主体的多元化，在油气技术研发、信息服务及工程建设等竞争性能源项目上实施市场化改革。油气管网建设过程中，支持各类社会资本投资，市场化方式整合全国油气管网，完善管网调度和运行规则，向市场公平开放油气管道设施，提高油气保供能力。

3. 支持新业态新模式发展

破除能源市场准入、市场交易和投资运行等体制机制障碍，鼓励支持能源新模式新业态在能源市场的发展和壮大。培育壮大能源领域新兴市场主体，做强做大负荷集成商、电储能企业、能源综合服务商等。创新培育二氧化碳捕集、利用及封存的新模式。健全分布式电源的新机制，创新电力源网荷储一体化和多能互补项目规划建设管理机制，推动项目规划、建设实施、运行调节和管理一体化。

第三节 拓展能源资源对外合作

党的二十大提出，要建设新型能源体系，积极应对全球内外环境变化带来的挑战。“一带一路”共建国家和地区汇集了世界最为丰富的化石能源，也是我国进口能源的主要来源地。作为与“一带一路”共建国家合作的重要内容，能源合作对于国家或地区的能源安全、能源转型升级具有重要的支撑和保障作用。目前，河南与“一带一路”共建国家和地区在油气领域、电力市场、煤炭清洁化多元化及可再生能源领域的合作越来越广泛。但不可否认的是，当前我们仍然面临着日益复杂的国际政治经济环境，特别是俄乌冲突以来，全球能源格局发生较大变化，能源国际合作面临的政治风险、能源供给风险、市场风险和社会风险给我们带来了新的挑战。河南作为全国重要的交通枢纽，处于西电东送、西气东输、西油东调、北油南下的重要节点，是“一带一路”能源资源进入我国的必经之地。河南以新能源汽车为首的新能源、以传统能源为主的高新技术，对“一带一路”共建国家具有较好的引领带动作用；河南需要外引的油气等能源资源在“一带一路”共建国家和地区较为丰富，能源产业具有高度的互补性，能源市场具有高度的契合度。因此，深化与“一带一路”共建国家和地区的能源资源合作，具有重要的现实意义和实践价值。

一 保障能源安全，构筑能源合作命运共同体

（一）建立“一带一路”能源合作伙伴关系

1. 以“五通”建设为基础，不断改善能源合作环境

针对区域或各国能源产业合作的不顺畅，要持续提供政策、资金、基础设施、贸易以及民心支持，不断改善能源产业投资合作环境，配套设置相关的能源产业促进政策推动“一带一路”能源产业绿色清洁高效转型，加快推动清洁能源的开发与合作。

2. 扩大“一带一路”能源合作伙伴关系网络

以现有能源伙伴关系成员国柬埔寨、老挝、吉尔吉斯斯坦、塔吉克斯坦等为重点，推进能源伙伴关系成员国之间的沟通交流，拓展经贸、人文等项目交流与合作，深化与成员国的伙伴关系，打造能源伙伴关系的示范样本，逐步扩大能源伙伴关系在“一带一路”区域的影响力；利用共建“一带一路”原有多边能源合作机制，积极加强与共建国家政策沟通交流，构建国家层面能源多边或双边伙伴关系；汇集社会多方力量，发挥能源企业、科研院所、社会组织等力量作用，构建多元化非政府能源伙伴关系网，不断扩大“一带一路”能源伙伴关系网络。

3. 拓展延伸“一带一路”能源合作的广度和深度

升级现有双边、多边能源合作关系，以 RCEP 全面实施为契机，推进能

源合作国之间的沟通、协商，推动 RCEP 与其他伙伴关系协定的融合发展。搭建民间交流对话平台及沟通渠道，吸引国外企业、政府、社团等多元主体参观我国新能源项目，促进企业“走出去”参与沿线新能源项目开发与合作。多渠道宣传我国参与“一带一路”能源基础设施建设、能源投资等合作项目，交流推介我国能源减贫典型项目、典型村以及典型县的经验。加强科研人员、企业家及能源专业人才间的沟通交流和交往，联合开展能源科技攻关、能源人才培养等。

4. 建立一体化能源信息平台

能源信息是推动能源合作成功的重要载体，可推动构建能源信息化发展促进联盟，通过能源信息在“一带一路”的共享互通，增强各国间的能源信息互通互信，促进能源合作双方的信息透明，促进国际能源供应链的延伸、扩展和联动发展，实现“一带一路”共建国家能源合作的健康高效可持续发展。

（二）科学防范能源投资风险

1. 充分准备，做好预案

与“一带一路”共建国家的能源投资，必须要考虑可能面临的风险，对投资项目做好风险评估，总结借鉴我国在“一带一路”能源投资中的经验做法，对可能出现的风险状况提前做好应对预案，做到投资有把握。

2. 建立风险预警机制

长期健康稳定的能源合作发展，需要建立完善的风险预警机制。全方位了解投资国家或地区的能源市场、项目运行、政治风险等因素，及时制定有效的风险预警方案，为能源投资提供更为科学和有效的投资依据。

3. 系统分项，全面控制

能源投资项目一般规模较大、周期较长、金额巨大，特别是油气投资项目，涉及的油气产业上中下游的技术要求和分项内容等都不尽相同。因此，要进行科学的能源投资项目的系统分项，对可能涉及的政治风险、经济风险、资源风险、环境风险和经营风险做到全面控制，防范可能出现的各种风险。

(三) 推动现有能源治理机制的协调和完善

1. 积极开展多边能源合作，深化能源外交

能源极易出现强权政治及单边主义，现有的能源生产大国及发达国家和地区掌控的能源资源治理模式，不能很好地平衡生产国和消费国的利益，对能源消费国往往显失公平。要深化多元化能源外交，积极开展政府首脑、地方政府、企业和社会组织等多层次全方位的能源外交，在双边能源合作的基础上，着重多边能源合作，推动建立涉及能源合作勘探、开发、投资等多方面的法律机制或多边协议，有效保障“一带一路”共建国家能源合作的顺利实施。

2. 充分利用现有能源治理机制

我国曾在上海合作组织中提出建立能源俱乐部，保障能源供需关系的稳定和安全；亚太经济合作组织也有相应的能源工作组、能源部长级会议等能源治理机制。“一带一路”倡议提出十年来，我们与共建国家和地区的合作越来越丰富、成效越来越显著，能源领域的话语权有了一定程度的提高，但仍不同程度受制于西方国家和能源输出国，应充分利用上海合作组织、亚太经济合作组织现有的能源治理机制和其影响力，扩大与成员国之间的能源交流与合作，深化合作内容，提升合作水平。

3. 吸收借鉴主要国际能源组织治理机制

当前国际能源机构建立了一整套的能源相关法律制度，其《国际能源纲领协议》作为能源领域的纲领性文件被很多国际组织借鉴。可参考现有主要国际能源组织如欧佩克、欧盟、国际能源机构等，与“一带一路”共建国家和地区开展双边或多边合作，制定争端解决、投融资、能源输运等制度性框架，为能源资源合作开发提供制度指引。

二 构建中国对外能源合作体系

(一) 资源储备体系

1. 合理规划能源开发

河南能源结构呈现“多煤少油少气”结构性问题，要合理开发利用，不能乱采滥用，同时要加大对可再生能源的开发力度，在煤炭兜底保障的

基础上不断拓展和丰富能源的种类，保证能源的可持续发展。

2. 构建“一带一路”共建国家能源产业链

河南的能源结构远不能满足能源需求，“一带一路”共建国家能源资源丰富，与河南能源资源的互补性也比较强，有利于构建能源产业链。可在能源价值链的中游开展电力、煤气、焦炭等合作，在下游能源终端产品的纺织业、运输业、制造业等领域开展合作。河南资源和能源型企业要充分利用“一带一路”能源产业链，合理配置和调整能源价值链，提升国际竞争力。

3. 建立能源安全战略储备系统

目前，我国的能源储备特别是石油等战略储备能力远远低于发达国家，要对标发达能源国家，加强石油等能源储备设施的建设，不断探索能源储备的新模式，提升我国能源储备能力，保证国防和经济社会安全。

（二）市场供需体系

1. 能源交流平台合作

推动“一带一路”共建国家和地区建立能源交流合作平台，吸纳政府、企业及公众参与到能源平台上沟通交流。通过举办能源研讨会、投资、经贸合作等方式对话沟通，通过技术共享、信息互通达到政策互信、合作共赢，推动能源合作更上一个新台阶。

2. 能源进出口合作

当前“一带一路”没有自己的能源合作组织，在进出口合作上，缺乏能源话语权。加快建立“一带一路”能源合作组织，把共建各国组织成能源利益共同体，可以提升“一带一路”共建国家和地区在国际能源领域的话语权，为各国能源资源开发合作提供有力保障。

3. 能源运输合作

由于各国能源资源极为不均，能源的运输就成为能源合作的重要环节，运输通道建设在能源运输中具有重要作用。通道建设往往涉及多国家多地区，要保障能源运输的安全，首要就是构建安全顺畅的能源运输通道。对河南能源保障而言，除了加强能源“内增”，还要做好能源“外引”，要加强省内能源通道与中亚、东盟、海上及国内能源通道的互联互通，打通河南能源运输通道，深化与“一带一路”共建国家和西部省份的能源运输合作。

（三）能源利用与治理体系

1. 制定能源分类标准，提升能源管理效率

随着科学技术的发展和新能源的开发，传统的石油、天然气、煤炭的能源分类标准已经不适应能源领域的变化，有必要在与“一带一路”共建国家平等协商的基础上，制定能源分类标准，签订相关的能源种类专项合作协议，更有针对性地开展不同类别能源合作的专项管理，提高能源管理的效率。

2. 加强能源技术合作攻关，提升能源利用效率

能源技术的进步极大地改变了能源开发利用及世界能源格局，美国就是在页岩油气技术的加持下跃升为能源主要输出国和储备国。“一带一路”共建国家的能源技术相对于西方发达国家仍较为落后。通过专业人才的培养交流、能源研究机构和平台的搭建，加强能源技术的合作攻关，可以集聚力量共同推动“一带一路”共建国家能源技术的进步，提升能源利用效率。

三 完善能源多边合作机制，深化重点领域合作

（一）构建“一带一路”能源合作机制的基本原则

1. 能源主权原则

国家主权原则是国际法基本原则，能源主权原则是国家主权原则在能源领域的集中体现。构建“一带一路”能源合作机制，必须把能源主权原则放在首位，保障各国能源主权的独立性，保障各国在签订能源条约、协议时不受其他国家的干涉，在涉及能源合作、投资等各环节纠纷时，能和平解决相关争端，不受强权主义、霸权主义的威胁。

2. 能源安全原则

能源安全是能源合作的核心，在“一带一路”能源合作中，一方面要保障能源供给端的安全，做好能源供应和储备调控，保证能源供应充足，防止能源断供；另一方面要在制定能源多边合作机制时，制定相对稳定的能源价格，防止能源价格大幅波动，尽可能地降低对世界的影响。另外，应保证在能源开发和利用时能源技术的安全，创新能源技术合作研发模式，

研制出更安全、高效的能源技术，保障能源安全高效开发合作。

3. 能源合作法治原则

“一带一路”能源合作机制属于国际合作机制，要建立完善的能源规则体系，实现能源合作的“有法可依”，保障能源合作国家之间按照国际条约的规定行使权利、履行相应义务，增强各国间的合作预期。

4. 平等互利原则

“合作共赢”是合作的基础，加强“一带一路”共建国家和地区能源合作，要坚持平等互利原则，使能源合作的双方、多方都有平等的话语权、投票决策权，友好协商参与能源资源合作开发，在平衡各方利益的基础上，不断拓宽合作的领域、加大合作的力度、拓展合作的深度，实现能源合作的互利共赢。

5. 能源可持续发展原则

“一带一路”共建国家拥有丰富的能源资源，但随着经济社会的发展和进步，人类对能源的需求也在与日俱增，在能源资源的开发合作中，要坚持可持续发展原则，逐步优化能源结构，加快可再生能源的开发进度，加大传统能源的优化升级力度，提升能源的利用效率，实现能源可持续发展。

（二）调整合作内容和结构

1. 调整国别合作结构

调整对外能源合作策略，加大绿色清洁能源的合作力度，优化国内能源结构，加大绿色低碳能源的开发与利用。加强甄别，筛选发展潜力大的国别与区域加强合作，及时关注并积极应对能源种类与发展次序调整、合作方式革新等带来的变化。

2. 调整产业链合作结构

系统梳理能源产业链合作状况，开展能源先进技术研发，突破合作瓶颈；优化布局，保障能源运输通道、能源流通输运等环节的顺畅；培育能源产业链合作专业化多元化人才队伍，带动能源产业相关产业链上下游的联动发展。

3. 以清洁能源为合作重点

“双碳”目标下，清洁能源的开发利用成为能源领域的重点，我国拥有清洁能源的实践经验和相关基础，可与“一带一路”共建国家开展清洁能源关键技术、基础设施、专业人才、后续服务等方面的专项合作，同时通过构建绿色能源联盟、绿色对话平台等，推动清洁能源合作落地落实。河南除了进口天然气等清洁替代能源外，还可以利用在新能源汽车方面的优势技术，鼓励企业“走出去”拓展与“一带一路”共建国家技术层面的合作。

（三）完善能源资源合作领域法律制度及专门机构建设

1. 构建以能源法为基本法的能源法律体系

目前，我国没有能源领域的基本法，多数能源方面的立法是规章且规范比较笼统，单行法之间相互缺乏能源基本法的协调，2008 年的《中华人民共和国节约能源法》也并无能源资源开发合作方面的规定。能源部门法的缺位，导致在石油、天然气、煤炭等非再生能源开发各环节不能给予明确的指导。同时，随着“双碳”目标的提出，绿色“一带一路”也是大势所趋，对于绿色低碳环保方面的规定还局限于国家政策规划等，没有强制性法律的规制。逐步完善能源领域法律体系，是适应能源资源开发合作的必由之路。

2. 完善能源监管体系

充分发挥能源监管对于能源合作的安全保障作用，以法律为前提，调和能源与环境、经济社会发展以及能源安全之间的平衡；以政府服务为基础，制定相关能源发展合作战略和规划，明确投资领域和范围，提供政策咨询和服务协商平台，引导和带动社会投资向能源领域流动。发挥社会组织的作用，帮助企业理性投资，降低市场风险；同时发挥社会组织的监督作用，减少可能发生的风险。建立河南能源金融市场监测制度，将涉及能源企业的投融资情况纳入检测范围，建立科学的能源风险预警体系。

3. 建立国际能源合作管理机构

全方位的能源国际合作是今后能源合作的重点，国际能源合作管理机构的设置，一方面有利于统筹在对外能源合作中的国内企业资源，防止国内企业内耗竞争导致的资源浪费；另一方面可以有针对性地召集适合国际能源开发合作的专业性人才，包括外语人才、国际法律人才和相关专业技术人才等，整体规划参与国际能源资源开发。建立由政府管理的国际能源合作管理机构，打造国际能源合作平台，可以统筹各个省市的国际能源合作，高质量推进“一带一路”能源合作。

（四）创新能源合作机制

1. 创新能源通道运行机制

保证国际能源通道正常运行的关键是建立良好的能源通道运行机制。目前我国参与的能源合作机制缺乏强制性、规范性、系统性，碎片化现象严重，在国际能源格局错综复杂的形势下，创新能源通道运行机制，对能源输运安全具有重要意义和关键作用。要加强增信释疑宣传，制定灵活的多元化能源外交策略，积极对接“一带一路”共建国家发展规划，降低合作中的政治风险和阻碍。客观审慎地对待“一带一路”能源合作的各种变化，在加深原有能源通道建设与合作的基础上，不断创新油气、核能、光伏、新能源等多元化的能源通道运行机制。

2. 建立完善争端预防、解决机制

构建能源沟通平台，用来协调各国能源政策及争端纠纷，维护世界能源安全。同时，要加强法律手段的应用，考虑设立由“一带一路”共建国家共同建立的专门争端解决机构和相关法律制度规范，对能源争端纠纷来说，可以建立以仲裁为主、以诉讼为辅的争端解决机制，针对不同的能源争端纠纷，采用不同的有针对性的组合方案，增强“一带一路”共建国家法律认同感，保障国际能源开发合作的顺利进行。

3. 建立有效的能源投融资机制

能源合作需要大量的资金支持，要加强金融机构的深度参与，形成能源“产业+金融”合作模式，发挥政府、企业及国际资金等多元投资主体的作用，采用独资、合资、合作、特许权等方式拓宽融资渠道，解决能源资源合作开发中的资金问题。还可以采用开发基金、银行信贷的方式，集聚社会资金，扩大对能源产业的投资。构建河南省域能源金融支持体系，通过改革税收管理制度、加大财政支持力度、拓宽资本市场融资能力、积极吸收整合民间资本等多种方式，支持能源企业积极开展能源合作，促进河南能源金融市场可持续发展。

（五）创新能源合作模式，塑造良好国际形象

1. 创新能源项目合作模式

国际形势的复杂多变带来的一个深刻变化就是能源竞争的加剧，企业

参与国际能源合作的难度也随之加大。要优化现有能源合作模式，通过评价体系、典型案例剖析等，识别现有模式的优劣势，提高现有模式实施效果。另外，可采用 BOT 项目融资的模式，商定能源开采权限、收益等，以股权投资的模式开展能源合作，以保障能源供给。也可采用 PPP 模式，利用亚投行、丝路基金等支持协助，开展“一带一路”跨境投资，分散企业前期投资风险、降低投资成本，吸引多方主体参与能源合作，保障能源合作稳定。还可以创新其他能源合作模式，在充分了解合作国相关法律政策环境等因素的前提下，注重完善能源风险防控机制，促进能源合作互利共赢。

2. 构建企业信息平台和扶持机制

河南企业在国际能源合作上面临着异常激烈的竞争，企业“走出去”面临着诸多困难，企业信息平台和扶持机制的建立，有助于企业在对外能源合作时，更了解资源国的文化、市场需求和当地实际，帮助企业规避在合作各环节的风险，同时也更能融入当地社会生活，在友好协商合作中实现互利共赢。

3. 拓宽合作领域，提升企业国际竞争力

围绕能源产业链，构建能源产品深加工及相关产业链，加大技术研发力度。抢抓能源潜在市场，发挥可再生清洁能源基础设施建设的优势，加大绿色能源合作开发力度。利用信息技术和大数据网络，挖掘整理分析能源产业领域的相关数据，促进“走出去”企业间数据信息共享，提升企业的国际竞争力。

4. 规范企业行为，塑造积极正面形象

要提升河南能源企业在能源资源勘探开发、能源科技创新、海外人才队伍建设、海外工程服务、风险防控等方面的能力。加强与共建国家的文化交流，促进不同文化间的融合，在文化互联互通的前提下，结合当地特色，提高员工综合素质，规范企业行为，消除文化壁垒在能源合作中的障碍。发挥社团、协会、智库、媒体在公共外交中的独特优势，对外宣传我国国情、政策、文化等，增强国外的文化认同和理解，树立“走出去”企业诚信文明等良好国际形象，消除西方国家的歪曲给能源合作方带来的误解，推动能源合作的顺利进行。

5. 以能源发展权为基础，加强与中亚等“一带一路”共建国家的能源合作

加强能源合作、经贸合作、人文交流合作等全方位多层次合作，改善地缘政治环境，推动实现“一带一路”合作地区的和平与稳定，帮助加强当地基础设施建设，稳步推进海外油气资源勘探合作，推动“一带一路”共建国家尽快摆脱地缘政治冲突，回到稳定与发展的轨道上来。立足联合国减贫计划，借助“一带一路”框架下的相关资金支持，示范推广光伏减贫等工程，为当地清洁电力提供中国经验和中国方案，在能源、经贸等合作的基础上，不断提高东道国的居民生活水平，树立良好的国际形象，为进一步合作开发打下坚实基础。

第十一章　深度融入“一带一路”，积极推动经贸投资合作

经贸投资合作是“一带一路”建设的目的和内容，推动贸易畅通、资金融通是河南深度融入“一带一路”的重要要求。“一带一路”倡议提出十年来，河南在对外经贸合作与投资方面也取得了傲人成绩，同时也存在诸多挑战，特别是随着国际环境的不断变化，河南对外经贸投资合作面临着风险突出、竞争加剧、效能欠佳等问题。未来，河南在深度融入“一带一路”的过程中，应注重从推进“一带一路”国际产能合作、提升经贸合作水平、扩大金融投资领域合作等方面入手，推动与“一带一路”共建国家在经贸投资合作方面迈上新台阶。

第一节　开展国际产能合作

国际产能合作是共建“一带一路”的重要内容和实体支撑，也是推动“一带一路”建设走深走实、行稳致远的关键。自“一带一路”倡议提出以来，河南积极与“一带一路”共建国家开展国际产能合作，助推了省内产业的转型升级和高水平开放，尤其是通过与“一带一路”共建国家合作建立生产基地、工业园区等，在产业链供应链方面与之形成了更为密切的合作关系。未来，在推进“一带一路”高质量发展的过程中，河南应聚焦全面构建开放型现代化产业体系、探索打造国际化高效产业格局、提高供应链管理和物流水平、提升国际产能合作风险防范能力等方面，持续深化与“一带一路”共建国家的国际产能合作。

一　全面构建开放型现代化产业体系

实现中国式现代化、推进高水平对外开放、推进共建“一带一路”高

质量发展、建设现代化产业体系都是党的二十大报告的重要内容，而建设开放型现代化产业体系则是推动共建“一带一路”高质量发展的重要支撑。河南在产业发展方面面临产业结构不够合理、产业布局不够优化、高能级产业集群和龙头企业数量不多、创新能力总体不足等问题。未来，河南应通过稳步提升科技创新水平、积极打造特色产业集群、加快数字产业融合、加快构建境外产业链等，围绕共建“一带一路”全面构建开放型现代化产业体系。

（一）稳步提升科技创新水平

1. 不断提高研发投入强度

构建开放型现代化产业体系离不开科技创新，科技创新离不开基础研发，研发投入强度的增加意味着创新活力的提升，是实现高水平科技创新的有力保障。对此，河南应持续加大对科技型企业的培育力度，围绕梯度培育、创新驱动、数字赋能、金融支持、品质提升、市场开拓、平台支撑、绿色发展、要素保障、服务优化等十大方面，加快培育一批符合“一带一路”发展需求的科技领军企业和专精特新“小巨人”企业，重点培育符合科技性、创新性、战略性和高成长性的中小企业，发展壮大创新主阵地。积极搭建“一带一路”特色产业创新平台，积极推进国家高新技术产业开发区建设，积极布局“一带一路”创新研发基地。积极融入长三角、京津冀、粤港澳等国家战略，对接发达地区的知名高校和高端人才，持续谋划推进与大院名校共建研究院，找准研发提升突破口。此外，还应聚焦政策、人才、技术、资本等创新要素，将其作为实现协同创新的基本保障，下大力气做好服务保障工作。

2. 优化调整经费投入结构

近年来，河南科技资金投入政策体系初步形成，对稳步提升科技创新水平提供了重要支撑，进一步优化调整科技创新经费投入结构意义重大。未来，河南应进一步优化对“一带一路”高新技术企业及高端制造业的R&D经费投入结构，强化并落实与企业研发费用相关的各类优惠政策，加大对基础研究的资金投入力度，尤其是对科技领军企业应用基础研究的投入。与此同时，河南应注重健全地方科技资金配置统筹协调机制，在坚持国家财政宏观统筹的基础上，进一步拓宽地方财政在科技创新活动上的权限，逐渐加大对“揭榜挂帅”专项和关键核心技术攻关的经费投入力度，以实际行动促进“一带一路”创新链与产业链的融合发展。

3. 进一步强化基础性研究

党的二十大报告在深入实施创新驱动发展战略上指出，要加强基础研究，突出原创，鼓励自由探索，为河南强化科技创新基础性研究指明了方向。对此，河南应以“一带一路”创新共同体建设为载体，积极与共建国家搭建联合科研平台和技术转移平台，探索打造河南“一带一路”科技产业园区，并以创新完善基础研究管理制度为基础，构建信任机制、诚信机制、容错机制，赋予科技创新基础研究人员更大的自主权，不断提升原始创新能力。此外，河南还应改革完善基础研究人才评价机制，注重成果数量、质量、价值的综合评价，实施分类评价、业内评价、国际同行评价相结合的评价方法。积极探索构建“一带一路”科技创新产业联盟，探索政企联合的多元化投资机制，增加基础研究人才数量，提升基础研究人才质量，尊重基础研究人才发展。

（二）积极打造特色产业集群

1. 不断提升先进制造业能级

经过多年的发展，河南已经形成了较为完备的工业体系，并逐渐成为全国重要的工业大省，制造业规模总量连续多年保持在全国第 5 位，中部地区第 1 位。未来，河南围绕“一带一路”建设打造开放型现代化产业体系，需注重先进制造业能级的提升。具体来看，河南应依托装备制造业现有的优势，不断拓宽洛阳拖拉机、中信矿山装备、中铁盾构机等优势制造业在“一带一路”共建国家的市场份额，积极向轨道交通装备、智能机器人、智能电气装备等高端装备进军，推动高端装备制造业打造“大国重器”；聚焦智能互联，加快新能源汽车发展，推动传统汽车产业向智能网联汽车转型，大力开展氢能源汽车研发、应用，拓宽汽车“新赛道”；做大做强先进钢铁、先进合金材料产业和新型功能材料产业，推动新材料产业向高端前沿跃升，强化“一带一路”区域产业链韧性。

2. 打造千亿级新兴产业集群

产业集群是企业发展的重要载体，打造千亿级产业集群是推动实现“一带一路”高质量发展的经济底座，也是河南走向国际的重要名片。围绕

《河南省“十四五”战略性新兴产业和未来产业发展规划》相关要求，到2025年，河南要打造10个具有较强竞争力的千亿级新兴产业集群。对此，河南应聚焦新材料、新一代信息技术、生物医药技术等具有较强基础、辐射带动能力强、竞争优势突出的主导产业，以“一带一路”建设为依托，充分整合共建国家资源，推动产业链延伸、补短、强化，并通过积极引进培育拥有核心技术的零部件企业，提升产业链水平、韧性和自主可控能力，强化产业集群带动力。与此同时，借助RCEP，在河南推动共建“一带一路”的过程中，密切与日韩等国家的联系，聚焦新能源、高端装备、航空航天、新兴服务业等具有一定基础和发展前景的高成长性产业，强化新兴技术赋能和关键技术突破，培育具有更强创新力、更高附加值的新模式、新业态。

3. 培育中小企业特色产业集群

“一带一路”建设为产业集群参与国际交流带来新的历史机遇，中小企业联系千家万户，是经济社会活动的重要组成部分，也是推动就业、促进创新的重要力量，推动中小企业深度融入“一带一路”，对创新形成多方共建、风险共担、利益共享的“一带一路”集群发展新模式意义重大。根据工信部印发的《促进中小企业特色产业集群发展暂行办法》，中小企业特色产业集群的定位主要在县级区域。对此，河南省内各县市应围绕自身区位、资源禀赋、产业基础等特色，推动县域经济发展，探索形成“一县一业”中小企业特色产业集群发展态势，明确集群主导产业定位，发挥主导产业特色优势，加强数字化基础设施建设，地方政府在财政、土地、人才等方面对集聚发展予以大力支持，为县域产业集群发展提供高效、优质的服务，探索形成多方共建、共商共治、风险共担、利益共享的集群发展新模式。

（三）加快推动数字产业融合

1. 探索打造数字产业集群

随着数字化的不断深入，世界经济发展也在发生深刻变革，“一带一路”经贸发展也进入融合发展的新阶段。党的二十大报告指出，要加快数字经济发展，促进数字经济与实体经济深度融合，打造具有国际竞争力的数字产业集群。对此，河南应围绕数字经济与“一带一路”融合发展，聚焦数字技术创新，在推动自主创新上凝心聚力，积极构建跨学科、跨区域数字产业共建共研机制，围绕人工智能、集成电路、基础软件等国家战略，加快突破数字产业“卡脖子”技术。与此同时，河南还应加快出台数字产业集群一体化布局方案，积极优化数字产业空间布局，推动数字产业与传统产业的深度融合，形成优势互补的数字产业发展格局。积极培育一批生态主导力强、资源配置力优、国际竞争力强的“一带一路”产业链链主企业，推动上下游产业的有机衔接，构建战略型数字企业“雁阵”发展模式和多层次网格化的产业集群共生生态。

2. 构建数字化现代产业链

数字化正在通过不同的方式推动价值链的改造，也为产业链现代化带来了深刻影响。河南构建“一带一路”数字化现代产业链可以从三个维度展开。一是强化数字基础设施建设，尤其是加快推动“一带一路”共建国家5G、互联网、大数据中心等新型基础设施建设，积极推进“5G+工业互联网”建设，强化网络联通，全方位、全过程、全领域推进数据资源实时流动和共建共享，提升数字化功能水平，丰富数字化在工业场景中的应用。二是强化“一带一路”数字平台服务功能，打造线上线下一体的综合性数字平台，打造集定制、设计、制造、售后、服务等于一体的“一带一路”产业平台以及全流程的供应链体系。三是积极推动产业分工协作，通过提升制造业能力和产业水平，将产业比较优势转化为规模优势和发展优势，深化产业协同。

3. 完善数字经济治理体系

数字经济治理是对各类数据、信息融合应用场景和数字经济相关主体的综合治理，是保障数字产业发展的重要内容，推动“一带一路”数字产业融合发展离不开数字经济治理体系的完备构建。河南健全完善“一带一路”数字经济治理体系，首先，应注重强化协同治理和监管机制建设，积极推出与数字经济发展相适应的更加灵活、有效的举措，创新协同治理模式，推动实现政企联动、行业联动共治，探索跨业务跨部门联合监管试点。其次，应不断提升政府的数字化治理能力，提升政务信息化建设力度和统筹能力，增强数字经济治理的针对性、有效性和协调性，强化对“一带一路”经贸、投资等重大问题的研判和风险预警。最后，构建完善“一带一路”数字经济多元共治新格局，积极推动实现政府、企业、平台、行业组织、社会公众等多元参与、有效协同，构建数字经济协同治理新格局。

（四）加快构建境外产业链

1. 加强境外资源开发与生产联系

资源开发和生产处于产业链的最前端，对"一带一路"国家进行资源开发可以为打造跨区域跨国境的产业链提供合作入口，因而通过境外资源开发进入"一带一路"目标市场，是企业进行国际化生产的可行方式。对此，应充分利用河南产能与技术优势，选择"一带一路"共建国家中市场需求大、资源条件好的发展中国家，积极引导在省内逐渐失去竞争优势的加工贸易企业向该类境外资源开发集中地区转移，加大对这些国家的资源开发及产业投资力度，尤其是推动化工重点领域境外投资，并通过与资源开发集中地的产业对接，对产业链下游进行深加工，从而延伸产业链，带动成套设备出口。

2. 打造面向东盟的跨境产业链

东盟作为"一带一路"的重要组成部分，是与河南贸易进出口规模最大的经济体，而 RCEP 全面正式生效也为巩固和跃升河南与"一带一路"共建国家的区域产业链提供了重要切口。对此，河南应聚焦本地优势企业，加快推动传统产业转型和新兴产业发展，依托制造业、物流业的坚实发展基础，以电子、汽车、绿色化工等产业为重点，积极构建面向"一带一路"东盟地区的跨国跨境产业链。此外，河南还应借助 RCEP，积极探索构建各国深度参与的"东盟资源+河南制造+日韩澳新市场""中日韩澳研发+河南制造+东盟市场"的全产业链闭环式区域价值链、供应链，推动产业生态的可持续发展。

3. 推动产业链创新链深度融合

产业是发展的基础，创新是推动发展的第一动力，产业链与创新链互相依存、共同发展，推动产业链创新链"双链"融合，对提升"一带一路"产业链供应链韧性和现代化水平，推动创新驱动发展意义重大。推动河南与"一带一路"共建国家实现产业链创新链深度融合，应加快实施产业基础再造工程，强化核心技术攻关与重点环节创新链部署，突破"双链"融合的供给堵点。此外，河南推动实现与"一带一路"共建国家的"双链"融合发展必须围绕粮食安全、"双碳"等国家重大任务要求，加强农作物良种研发、示范、推广，加强新能源、节能环保技术、材料、装备研发等，在增强核心驱动力的同时，推动数字经济、知识密集型产业发展，夯实推动产业发展的创新支撑。

二　探索打造国际化高效产业格局

构建国际化高效产业格局就是以产业发展为基础，推动生产要素在全球范围内的高效、有序流动，进而在国际范围实现产业的分工合作与最优化配置。对此，河南应注重在不断拓展产业境外发展合作新空间，积极推动承接高水平产业转移，积极探索绿色国际产能合作新模式，积极参与引领区域、次区域合作等方面发力，探索打造“一带一路”国际化高效产业格局。

（一）不断拓展产业境外发展新空间

1. 积极探索构建完整的产业链条

近年来，随着国际竞争的日趋激烈、贸易保护主义的盛行，产业链“断链”风险明显上升，积极探索构建完整的“一带一路”产业链条，不仅能够提高河南企业的核心竞争力，也对增强区域产业链、供应链韧性意义重大。对此，河南应对全省产业发展情况有一个全面、系统、准确的统筹、规划和定位，对不同地区的产业发展情况进行分类，明确各地区的核心产业和未来产业发展方向，围绕“一带一路”产业境外发展空间拓展的规划中有针对性地对相关企业进行培育、扶持，打造产业链上下游齐全、衔接紧密的“一带一路”产业生态系统。此外，河南还应积极推动打造全省“一带一路”产业大数据平台，推动不同地区和上下游企业之间实现数据共享互通，提高产业链的综合运作效率；探索建立“一带一路”产业联盟、“一带一路”行业协会等组织，创新企业服务机制，提升服务效能；精准分析省内不同地区融入“一带一路”的产业长短板，推动产业强链、补链，构建完整的产业链生态，提升河南产品在“一带一路”市场的竞争力。

2. 推动境外产业合作园区建设

产业园区是推动地区经济发展的重要载体，海外产业园区则是助推“一带一路”经贸发展的重要抓手。推动境外产业合作园区建设应着重从如下方面发力。一是与“一带一路”共建国家进行高水平规划对接，加强与当地政府的沟通联系，围绕投资环境打造、刚性约束细化等方面，制定科学、合理、稳定的战略性规划。二是要依托省内产业集群优势，积极探索构建以河南为主的“一带一路”产业链、供应链、价值链、创新链体系，营造良好的产业园区生态。三是推动企业化运作，优化营商环境，加强园区精细化运作，探索打造专业化、精细化的服务体系。四是实现科学化管理，积极与国际标准接轨，优化园区行政管理体制，注重与当地特色结合，推动管理园区向服务园区转变。五是探索打造集产业发展和生活服务于一体的复合园区，推动河南“一带一路”境外合作园区高质量、可持续发展。

3. 拓展产业投资发展新空间

推动构建优质高效的“一带一路”境外产业发展格局，投资是重要的压舱石，是不容忽视的关键一环。河南积极拓展“一带一路”产业投资发展空间，一方面，要学会在危机和挑战中把握机遇，借助供给侧结构性改革，补短板、强弱项，在夯实高质量发展基础的过程中，积极寻找新市场、培育新动能、壮大新主体；另一方面，要注重布局“一带一路”产业发展新赛道、培育新优势，把资金投入新型基础设施建设等基础领域，投入高新技术产业、战略性新兴产业领域，投入急需转型升级的传统产业领域，提高“一带一路”投资质效，拓展“一带一路”投资空间。

（二）积极推动承接高水平产业转移

1. 充分发挥区域比较优势

在推动共建“一带一路”的大背景下，承接产业转移是一个双赢的过程。河南是全国的农业大省和人口大省，交通区位优势明显，在承接“一带一路”高水平产业转移的过程中应充分发挥其自然资源、市场区位及劳动力等比较优势，从而助力地区产业结构升级。对此，河南应注重积极承接东部地区劳动和资源密集型产业，推动地区纺织、服装、煤炭、电力等资源与之高效对接，并在不断消化吸收其先进技术经验的同时，推动自身自主创新能力的提升。与此同时，河南还应适当承接资本与技术密集型企业，通过完善相关配套服务等，实现外来产业与本地产业的无缝衔接，并通过创新，培育一批竞争力强的“一带一路”龙头企业。

2. 提升优势产业核心竞争力

优势产业代表着一个地区的核心竞争力，党的二十大报告在建设现代化产业体系中指出，巩固优势产业领先地位，为“一带一路”现代化产业体系建设指明了方向。对此，河南应坚持创新引领、强化平台支撑，通过打造“一带一路”产业数据平台、创新策源平台、人才培育平台等，不断提升河南在“一带一路”装备制造、食品加工、服装、材料、新能源汽车、医药等产业领域的优势，为优势产业转型升级提供坚实支撑。此外，河南提升“一带一路”优势产业核心竞争力，还应积极推进“设计河南”建设，将创意设计与制造业发展深度融合，强化新品研发带动，积极推进新品牌孵育，推动传统产业提升改造，支持龙头企业打造独立子品牌。

3. 提高产业合作互补水平

推动产业优势互补合作对促进区域协调发展、构建“一带一路”开放型现代化产业体系意义重大。对此，应注重充分发挥河南龙头企业的辐射带动作用，并聚焦国家战略和“一带一路”政策走向，选择好合作对接突破口，突出交流互动和项目拉动。例如，聚焦新能源、新材料、智慧汽车、现代农业、旅游、电商等行业，扬优势、补短板，纵向上不断延长产业链条，横向上不断推动补链、强链建设，在教育、文化、医疗等领域不断深化与“一带一路”共建国家的合作、互补。与此同时，紧密契合“一带一路”，注重向西发展复合型经济，向南拓展高端制造、智能家电等产业，向东推动商贸物流业发展，向北延伸战略性新兴产业合作链条。

（三）探索绿色国际产能合作新模式

1. 推动绿色低碳技术的研发与应用

绿色是可持续发展的代名词，绿色低碳技术的研发与应用是实现绿色国际产能合作的基础，以生态文明与绿色发展理念为指导的绿色“一带一路”建设已经成为共建“一带一路”的底色。对此，河南应积极围绕能源绿色智能开发、清洁低碳能源应用、资源循环利用、新能源、环境保护、清洁生产等领域，积极开展绿色技术攻关和示范工作，有序推动产业绿色低碳转型，推动钢铁、石化、有色、化工等行业节能降碳。联合企业、高校、科研院所等机构探索建立“一带一路”绿色技术标准体系和服务评价体系，并构建多层次的成果技术转化推广体系，推动绿色低碳技术在风能、太阳能、水能等可再生能源开发利用当中的应用。

2. 积极搭建国际绿色产能合作平台

2030 年实现碳达峰、2060 年实现碳中和的宏伟目标的提出，标志着我国正式开启全面进入绿色经济转型升级的新阶段，也为“一带一路”国际绿色产能合作平台搭建提供了新契机。对此，河南应积极探索建设“一带一路”绿色技术验证中心、绿色技术创新中心、绿色技术工程研发中心等绿色创新平台，在国家产融合作平台上探索增设河南“一带一路”产能绿色合作专区，推动跨部门、跨区域、多维度的高价值绿色数据对接，并通过对平台信息数据的整合，积极为河南“一带一路”企业“走出去”提供包括绿色产品、绿色装备、绿色低碳解决方案等在内的服务供给，探索发展绿色低碳技术咨询、第三方合同能源管理等服务新业态。

3. 夯实数字经济国际产能合作基础

近年来，数字丝绸之路建设成效凸显，我国与“一带一路”共建国家在数字经济、人工智能等领域的国际产能合作日益深入，探索绿色化国际产能合作新模式，夯实数字经济国际产能合作基础是关键。对此，河南应积极拓展与“一带一路”共建国家在数字经济领域的合作，推动与共建国家在数字基础设施、移动支付、智慧城市等领域开展国际产能合作，并通过积极参与数字经济议题谈判和体制建设等，深度构建跨区域数字化产业链供应链，在境外产业合作区内部，积极推动企业生产方式、营销模式的数字化、智能化转型。

三　提高企业“走出去”的能力和水平

“走出去”是提升中国对外开放水平，开拓国际市场空间，提升企业国际竞争力的必然选择，也是推动“一带一路”国际产能合作的重要途径。“一带一路”倡议提出十年来，河南推动企业“走出去”的政策支持力度不断加大，极大地推动了开放型经济新体制的构建和外经贸发展，贸易强省建设迈出坚实步伐。未来，河南应注重企业市场主体作用的发挥，在拓展企业对外合作方式、创新商业运作模式、提高企业境外经营能力和水平等方面发力，提高企业“走出去”的能力和水平。

（一）拓展企业对外合作方式

1. 积极参与新兴领域规则制定

在全球经济贸易发展进入深度调整期的大背景下，积极参与和推动新兴领域规则制定，有助于企业拓展对外合作方式。对此，河南应依托 WTO、

RCEP 等贸易规则和机制，积极参与推动贸易投资便利化规则的制定，与“一带一路”共建国家对贸易投资便利化问题等进行深入讨论，积极推动构建贸易投资自由化的多边框架协议。此外，河南还应大力增强数字经济在经贸规则制定领域作用的发挥，依托跨境电商大省发展优势，积极参与“一带一路”电子商务规则的制定，推动构建安全高效的数字经济发展环境。

2. 积极开展第三方市场合作

积极开展第三方市场合作是企业拓展境外合作的重要方式，有助于推动促进国际市场的大融合、大开发。河南企业积极拓展“一带一路”第三方市场应注重以下三点。一是不断提升产能和装备的“走出去”水平，做优做精一批综合效益好、发展潜力大的重大优势项目，积极探索构建互利共赢的区域产业链、供应链。二是高水平建设一批产业定位清晰、科技创新能力强、管理运营经验先进、绿色环保可持续的境外经贸合作区，在助力企业本身做大做强的同时，促进东道国当地就业和经济发展。三是推动完善第三方市场合作机制，强化与“一带一路”共建国家的政策沟通与人文交流，完善双边经贸合作机制，不断深化政策沟通。

（二）提高企业境外经营能力

1. 强化顶层设计和整体布局

“一带一路”是以项目建设为导向、以多元平台建设为支撑的重大战略构想，企业“走出去”需要注重强化顶层设计和整体布局，需要有科学合理的战略规划和健全的引导机制。对此，河南应在“一带一路”企业“走出去”的过程中，坚持企业为主、市场运作、政府引导的原则，政府为企业提供准确优质的“走出去”风向标，强化企业主体在海外的统筹布局，引导企业有序参与国际竞争合作。企业在具备国际视野的前提下，瞄准“一带一路”共建国家的重点领域，进行示范工程建设，进而打造企业在海外的有力支点，以点带面，最终实现企业在海外的总体布局，推动企业更好“走出去”。

2. 建立健全供应链管理体系

“一带一路”国际产能合作的开展与供应链管理密不可分，河南企业提升“一带一路”境外经营能力需要建立健全“一带一路”供应链管理体系。

对此，首先，应注重供应链结构的优化，以重点制造业企业供应链建设为抓手，对参与“一带一路”供应链的各类主体、资源、趋势等进行深入分析，并找出问题、短板进行系统性规划设计，不断对供应链体系与结构进行优化，推动供应链管理从单一组织内部管理向跨组织、跨平台的一体化协同管理转变。其次，要注重探索培育“一带一路”供应链“链主”企业，积极推动优势企业以核心技术、创新研发、标准制定等为依托，强化对供应链上下游的整合、优化能力。最后，要加强对“一带一路”供应链管理人才的培育和引进，加强对供应链管理专业及学科的建设，对供应链基础人才发展进行分类培育，并联合高校、科研院所等培育一批具有国际视野和战略思维的供应链领域专业人才。

3. 积极探索推进本地化运营

“一带一路”企业“走出去”的过程也是融入东道国经济社会发展的过程，提升企业的境外经营能力，积极推动本地化运营是支撑。对此，河南在“一带一路”建设中“走出去”的企业应在境外投资中精准掌握东道国的政治、经济、社会形势，了解本地的文化特色和制度规则，如法律法规、文化习俗等，在进入东道国后更快、更好地融入当地发展。针对企业“走出去”经常面对的外籍员工管理、融合问题，应通过开展培训、交流等形式多邀请东道国优秀员工和高管来省内参加活动，探索弥补文化差异、提升企业员工整体素能的新路子。

（三）创新商业运作新模式

1. 积极推动合作园区建设

“一带一路”合作园区是产业集聚的重要平台，也是产能合作的集中体现，能够有效降低企业的投资成本和经营风险，提升企业在海外的经营能力。河南应加强与“一带一路”共建国家和地区在合作区基础设施建设、政策制定等方面的磋商，为合作区建设创造条件、提供坚实支撑。与此同时，河南应借助各类开放平台积极推进基础设施建设与产能合作的“硬联通”，通过夯实通道支撑，大力推动省内重点制造业企业，如中铁盾构、洛拖等“走出去”，推动合作区多产业协同发展。此外，河南还应积极鼓励省内企业抱团出海，相关政府部门要大力出台关于税收、信贷、审批等方面的优惠政策，鼓励企业开展集群式的国际产能合作，共同拓展海外市场。

2. 放大“互联网+”效能

河南放大“一带一路”的“互联网+”效能，应注重加快数字经济顶层设计，加快推动“网络强省”建设，通过互联网企业境外市场建设、境外网络营销平台建设等，充分发挥“互联网+”效能，助力企业通过创新互联网商业运作模式实现借船出海。此外，省内企业还可以通过充分利用信息、技术、平台优势等，创新运用 PPP、BOT 等模式与“一带一路”共建国家广泛开展基础设施投资和产能合作，积极探索“工程+融资+运营”等合作新模式。积极推动实施“一带一路”基础设施建营一体化，依托互联网，加大对境外企业的生产性服务投入，衍生对外承包工程的业务链，进而提升企业在国际基础设施产业分工中的地位。

四　提升国际产能合作风险防控能力

国际产能合作是推动“一带一路”建设的重要抓手，但开展国际产能合作也会面临诸多风险挑战，如政治风险、经济风险、市场风险、政策法律变动风险、投资决策与运营风险、自然风险等，提升国际产能合作的风险防控能力意义重大。对此，河南提升“一带一路”国际产能合作抗风险能力，可以从完善“一带一路”国际产能合作保险制度、完善“一带一路”海外投资与财产保护机制等方面入手展开突破。

（一）注重对国际市场前期调研

1. 充分发挥第三方咨询服务商优势

专业的第三方咨询服务商在收集“一带一路”东道国产能合作风险信息上具有较强的规模经济优势。由于专业的第三方咨询服务商能够深入了解拟开展项目的内外部环境和风险，因此可以为不同的服务需求匹配对应的信息咨询和服务供给，能有效降低由信息不对称带来的边际风险。对此，应选择在“一带一路”东道国知名度高，深度明晰东道国各类产业、投资、环境、区位风险的第三方咨询服务商，帮助企业在开展国际产能合作中获取有价值的投资、决策咨询信息，并充分应用到企业与东道国的产能合作决策中。

2. 审慎选择企业进入国际市场模式

在开展“一带一路”国际产能合作的过程中，河南企业应根据自身的特色、优势，并结合“一带一路”东道国的国家性质、政治环境、市场环境、文化差异、汇率情况、行业层次、企业层次等影响因素，审慎选择进入国际市场的模式。例如，是以直接设立境外子公司的贸易进入模式，以技术转移等无形资产进入的契约进入模式，还是以跨国并购、联盟等形式为主的投资进入模式。

3. 积极构建风险评估与监测体系

通过第三方机构和对已有对外产能合作统计监测系统的分析，在产能合作境外项目实施之前对项目进行客观、准确的风险评估和可行性分析，并在此基础上，探索建立河南“一带一路”中资企业境外投资信息服务系统，通过密切跟踪东道国政治经济形势变化情况、法律发展政策调整情况和国际大宗商品市场变动情况等，结合企业综合运营情况，及时发布风险预警。与此同时，还要注重充分发挥领事馆和海外商会作用，建立“一带一路”风险应急处理机制，帮助企业应对海外突发风险。

（二）拓宽投资领域提高灵活性

1. 拓宽以获取战略技术资源为主要目标的高新技术产业产能合作

虽然我国的5G技术和超导材料研发等高新技术产业发展已经达到或接近世界先进水平，但如芯片等以高精尖技术发展为依托的珍贵资源稀缺，制约着我国经济发展质量的提升。对此，河南企业应依托国内5G等先进高新技术，积极拓展消费潜力大、消费能力强的“一带一路”共建国家市场；立足芯片发展，积极寻求高技术资源，与“一带一路”中高精尖技术先进的国家结成战略联盟，并通过在当地建设研发机构、购买核心技术等，吸收、吸纳当地技术成果应用，并转化为自身发展的动能。

2. 拓宽以扩大海外市场为主要目标的中间性技术企业产能合作

随着我国经济社会的进步和高新技术产业的发展，汽车、洗衣机、电视机、空调等在国内市场已经逐渐趋于饱和，对河南企业而言，针对这类国内市场逐渐趋于饱和、流水线作业的产业、技术应积极转移到“一带一路”经济欠发达的国家和地区，如东南亚国家、拉美国家等，并注重在新兴经济体内部推广复制，从而打破发达国家贸易保护主义的限制，扩大商品出口。

3. 拓宽以产能转移为主要目标的标准与适用技术产业产能合作

标准技术产业主要是指在生产过程中技术已经趋于标准化的产业，如纺织业、机械制造业等，标准化产业提升市场竞争力的关键在于商品价格的制定，而商品价格的制定又与原材料、劳动力等生产成本的高低密不可分。对于这类已经实现标准化生产的产业，应探索将技术和部分产业链转移到资源丰富、劳动力成本低廉、交通基础设施便利的“一带一路”共建国家，并向第三国出口。

（三）完善海外投资与财产保护机制

1. 提升我国涉外法律执法服务水平

涉外法律体系包含国内法、国外法、国际法等重要法规、条约内容，在对外交往中处于基础性地位。河南应立足“一带一路”高水平开放的现实需要，加快探索制定急需的“一带一路”涉外单行法律法规，积极构建完善反制不当限制、反制不当竞争、反制不当禁止的法规体系，并通过广泛参与经贸协定谈判等，推动完善各类双边、多边条约、协议。此外，应积极参与“一带一路”国际金融、国际反腐等国际治理体系建设，积极参与和完善国际法与国际关系的相关准则，在推动构建人类命运共同体上贡献河南力量。

2. 建立企业风险防控与规避机制

在“一带一路”国际产能合作当中，国有企业是“走出去”的主角。对此，河南应积极推动深化国有企业改革，注重推动优质国有企业与民营企业成为促进跨国产能合作的主体。在全球政治局势动荡、经济不景气、贸易冲突多发的大背景下，河南企业应注重将自身特征与“一带一路”东道国发展情况进行匹配，衡量进行产能合作的风险，并在海外投资保险制度构建上下足力气，通过参与保险公司、银行等金融机构合作，合理规避信用风险，保障“一带一路”合作项目建设具有稳定、可持续、风险可控的资金支持。

3. 不断提升汇率风险防范水平

在国家层面，要不断加大对“一带一路”的外汇政策供给，出台多元化、涉及面广的外汇管理措施，完善外汇市场基础设施建设，为企业提供高效、便捷的汇率避险公共服务。在省级层面，河南应充分利用各类媒体渠道积极开展“一带一路”企业“走出去”和“引进来”的汇率避险宣传工作，通过开展专项培训等，加大对企业的走访、宣传力度，帮助企业制定完善更多的外汇风险管理举措。此外，还可以通过制定出台一系列的减费让惠举措等，不断探索完善河南“一带一路”企业避险成本分摊机制，通过设立保证金资金池、专项担保等方式，降低中小微企业的资金压力。

第二节　提升经贸合作水平

“一带一路”倡议提出十年来，河南与“一带一路”共建国家在外贸进出口、境外产业合作园区建设、对外直接投资、利用外资、对外承包工程、贸易自由化便利化等方面取得了显著成效。但与此同时，河南在参与“一带一路”经贸发展的过程中还面临外贸投资合作风险加剧、数字贸易发展动力不足、现代服务贸易亮点缺乏、货物贸易竞争激烈、产能合作效能不突出、制度型开放不完备等问题。未来，需要在积极打造贸易促进平台、优化提升货物贸易结构、持续扩大服务贸易规模、优化提升投资合作质量、构建多元化的经贸合作机制等方面下大力气，提升河南参与共建“一带一路”的经贸合作水平。

一　积极搭建高能级贸易促进平台

各类贸易平台建设是推动“一带一路”经贸发展的重要支撑。近年来，河南自由贸易试验区、跨境电商综合试验区、郑州航空港经济综合实验区、国家级和省级开发区、口岸等各类平台建设在推动共建“一带一路”高质量发展的过程中发挥了积极作用，平台能级不断提升。未来，河南还应在开放平台建设方面做好进一步谋划，全力打造河南“一带一路”高能级贸易开放平台。

（一）全力打造中国（河南）自由贸易试验区2.0版

1. 高水平推进制度型开放

为高水平对接“一带一路”，河南自由贸易试验区应不断深化改革，创新开放管理机制，努力打造最优营商环境，促进信息资源共享，加快推进制度型开放。对此，河南自由贸易试验区应围绕高质量共建“一带一路”，积极开辟多方融资渠道，进一步放松投资管制，逐步开放投资领域，尤其是扩大服务业对外开放，加快教育、医疗、文化等领域开放进程，激发经济活力。在适用河南自由贸易试验区各项开放创新措施的基础上，探索建立以贸易投资自由化为核心的制度体系，并以分类监管、协同监管、智能监管为基础，建立健全风险管理制度。强化开放型经济集聚功能，探索打造更具国际市场影响力和竞争力的特殊经济功能区，集聚发展集成电路、生物医药、人工智能、航空航天等我国高质量发展急需产业的关键环节和技术。努力打造一批具有内陆特色和代表性的全球贸易中心和研发中心；积极探索和打造面向“一带一路”共建国家的创新合作、产能合作、服务合作、投融资合作网络；探索设立内陆地区首个无水自由贸易港——郑州空中自由贸易港，获取更大的开放自主权，在更大范围、更高水平上参与国际竞争合作。

2. 加快构建现代化产业体系

以智能制造为引领，努力打造国家先进制造业高地，是自贸试验区助力“一带一路”高质量发展的重要抓手。瞄准未来发展方向，注重“数字化+网络化+智能化”的深度融合，探索产出智能化产品和智能化服务，能够为河南深度融入“一带一路”提供优质的服务供给。对此，河南自由贸易试验区应积极推进以5G技术为基础，以大数据、云计算、物联网、区块链、人工智能等新技术为引领和支撑的五大基础互联工程，为构建智能制造全产业链、供应链、价值链提供各类产业支撑平台。积极发展门类齐全、前景广阔的信息、金融、保险、咨询、法律服务、会计、科技服务等商务服务业和计算机、创意、会展等现代服务业。着力培育数据等新兴生产要素市场，加快智能计算、工业互联网、云计算等基础服务设施建设。大力发展“银发经济”，聚焦医疗、养老、健康、护理等方面，积极打造社会化、专业化的养老服务机构，围绕合作共建“一带一路”，在智慧医疗、智慧康养、智慧服务等领域加强研发和深度探索。

3. 加快建设数字自贸试验区

近年来，数字经济蓬勃发展，数字化也逐渐成为推动地区经济发展的重要标识，河南自贸试验区应积极抓住数字化转型带来的机遇，加快探索建设河南数字自贸试验区，积极推动河南数字“一带一路”建设从愿景变为现实。对此，应大力推动自贸试验区绿色数据中心建设，积极引进全国或区域知名的互联网数据平台中心入驻，探索培育一批具有较强竞争力的大数据服务企业。以电子商务、云计算、大数据、物联网、信息软件等优势产业为支撑，积极打造具有全国影响力的数字产业集群；以推动“5G+工业互联网”创新发展为引领，加快制造业数字化转型；以推动物流、文化、旅游、金融等服务业数字化转型为契机，做优做强数字经济；以移动支付、互联网金融、远程医疗等发展为重点，推动数字服务沿着“一带一路”从河南走向世界。

（二）深入推进郑州航空港经济综合实验区体制机制改革

1. 提升政府及企事业单位改革治理效能

坚持党的全面领导，坚持以人民为中心，坚持新发展理念，坚持统筹谋划，加快推进航空港区企业事业单位改革，增强企事业单位改革的整体性、系统性，为河南实现高质量共建“一带一路”提供制度保障。对此，郑州航空港经济综合实验区应结合企事业单位自身特点，注重教科文卫等行业体制改革的协调推进，不断优化机构设置、明确功能定位，凝聚协同推进改革的强大合力。注重对政府治理现代化的评估，在突出民主权益和建立健全监督问责机制的前提下，通过对民主化、法治化、制度化、高效化四大评估标准的具体设定，实现政府权力和公民自由权利的有机统一，定期组织多学科、跨领域的专家队伍对治理体制和模式进行评估、分析和研判，保证科学性和实用性。

2. 完善航空港区创新激励保障机制

郑州航空港经济综合实验区应积极探索制定关于抓住航空港经济综合实验区建立容错纠错机制激励干部改革创新担当作为的实施意见，明确改革创新容错具体标准，宽容干部在推动工作、改革创新、干事创业中的失误，如经过规定的决策程序或特殊情况下事后及时履行报告程序，经过民主评议，不是个人专断、一意孤行的可以容错。与此同时，规定容错认定的具体程序，对给予容错免责的干部予以同等的考核标准，弘扬作风正派、敢于担当、勇于负责的地方政府干部作为新风尚，增强干部干事创业的积极性。此外，还应积极构建以精准考核激励科学实干、大胆创新的正向激励机制。探索设立改革创新、担当作为奖项，真正把政治过硬，“敢作为、愿作为、能作为、善作为”的干部选拔出来，提升干工作的精气神。

3. 完善绩效考评指标体系建设及考评机制

在完善绩效考核评价体系方面，郑州航空港经济综合实验区应坚持目标导向与结果导向相统一、平时考核与年度考核相结合，针对不同类型部门采取各具特色的考核评价标准，密切跟踪每一项指标进展情况，对完成进度滞后的指标及时预警，用数据说话，凭实绩论英雄，切实把考核“指挥棒”“风向标”的作用发挥到位。此外，探索构建严管和厚爱相结合的考核管理制度，注重年轻队伍的锻炼，及时调整专业不对口现象，完善待遇保障机制，建立健全与各级人才专业化素质相匹配的奖金福利体系，设置不同奖励系数，探索将各类奖金分配与实际绩效挂钩，拉开奖励档次，强化按劳分配、按效分配，不断激发人才队伍动力，分期选派年轻优秀人才到上级机关、发达地区学习。

（三）稳步推进跨境电子商务综合试验区建设迈向新台阶

1. 瞄准数字化契机大力发展数字贸易

围绕河南数字“一带一路”建设，巩固跨境电商综试区电子货运试点项目成果，打造集产品展示、在线交易、物流通关、融资结汇、综合服务于一体的全球数字化贸易平台和全产业链、全平台、线上线下深度融合的“一站式”数字贸易新模式。积极引导跨境电子商务“一带一路”海外仓规范发展，推进数字贸易海外仓发展模式，优化海外仓监管政策，加快建设平台型海外仓和第三方海外仓，运用互联网和智能仓储技术提升海外仓的数字化和信息化程度。探索数字贸易管理体制和监管新模式，探索建设特色电子口岸，并从口岸通关执法加快向口岸物流、贸易服务等全链条拓展；探索分级分类的跨境数据、数字服务监管制度，开展商务数据跨境流动试点和安全管理试点；积极培育优势突出、覆盖面广的河南“一带一路”跨境电商龙头企业，延续、放大河南在跨境电商领域的综合优势。

2. 积极推动跨境电商供应链金融发展

供应链金融在跨境电商领域的应用对破解跨境电商中小企业融资约束、提高融资绩效意义重大。对此，应不断丰富“一带一路”跨境电商供应链企业融资方式，坚持创新引领，在推动数字技术应用的前提下，积极利用数字技术提升企业运营效率，同时通过票据转让、库存质押等供应链融资方式，及时、高效地获取信贷资金。此外，在注重充分利于区块链等数字技术积极整合“一带一路”跨境电商产品在供应链渠道流通中的信息资源的同时，应充分给予跨境电商更加便捷、高效的通关、退税、物流等服务，围绕“一带一路”信用背书建设，为跨境电商企业提供更为优质的信用增级服务，提高供应链融资服务效率。

3. 打造升级版跨境电商综合服务体系

进一步丰富和完善跨境电商综试区“单一窗口”平台功能，并在此基础上通过不断升级和拓展政务及综合服务功能，进一步丰富和完善信息服务、金融咨询、监测防控、智能物流等功能体系，推动实现电商企业、监管部门和服务机构在“一带一路”跨境平台建设方面的信息共享与互联互通。此外，还应积极推动跨境电商综试区综合服务平台提质增效，促进所有单证的电子化运营，并通过推进 EWTO 核心功能区建设，探索形成符合新时代跨境电商发展需求和“一带一路”发展需要的电子国际贸易关税协定、监管协定、贸易服务协定等，通过积极参与全球电子国际贸易新规制定，提升郑州跨境电商综试区能级，依托跨境电商综合服务体系升级，掌握国际电子贸易话语权。

（四）积极推动经济技术开发区深化改革与创新发展

1. 强化战略科技力量支撑引领

开发区是投资兴业的热土，也是产业集聚的高地，更是推动共建“一带一路”高质量发展的重要支撑。强化河南经济技术开发区战略科技力量引领，一是要坚持完善科技创新体制机制。建立健全科技创新上下游协同机制，注重构建领军科技企业辐射带动上下游企业协同的体制机制，优化科技规划体系和运行机制，推动重点领域项目、基地、人才、资金一体化配置，改进科技项目组织管理方式。强化领跑思维，探索构建“原创特征明显、攻坚体系完备、跨学科多领域协同、平战转化顺畅”的科技创新发展体制机制。二是夯实科技基础，坚持数字化、网络化和智能化的武装与引领，坚持产业链与产业集群的区域协同发展，瞄准人工智能、量子信息、集成电路、生命健康、脑科学、生物育种、空天科技等前沿领域，实施一批具有前瞻性、战略性的国家重大科技项目，通过科技创新促进河南“一带一路”相关产业向价值链高端攀升。

2. 不断优化资源要素配置能力

资源要素配置是推动共建“一带一路”高质量发展的动力源。提升开发区资源要素配置能力，一是提升土地资源利用水平，推动开发区建设精准对接国土空间规划，统筹考虑区域环境、基础设施、产业发展等综合因素，保障重大项目建设用地需求，积极推动土地的兼容复合利用。二是强化财政金融支持，不断提升省内开发区的财政自主权，进一步完善开发区预算管理和核算制度，不断加大对开发区的金融服务和政策性资金投入力度，鼓励开发区内部创新设立科技发展基金、产业投资基金等。三是吸引集聚高端人才，积极开展开发区招才引智工作，下大力引进具有创新创业能力、掌握核心技术的领军人才和一线应用型专业技术人才，完善丰富开发区人才资源信息库建设。

3. 加快产业转型与绿色发展

绿色发展是产业升级的重要目标导向，近年来，国家大力实施高新区绿色发展专项行动，推动经济技术开发区产业转型与绿色发展。对此，河南应围绕绿色“一带一路”建设，积极推动互联网、大数据、人工智能等新技术与区内产业转型升级相结合，通过绿色核心技术攻关，实现传统产业的清洁化改造和智能化升级。积极实施创新驱动战略，在加快推动网络化、数字化、智能化等新型基础设施建设的同时，大力推进先进制造业与现代服务业的深度融合，加快推动健康服务业、商贸服务业、养老服务业、法律服务业等生活性服务业发展，积极为“一带一路”共建国家提供绿色化程度高的服务产品，进而推动产业绿色化水平的提升。

二　积极推动贸易结构优化升级

贸易是拉动地区经济增长的“三驾马车”之一，“一带一路”倡议提出十年来，河南与“一带一路”共建国家的贸易规模不断跃升，货物贸易进出口总额从 2013 年的 647.5 亿元提高到 2022 年的 2224.1 亿元，货物贸易占全省外贸总值的比重也由 2013 年的 17.4%增加到 2022 年的 26.1%。但与此同时，河南外贸发展大而不强、贸易结构欠优、贸易发展不平衡不充分等问题依然存在，制约着河南“一带一路”经贸发展。未来，河南应着力调整贸易结构，在推动货物贸易优化升级、大力促进服务贸易发展、积极培育服务外包新优势、提升贸易数字化水平等方面发力，推动河南外贸实现高质量发展。

（一）优化货物贸易结构

1. 优化布局国际市场

在推动“一带一路”外贸发展与国家重大区域战略积极对接的同时，综合考虑“一带一路”共建国家市场规模、消费结构、产业结构、外贸风险、外贸潜力等因素，对出口市场和进口来源地进行进一步优化调整，积极拓展拉美、非洲等出口市场，扩大进口来源，提高新兴市场贸易占比。加快推进“一带一路”贸易通道建设，注重拓展进口渠道、发展进口业务，以郑州航空港区建设“国家进口贸易促进创新示范区”为引领，积极布局建设一批功能齐全、交易模式灵活的进口示范区。此外，还应积极加大研发力度，拓宽优质民营企业国际视野，通过积极参加“一带一路”各类国际会展、完善贸易平台建设等，使企业更好地了解东道国总体情况，提升贸易活动的质量和效果。

2. 优化商品进出口结构

河南作为农业大省，在推动“一带一路”经贸发展的过程中，应积极推进“一带一路”农业国际贸易高质量发展基地建设，在增加国内紧缺农产品进口的同时，提高精加工、高附加值农产品在“一带一路”货物贸易中的出口比重。扩大先进技术、关键零部件、重要设备等优质消费品的进口，以及关键能源资源产品的进口等，并通过出口优质的环保、绿色等低碳产品，提升高技术、高附加值的装备类企业在“一带一路”建设中参与国际合作的质量和水平，进而带动省内服装、食品加工等传统产业的转型升级。

3. 优化完善贸易方式

高标准推进“一带一路”加工贸易发展，完善加工贸易产品分类管理制度，控制低层次加工贸易发展规模，积极鼓励和引导加工贸易企业加大研发投入力度，推动河南加工贸易从简单代加工向自主研发设计、自主品牌设立发展，增强企业自主创新能力，推动“一带一路”加工贸易发展向产业链高端跃升。除加工贸易外，一般贸易也是目前我国最主要的贸易方式，做大做强一般贸易，应注重技术创新的重要引领作用，积极推动企业从“河南制造”向“河南智造”转变，提升企业的创新能力，注重企业自主品牌的形成，自主知识产权、自主营销渠道的构建和高技术、高附加值商品的产出。此外，河南企业深度融入“一带一路”建设，还要大力发展其他贸易，稳步推进各类贸易政策落地实施，推动小额贸易持续健康稳定发展，培育壮大优势外贸，探索发展新兴贸易方式。

（二）创新服务贸易发展

1. 主动扩大服务进口

未来5~10年，随着城乡居民服务型消费潜力的不断释放，我国服务贸易发展潜力巨大，服务贸易规模也将会进一步扩大，并会逐渐成为推动全球服务贸易稳定可持续发展的重要因素。扩大“一带一路”服务贸易进口，应注重进一步推进生产性服务业开放，放大生产性服务业的市场准入，扩大技术密集型生产性服务的进口，加快高技术含量、高附加值服务业开放，在促进产业结构升级的同时，提升对外开放质量与水平。此外，还应进一步丰富完善河南“一带一路”服务进口政策体系，进一步降低高端、优质消费品的关税水平，扩大零关税覆盖范围，逐步减少跨境服务贸易负面清单数量，简化服务进口通关手续，积极推进服务进口的海关便利化进程。

2. 推动服务外包转型升级

河南推动“一带一路”服务贸易创新发展，应积极借助制造业传统优势，在推动服务外包与制造业融合发展的同时，积极培育研发、设计、维修、咨询等生产性服务外包，积极培育云外包、众包、分包等新模式，大力推动在岸服务外包业务发展，构建稳定的“一带一路”国际产业链、供应链。顺应数字化、网络化、平台化等产业发展趋势，充分利用5G、互联网等新兴技术积极发展数字制造外包，打造数字化的公共服务产品和一批具有示范性、代表性的行业应用场景，高标准探索建设河南“一带一路”服务外包示范城市。此外，还应不断完善服务外包产业发展政策，强化对服务外包产业的公平竞争审查，强化服务外包知识产权保护，加大对先进技术型服务企业税收等优惠政策的制定。

3. 完善服务贸易发展机制

河南建立完善“一带一路”服务贸易联动协调机制，应注重加强省内各地市与重点园区、重点企业之间的互动联系，共同分享服务贸易发展的典型经验和做法。全面深化服务贸易创新发展试点，探索建设国家级“一带一路”服务贸易创新发展示范区和“一带一路”服务贸易国际合作示范区，探索建设地方性服务贸易境外促进中心，并在这些区域深化“放管服”改革，针对特定服务贸易领域下放审批权限。此外，还应建立健全跨境服务贸易负面清单管理制度，完善服务贸易创新发展试点考核机制，定期对试点地区进行效果评估，强化对服务贸易工作的监督管理。

（三）加快发展贸易新业态

1. 推动跨境电商高质量发展

河南应扎实推进“一带一路”跨境电商综合试验区建设，在跨境交易、支付、通关、结算等环节优化进口监管，探索跨境电商交易的全流程创新，积极引导跨境电商规范发展。探索创新“跨境电商+海外仓”发展模式，推进跨境电商线上综合服务平台建设，引导具有实力的跨境电商主体探索建设具有鲜明代表性的海外仓。探索建设“一带一路”海外智慧物流平台，积极打造要素集聚、反应迅速、上下游融合发展的跨境电商供应链体系。

2. 推动离岸贸易快速发展

在河南自由贸易试验区内部积极探索发展离岸贸易，积极探索培育一批抗风险能力强、制度健全的“一带一路”离岸贸易经营主体，在河南探索建立具有区域性特征的离岸贸易行业组织。此外，还应完善离岸贸易金融服务体系，依托在岸结算型离岸贸易发展，围绕离岸贸易资金流、货物流、订单流“三流”分离的特点，创新金融服务模式，借助“一带一路”高质量发展契机，积极创新离岸金融监管，鼓励银行优化离岸贸易业务审核方式，为河南“一带一路”企业“走出去”提供优质的金融服务。

3. 创新报税维修业务发展

以“一带一路”交通基础设施建设为支撑，以郑州新郑国际机场建设为依托，大力支持企业在综合保税区内部开展维修业务，并根据实际情况对维修目录进行动态调整，进一步扩大维修产品目录，推进综合保税区内部维修产业的发展。支持河南自由贸易试验区等高质量对外开放平台按照综合保税区的维修产品目录，积极拓展技术含量高、附加值高、环保要求高的“两头在外”报税维修业务，建立健全能有效推进报税维修业务发展的政策体系。

（四）提升贸易数字化水平

1. 推动对贸易全链条的数字化赋能

推动数字技术与贸易全链条的深度融合，依托互联网、云展会等线上平台，运用数字化手段，鼓励外向型产业提升智能制造水平，促进数字化营销。通过大力推广和积极拓展“单一窗口”功能、加快智慧港口建设等举措，持续推进贸易进出口相关环节的无纸化运行，积极打造集质量、效能于一体的智慧仓储物流体系，提升产业链、供应链全链条的数字化服务能力和售后服务质量。与此同时，还应在加快数字知识产权认证和技术标准建设，积极推动“一带一路”数字治理体系构建的前提下，提升贸易领域的综合服务水平和监管效能。

2. 夯实推动贸易数字化的政策支撑

将现代信息与通信技术作为重要载体，通过将数字化与传统贸易中洽商、设计、制造、流通、金融、监管、服务等各环节深度融合，不断健全完善贸易数字化的各类规则、标准，积极探索制定推动贸易数字化转型的政策措施，以数字化手段推动企业拓展国际市场、开展国际合作。积极搭建贸易数字化公共服务平台和贸易数字化企业交流合作平台，通过推动外贸大数据应用、开展贸易数字化地方探索、提供精准化的数字服务等，为“一带一路”贸易数字化发展构建开放包容、安全可靠、协同发展的数字生态体系。

三　不断优化提升经贸投资合作质量

2022年底召开的中央经济工作会议指出，“推进高水平对外开放”“提升贸易投资质量和水平”。在逆全球化思潮涌动、国际经贸规则进入调整期的今天，优化提升贸易投资合作质量是推进高水平对外开放和高质量共建“一带一路”的必然选择。如今，虽然河南外贸外资发展实现稳量提质，实际利用外资水平增速也高于全国，但是面对国内外竞争日趋激烈的形势，在推进高水平对外开放的现实要求下，河南贸易投资合作仍然有较大的提升空间。未来，应从提高对外投资质量水平、提升对外劳务人员素养、探索深度融入RCEP、完善对外投资管理体制等方面入手，不断优化提升河南“一带一路”投资合作质量。

（一）提高对外直接投资水平

1. 进一步加大对外开放力度

努力开拓“一带一路”国际市场，充分利用 RCEP 全面生效带来的贸易投资便利，深耕东南亚国际市场，积极与亚太地区的国家和地区签署投资协议，密切经贸往来，对已经签署投资协议的国家和地区，应持续深化合作，不断提升自身的吸引力。此外，还应进一步缩减并完善负面清单，加强与“一带一路”共建国家的跨国资本往来、推动跨国市场开放，在各类投资规则的制定上要追赶发达国家标准，进一步优化提升负面清单的可操作性与开放性，尤其是在高端制造业、金融业、服务业方面逐渐加大开放力度。

2. 积极鼓励民营企业对外投资

改革开放以来，我国民营企业和国有企业一样，在推动经济发展方面发挥了重大作用，在一定程度上帮助提升了相关产业的国际竞争力。此外，民营企业对风险和成本的高敏感度，对投资回报率的高关注度等，使民营企业“走出去”反而更具优势。因此，河南应为民营企业对“一带一路”共建国家的对外直接投资提供更优质、更便利的制度环境，完善海外投资平台建设，鼓励进出口银行、保险公司、商业银行等为民营企业提供与国有企业同等的贷款和进入服务标准，对一些重大投资并购项目进一步简化审批程序、缩短时间、提高效率，创新投融资模式，适度扩大“一带一路”境外资金投资规模，给予民营企业境外投资更大的支持力度，增强民营企业抵御海外风险的能力。

3. 提升海外派遣人员综合素养

海外派遣人员是企业在海外布局高端战略性人才，拓展“一带一路”海外市场、提高“一带一路”对外投资质效的关键一环，提升海外派遣人员综合素养意义重大。对此，河南应从知识、能力、性格三个方面对外派人员的资格认定和选拔进行综合考量，并积极推动实施“一带一路”外派人员“文明素质提升计划”“文化学历提升计划”“职业技能提升计划”“知识普及提升计划”等培训工作，并从提升海外文化素养、专业能力、语言能力、心理素质等多方面多角度为外派人员出行打好基础，做好全方位准备。

（二）推动“一带一路”与 RCEP 深度对接

1. 深耕东南亚、中亚、北非等新兴市场

河南应充分借助 RCEP 全面生效的契机，鼓励产业链较长且具有外部竞争力的企业将装配环节转移到缅甸、柬埔寨等处于工业化初级阶段的欠发达国家，并以此为切入口，大力发展产业链长、供应链稳定、价值链高、带动能力强的一般贸易，探索打造安全自主可控的区域产业链、供应链、价值链。在稳住富士康“压仓石”作用下，深耕越南、印尼、泰国等处于工业化进程的新兴市场，聚焦食品、轻工、纺织、电子信息、汽车等产业，依托河南现有的专业性产业园区，如光伏产业园区等，探索构建高附加值的生产网络体系。

2. 做大做强东盟、日韩等传统优势市场

在拓展对外经贸合作方面，河南应借助 RCEP 持续巩固提升与日本、韩国在电气控制装置、汽车零配件、纺织原料、金属原材料等产品上的贸易往来；尝试与日本、韩国在人工智能、生物制药、新能源等新兴产业领域和旅游、文化、教育、养老等领域展开深入合作，创新合作模式，在对日韩外经贸交往上巧用力、深谋划；推动与韩国以及新加坡等东盟国家合作建设智慧产业园区、数字经济园区，提升区域内的数字化协同集合能力。

3. 积极开拓亚太地区第三方市场

借助“一带一路”共建成效，河南应积极开拓亚太地区第三方市场，除基础设施建设、贸易投资、高端制造业等领域，与 RCEP 成员国在气候变化等领域加强绿色化、数字化的技术创新等高水平国际合作。与新加坡、澳大利亚等国家在绿色基建、绿色技术、绿色产业、绿色金融等方面开展广泛合作，推动产能合作转型升级。此外，以河南与日韩两国高端制造业外贸合作为主导，通过设立跨国公司等形式，向东盟及“一带一路”沿线相对发达的国家和地区输出高品质的制成品或中间产品，在分销或组装后转口到 RCEP 和“一带一路”沿线欠发达国家，放大比较优势，积极拓展东盟、“一带一路”沿线及其他不同发展层级国家和地区的外贸市场。

（三）完善对外投资管理体制

1. 健全完善投资管理制度体系

河南应不断深化“一带一路”投资领域“立改废”体制机制改革，不断完善企业内部投资项目核准、备案管理等制度规范，积极推动修正、完善政府预算内直接投资、贷款补助等制度规范，提升投资决策的科学、规范化水平和制度法规的协调性。着力构建规范、统一的“一带一路”投资审批管理制度，对于省内其他地区没有制定投资相关配套管理制度的区域，积极推动其地方政府加快出台地方性的投资法规，并不断细化投资管理的职责、程序和制度保障，进而规范投资管理机制。

2. 优化完善投资项目审批管理

围绕完善“一带一路”投资项目审批，河南应制定完善省内各类投资管理办法，积极履行“一带一路”投资项目审批管理职责，对新增的审批环节进行严格把控，推动制定投资项目清单及实施要素一览表等，推进投资项目在线上实现标准化审批，进一步规范投资审批事项统一名称和材料清单。进一步精简投资项目审批环节，探索取消企业能自主决定、机构能自律管理、市场能有效调节、政府可事后监管的审批事项，不再审批纳入本级或以上专项规划的政府投资项目的项目建议书。

3. 注重技术开发型投资政策支持

技术升级是推动产业结构转型、调整的重要推动力，未来，应把技术开发型对外投资作为“一带一路”对外投资的重要内容，加大政策支持力度。对此，河南要大力发展高技术这一硬实力，在推动发展战略性新兴产业的基础上，加强对企业自主研发活动的支持，逐渐将综合实力雄厚、发展潜力巨大的技术开发类国有企业、民营企业和其他所有制投资主体都积极纳入“一带一路”对外直接投资支持政策里，集中力量支持各类所有制主体探索开展高质量的技术开发型对外投资。

四　探索构建多元化经贸合作机制

“一带一路”倡议提出十年来，我国已经与151个国家、32个国际组织签署了200多份共建“一带一路”的合作文件，并与众多国家建立了双边投资合作工作组、贸易畅通工作组、服务贸易合作机制、电子商务合作机制等，积极对接解决在共建“一带一路”经贸合作中遇到的各类问题。在推动共建“一带一路”高质量发展的今天，探索成立更多的“一带一路”投资合作工作组和经贸畅通工作组，积极构建多元化的经贸合作机制意义重大。

（一）深化多边双边经贸合作

当今世界，在全球价值链、供应链进入深度调整期的同时，贸易单边主义、保护主义盛行，极大冲击了国际经济秩序，深化多边双边合作的重要性日益凸显。对此，河南应积极着眼于“一带一路”经贸发展大势，强化与“一带一路”共建国家之间的高层交往、互惠互信、战略运筹，通过探索建立更多的贸易畅通和投资合作工作组，构建高层对话委员会等平台，不断拓展多边双边合作的深度与广度，增加对贸易逆差较大国家的进口，强化知识产权保护。不断深化与发展中国家之间的经贸合作，积极构建稳定、成熟的地区资本市场，充分利用中非合作论坛、中阿论坛、中葡合作论坛等机制，注重与发展中国家加强民生、卫生、教育等方面的基础合作，积极推进南南合作和南北对话。此外，还应进一步完善不同政府之间的服务贸易合作机制、电子商务合作机制，充分发挥自由贸易协定对多边贸易发挥的促进作用，并通过建立双边多边工作组会议机制等，推进市场多元化、产地多元化发展目标的实现，积极妥善应对国际经贸摩擦，引导企业差异化经营，构建更加合理、更有层次的国际经贸市场格局。

（二）积极发挥政府的引导作用

有效、有为政府的建设是推动“一带一路”经贸合作机制建设的内在要求，政府对投资的引导、对机制建设的引导，能够进一步激发社会资本尤其是民间资本的积极性，能够有效推动“一带一路”经贸合作实现高质量发展。具体来看，针对社会资本难以取得合理回报、公益项目收益微薄，运营难以维持问题，政府应积极引导，不断深化价格机制改革、创新政府投资方式，建立健全政府投资、补贴与价格协同机制。针对政府投资资金使用效率低下、投资浪费等问题，应建立健全政府投资决策机制，加强对投资的监督管理，积极利用政府专项贷款扩大有效投资，强化资金的专项管理。与此同时，积极探索并有效发挥 PPP 模式对外贸投资的带动作用，政府通过合理设置招标条件和投资回报等，建立健全 PPP 投资回报机制，提升项目的可融资性和吸引力，引导有条件的社会资本积极参与“一带一路”重点 PPP 项目。总体而言，政府要注重为经贸投资提供更丰富完备的机制供给、制定更科学合理的规制政策。

（三）积极推动非政府组织参与

相对于政府组织，非政府组织具有独立性、民间性、灵活性的特点，并在专业性、视角全面性等方面具有一定优势。现如今，非政府组织在参与共建“一带一路”过程中的作用和影响越来越大，并逐渐成为一支不可替代的社会力量。当前，河南参与“一带一路”建设和全球治理的非政府组织数量较少，参与度也较低，在一定程度上制约了“一带一路”的高质量发展。对此，应在全社会积极营造支持、鼓励非政府组织参与“一带一路”建设的氛围，积极推动“一带一路”非政府组织建设，统筹考虑社会智库建设与健康发展，加大对“一带一路”非政府组织在政策咨询、措施保障等方面的支持力度，为“一带一路”非政府组织建设发展提供便利条件。与此同时，积极协调和统筹政府、企业、非政府组织之间的关系，以智库和非政府组织为依托，探索设立“一带一路”指导委员会，积极探索对中国道路的国际化学术表达，加强对“一带一路”的学理分析，提交决策咨询度高的调研报告、发展报告。

第三节　加强金融领域合作

金融合作是“一带一路”经贸投资合作的重要支柱，“一带一路”倡议提出十年来，我国与“一带一路”共建国家开展了多种多样的金融合作，搭建了“一带一路”跨境投融资合作平台，对拓展中资金融机构海外业务和推进人民币国际化起到了重要的推动作用，中资保险机构布局也逐渐展开并不断完善。由于“一带一路”共建国家多为发展中国家，这些国家的金融业发展程度不高，金融实力也相对薄弱，这为参与这些国家的金融合作带来了机遇和空间。但与此同时，“一带一路”共建国家经济发展的不平衡、不充分，世界经济发展不确定性增加等，使“一带一路”金融合作安全、市场安全风险增加，金融合作债务风险持续加大，加之金融合作评价机制、预警机制的不完善、金融合作相关领域人才缺乏等都对“一带一路”金融合作带来了巨大挑战。未来，河南应在扩大金融业对外开放、拓展金融国际合作空间、推进多元化金融创新、扩大人民币跨境使用、丰富金融创新平台、完善金融保障体系等方面发力，推动“一带一路”国际金融合作迈上新台阶。

一　扩大金融业对外开放

高质量的经贸发展离不开金融的高水平开放，扩大金融业对外开放是我国必须长期坚持的政策导向，也是全面推进高水平对外开放、稳步扩大制度型开放的关键一环。对标高质量发展的要求，应从优化拓宽投融资渠道、适度放宽外资股比限制、推动行业准入全面开放、推动金融领域供给侧结构性改革等多方面入手，稳步推进“一带一路”金融业对外开放走深走实。

（一）优化扩宽投融资渠道

1. 完善财政资金支持方式

充分发挥财政投入和财税政策的指引作用，对参与“一带一路”建设的不同企业主体，综合运用贴息、后补助、投资引导、风险补偿等多种方式，使政府资金支持能够延伸到企业活动的各个环节，不断完善税费支持，加强财政资源统筹，对有偿支持的政府资金建立形成合理的市场进入与退出机制，并通过不断优化财政支出结构、保证必要支出强度，提高财政支出效率，增强财政资金对“一带一路”企业投资的引导和放大效应。

2. 推动投融资平台市场化转型

投融资平台建设是开展投资建设活动的重要支撑，河南丰富完善投融资平台建设，推动投融资平台市场化转型，需要在深化体制机制改革的前提下，进一步明确投资平台尤其是投资平台公司的投资边界范围，厘清投融资平台公司与地方政府之间的责权关系，重点投资那些在“一带一路”建设中有一定经营收入但对社会资本吸引力不足的准经营项目，不得挤出社会资本尤其是民间资本，从源头上防范政府隐性债务的产生。此外，应坚持战略规划引领，着力提高投融资平台公司的科学管理水平，完善各类激励约束、绩效考核、风险防控、监督管理机制，积极培育投融资平台公司的核心竞争力，强化对投资项目的前提论证，保证“一带一路”投融资方案的合法性、合规性。

3. 拓宽中小企业融资渠道

中小企业是参与“一带一路”建设的重要组成部分，现阶段，中小企业信用评估材料的不健全等制约了其内外两个融资渠道的打通。对此，河南应通过丰富完善中小企业的融资方式，拓展中小企业参与“一带一路”建设的融资渠道。积极推进中小企业综合授信，鼓励银行对经营状况好、信用度高的中小企业进行一次性审批，并适度提升信贷额度。与此同时，积极推动专门开展中介服务的担保公司建设，利用担保公司对抵押品要求相对灵活的特点，帮助企业进行融资。此外，还可以通过丰富完善“一带一路”异地联合协作贷款、项目开发贷款、出口创汇贷款、自然人担保贷款、个人委托贷款、无形资产担保贷款、票据贴现、金融租赁等方式，进一步拓宽中小企业融资渠道。

（二）适度放宽外资准入限制

1. 放宽重点领域准入门槛

围绕推进高水平对外开放，河南应进一步减少对“一带一路”外商投资准入门槛的限制，进一步放宽服务业、制造业市场准入，积极推动互联网、运输、金融教育、文化、医疗等领域相关业务有序开放。逐步深化资本市场对外开放，稳步推进银行、证券、保险、基金、期货等金融领域开放，放宽境外优质投资者在河南省内投资的条件，优化行业准入流程和透明度，进一步推动放宽外商投资法律、运输等行业业务范围、人员资质等要求。

2. 持续减少市场准入限制

逐步合理缩减市场准入负面清单，积极推动清单事项全部网上处理，积极出台落实“一带一路”跨境服务贸易负面清单，逐渐落实金融业“准入前国民待遇+负面清单”管理制度，在制造业、服务业、农业等领域逐步放宽外商投资股比限制，在多领域推动实现外资控股或独资经营，逐步减少对租赁和商务、信息技术、科学研究等服务业以及仓储和邮政业、文体、娱乐业等领域的准入许可事项，进一步放松外资机构业务范围、经营地域、牌照发放等限制，打造国际化、市场化的一流营商环境，降低市场准入门槛。

3. 放宽外资机构业务限制

积极推动实现“一带一路”债券市场开放，推动更多的国际评级机构进入信用评级市场，以满足国际投资者多样化的需求，推动省内评级行业的优化升级。争取国家政策倾斜，允许外资银行在省内开展 A 类主承销业务，助力实体经济融通资金、降低成本。鼓励“一带一路”境外具有财富管理特长和国际影响力的金融机构参与设立、投资入股商业银行理财子公司、养老金管理公司、货币经纪公司，进一步引进国际先进的资金管理经验，推动资本市场的稳定、健康发展，满足投资者的多元化服务需求，提升“一带一路”金融市场的透明度、交易效率。

（三）推动金融供给侧结构性改革

1. 推动金融体系结构优化调整

深化金融供给侧结构性改革的关键是推动金融体系结构的优化调整。对此，河南应坚持以市场需求为导向，积极探索构建多层次、广覆盖、有差异的“一带一路”资本市场，制定差异化、个性化、精准化的金融产品，通过拓宽股权融资渠道、提升中小金融机构数量和业务比重、改进企业金融服务等，构建分层有序、功能互补的“一带一路”资本市场融资体系，以及集风险投资、股票交易、银行信贷等于一体的全方位、多层次的“一带一路”金融支撑体系。完善资本市场基本制度，放宽民营企业银行准入，鼓励各类银行主体积极参与小微业务，建立规范合法、公开透明，具有活力和韧性的“一带一路”开放型资本市场，进而实现金融体系结构的优化升级。

2. 提升金融服务实体经济的能力

强化金融服务“一带一路”实体经济的能力，河南应积极推进金融机构市场化改革，大力发展政策性金融，积极围绕建立现代化经济体系的要求，充分利用数据、科技要素赋能金融创新，为实体经济发展提供更为精准、更具效率、更高质量的金融服务，尤其是加大对小微企业、科技创新企业、绿色生态企业的支持力度。强化金融与“一带一路”共建国家产业的融合发展，鼓励银行金融机构通过推动股权融资和债务融资相结合的投贷联动行动，大力发展产业链金融，为企业提供标准化、个性化的金融服务产品，积极推动不同产业链上的企业在产品、技术、市场信息等方面强化交流、合作，并通过大力发展跨境金融等，解决中小企业融资难问题。

3. 不断提高金融资源配置效率

推动金融供给侧结构性改革应注重提升金融市场的综合服务效率和水平，把更多、更优质的金融资源配置到经济社会发展、“一带一路”建设需要的重点领域和薄弱环节。对此，河南应逐步加快金融业的市场化改革，对“一带一路”和双循环新发展格局构建的短板和契合产业发展方向的企业进行重点支持，加大中长期信贷资源的投入，推动资源配置适度向制造业倾斜，加快补齐小微企业金融服务短板。通过大力发展普惠金融、绿色金融、科创金融等，助力产业融合、动能转换与技术创新，并借助云计算、大数据等信息技术，积极引导优质信贷资源向小微企业倾斜，从而提升金融资源配置效率，满足多数企业的融资需求。

二　推进金融创新多元化

金融创新包括金融体制的创新和金融工具的创新两大方面，是推动金融市场实现效率最大化和资源最优配置的动力源，能够为新技术提供大量长期的资金支持。未来，河南高水平深度融入“一带一路”应从探索建设绿色金融改革创新示范区、积极推动设立创新型期货交易所、探索开展知识产权金融创新、逐步扩大金融科技创新试点建设等方面，推动实现金融创新的多元化，进而助力“一带一路”金融领域合作高质量发展。

（一）探索建设绿色金融改革创新试验区

1. 完善绿色金融改革创新机制

积极探索构建绿色金融发展长效机制，对金融支持绿色低碳发展进行系统性谋划，创新绿色金融产品和服务，完善绿色金融标准，不断调整、完善河南“一带一路”绿色金融评价体系。推动各部门联合建立跨部门、跨机构的绿色金融发展协同工作机制和信息共享机制，积极学习浙江、广东、贵州、江西等绿色金融改革创新试验区的经验做法。鼓励支持不同类型的金融机构通过积极参与“一带一路”绿色金融国际合作、创新绿色金融产品及服务、制定绿色金融转型规划、制定绿色金融先行先试标准等助力推动河南绿色金融发展。

2. 构建多层次绿色金融标准体系

如今，我国绿色金融国家标准的制定多围绕绿色金融概念界定和产品识别两方面展开，标准体系对金融市场产品的覆盖面并不广，且绿色金融体系构建的团体标准、行业标准缺乏，系统化、框架化的绿色金融标准体系尚未完全形成。对河南而言，应围绕高质量共建“一带一路”的需求，在积极贯彻落实国家、行业在宏观、中观层面制定的标准文件的同时，结合地方实际和特色，鼓励科研院所、高校、企业、行业协会多方参与，共同探索建立符合地方发展要求的绿色金融标准体系，注重微观层面的绿色金融标准构建，形成多样化、广覆盖的“一带一路”绿色金融标准体系。

3. 创新多元化绿色金融产品服务

绿色金融的发展离不开绿色金融服务产品的构建，河南探索建设“一带一路”绿色金融改革创新试验区需要多元化的绿色金融产品服务作支撑，丰富、完善绿色贷款、绿色证券、绿色租赁、绿色投资、绿色信托、绿色理财、绿色保险等绿色金融产品。与此同时，针对不同行业，如传统的高碳行业，应积极开发能够满足企业低碳转型发展需要的有针对性的金融产品，进而推动企业绿色转型。此外，针对河南不同地区、不同行业、不同企业制定差异化的“一带一路”绿色信贷机制，鼓励加大对减排技术转型升级、清洁能源高效利用等绿色转型项目的信贷支持，满足企业在绿色转型过程中的多元化资金需求。

（二）探索设立创新型现代期货交易所

1. 深耕做细品种研发工作

期货交易所是服务“一带一路”高质量发展的重要平台，产品是期货交易所充分发挥自身价值的核心，也是期货交易所服务国家战略、服务实体经济的支撑。河南应积极探索建立创新型现代化期货交易所，在充分借鉴广州期货交易所经验的同时，依据河南地区产业发展规划和实际，分行业、分领域筛选合适的期货品种，包括涵盖碳排放、电力等事关国民根基的重大战略品种，涵盖能源化工、饲料养殖等指数类创新型品种，以及涵盖硅、锂、稀土等与绿色低碳产业发展密切相关的特色品种。

2. 创新完善交易所运营模式

交易所的长远发展离不开健全完善的基础制度保障，河南创新完善交易所运营模式，推动交易所治理模式变革，需要完善交易所的职能定位，给予交易所市场经营主体地位和充分的创新自主权；需要加快推动郑州交易所治理模式的转型升级，积极探索设立专门的创新业务子公司，研究探索制定符合交易所创新发展要求的管理体制。围绕“一带一路”对期货金融市场的需求，顺应市场创新发展趋势，借鉴国外经验，积极探索集团化的交易所运营模式，支持交易所的多元化发展、国际化运营。

3. 积极引进高端期货人才

创新型期货交易所的建设离不开人才支撑，河南应围绕“一带一路”建设，探索建立适应期货交易所高质量发展的人才培养机制，积极培育契合“一带一路”证券期货发展形势需要的，综合掌握期货、债券、基金、外汇等理论和实操综合技能的高技术应用型人才，积极培育期货市场发展急需的产品设计人才、投资顾问人才、交易类人才、期现结合人才、风控类人才等高端期货人才。建立完善人才流动机制，给予高端期货人才在业内横向发展的机会，健全期货人才激励和约束机制。

（三）逐步扩大金融科技创新试点建设

1. 大力推进金融行业数字化转型

数字、信息作为推动数字经济发展的重要载体，已经深度融入经济社会的各个领域，数字技术的发展、数字化转型正在深刻影响着“一带一路”金融领域的发展、变革。河南深化“一带一路”金融领域数字化变革，应通过探索制定数字化发展战略、树立数字思维，推动科技企业积极发展数字金融产业，强化金融领域核心技术攻关，探索打造具有竞争力的河南数字金融产业体系。通过强化数据治理顶层设计，明确数据流通中各环节规范，推动实现对金融数据的动态分析、对金融需求的精准感知和对金融资源的高效配置。此外，还应加强对数字金融的监管，积极推动监管与科技的融合，利用数字化技术解决监管信息不对称等问题，提高对“一带一路”金融数字化的监管质量和监管效率。

2. 完善科技、产业、金融互促体系

河南应积极建立健全“一带一路”科技成果转化机制和收益分配机制，探索构建规范化、市场化、社会化的科技成果评价机制，并通过推动实现要素市场的开放、联动，在创新配置要素资源的过程中提升高科技成果的转化成效，促进科技成果在“一带一路”共建国家的规模化应用。此外，还应大力提升金融市场、金融工具对科技创新的支撑作用，充分发挥政府创业引导基金和成果转化基金的带动作用，鼓励多元化、多层次资本市场对科技型企业进行投融资，积极探索构建覆盖科技企业生产线全生命周期的信贷产品，积极推动“一带一路”科技、产业、金融协同互促政策体系的构建形成。

三　丰富完善金融服务平台

金融服务平台依托金融数据和互联网资源，能够为企业发展提供丰富的金融产品咨询和增值服务，破解金融机构和企业间信息不对称问题，进而提升企业的融资效率。此外，“一带一路”跨境金融服务平台建设能够通过推出融资类、便利化应用场景等，推动企业实现跨境融资、提升外汇服务体验，提升银行办理融资业务的积极性，助力银行利用平台数据推出更好的融资产品，从而缓解中小微企业融资难题，更好地服务企业。

（一）筑牢区域性股权交易市场平台

区域性股权市场的设立是服务“专精特新”企业的重要平台，将会逐渐成为河南服务“一带一路”企业、培育孵化上市企业、规范提升资本运作的主阵地。对此，从国家层面，应联合多部门对深化区域性股权市场建设、推动高层次资本市场信息共享等进行有针对性的具体部署。从地方层面，河南要积极探索打造目标一致的“一带一路”区域性股权市场联合服务赋能共同体、企业成长利益共享发展共同体、政企共赢战略共同体，丰富、完善河南综合金融服务平台，为融入“一带一路”的企业提供更具综合性的金融服务。此外，区域性股权交易中心建设还需要注重利用大数据、人工智能技术对信息资源进行全面、快速匹配，注重加强对企业的严格审核、监管和风险评估与管理体系的构建完善。

（二）打造数字化供应链金融服务平台

信息技术是数字化供应链金融平台建设的重要支撑，数字化转型背景下，企业应充分借助云计算、信息技术等科技支撑，积极整合行业上下游业务、资金等信息及数据资源，发挥数据资源的服务支撑作用，并通过积极引入优质金融资源，搭建数字化的“一带一路”供应链金融服务平台。在生产、流通、交换等各个环节，实现对“一带一路”供应链实体企业，尤其是中小企业金融需求的高效、精准对接，并依托供应链，灵活运用各类金融产品、依法盘活存量资金，从而提升“一带一路”产业链金融生态的联动效益。

（三）探索建设高质量创业投资集聚区

创业投资是完善金融支持创新体系、推动高质量发展的重要力量，高质量探索建设创业投资集聚区对夯实“一带一路”金融服务平台支撑意义重大。对此，河南应积极加大政府投资基金的引导作用，积极推动加快组建如人工智能、生命科学、量子力学、工业互联网等前沿硬核科技创业投资基金；通过加大长期资本投资引导力度，引导政府基金与优质投创机构进行合作，创新募资、投资方式，支持银行围绕基金募资、投资等探索创投贷款新模式，鼓励各类养老、保险等长期资本依法扩大权益投资比例，探索开展权益类投资试点。提升大数据对科创投资的辅助作用，鼓励创投机构与银行、保险、担保等机构联合开展金融合作，畅通资金出入境渠道。此外，还应加强对“一带一路”创业投资集聚区建设的综合服务保障，通过探索建立优质创业投资机构库，为创投机构提供融资、登记、税收、外汇等方面的综合服务以及人才引进、融资担保等服务；积极协助创投机构及其合伙人享受各类税收优惠和财政补贴政策；大力引进熟悉国际规则、具备国际视野、具有敏锐投资眼光、资本运作经验丰富的优秀创业投资人才，并做好人才落户等配套政策支持。

四　优化完善金融保障体系

金融安全是国家安全的重要组成部分，强化金融稳定保障体系，防范化解金融风险，是金融工作的重要任务。“一带一路”金融保障体系是为保障在共建“一带一路”的过程中，金融合理、安全、稳健运行而建立起来的一整套金融风险防范和危机管理制度，重点是确保各类金融机构、金融设施发挥其关键功能，保障金融风险处置的规范化、常态化、机制化，筑牢守住金融安全防线，增强金融服务实体经济和人民生活的功能，强化、完善现代金融监管。

（一）积极争取国内外各类金融机构支持

河南企业应注重充分利用国家对“一带一路”建设的资金支持政策，积极争取国内外各类投资银行，如亚投行、丝路基金等对省内“一带一路”合作项目的支持。不断加强与国家开发银行、中国进出口银行和大型商业银行的投资合作，积极引进银行理财、金融资产投资、保险资产管理等投资公司及其子公司，创新资产管理服务，提升资产管理国际化水平。此外，河南还应积极推动设立省级“一带一路”创业投资引导基金，推动私募证券、私募股权基金发展，严格落实外贷预算管理制度，积极争取主权业务和非主权业务贷款，支持省内创业投资企业发展壮大。

（二）积极推动信托业高质量发展

信托业高质量发展是强化金融保障体系建设的重要内容。对此，河南应围绕“一带一路”发展需要，紧密结合行业实际和监管要求，进一步细化信托行业保障基金任务措施，持续优化信托基金流动性支持业务功能，并通过不断深化与信托公司、资产管理公司、行业龙头企业的合作，进一步提升信托风险资金处置能力。进一步深化信托公司体制机制改革创新，优化公司治理，强化科技赋能和数字化转型，探索建立适应科技成果转化需求的信贷、保险机制，积极打造中小微企业出口信用保险统保平台，支持优势产业积极拓展海外市场。探索设立河南“一带一路”政策性出口信用保险统保平台，扩大信用保险对大型成套设备出口融资的支持力度，认真履行降费让利政策，坚持雪中送炭、精准投放，不断扩大出口信用保险规模和覆盖面。

（三）积极扩大人民币跨境使用

充分利用河南自由贸易试验区、郑州航空港经济综合实验区、跨境电子商务综合试验区等各类对外开放平台，积极开展河南“一带一路”跨境人民币业务创新，支持推动各类贸易业态和大宗型货物通过人民币结算。扩大境外经贸合作区人民币使用，探索开展人民币贸易融资资产跨境转让业务，支持跨境电子商务活动使用人民币计价。鼓励支持省内“一带一路”相关企业“走出去”，利用人民币开展直接投资；鼓励省内银行与境外联动开展境外人民币贷款业务，降低人民币融资成本。鼓励银行简化跨境人民币结算流程，鼓励境外机构使用人民币对内直接投资。鼓励银行业金融机构积极开展离岸人民币业务，支持境外机构开立境内人民币账户。

（四）提升金融监管和风险防范能力

防范化解系统性金融风险是优化完善“一带一路”金融保障体系的重

要任务。要始终坚持底线思维和问题导向，树立早识别、早预警、早发现、早处置的科学防范化解金融风险的理念，不断完善各类金融风险处理应急机制。对此，河南应通过加快推动金融监管数字化智能化转型，加强对参与“一带一路”建设的各类金融机构的公司治理和内部控制，严厉打击金融违法犯罪活动，完善金融安全网和风险处置长效机制等，不断完善提升金融综合监管能力。探索推进“一带一路”金融领域信息基础设施建设，积极搭建能够及时、准确、全面反映金融风险波动的信息系统，制定金融数据信息管理规则，对线上线下、国际国内的资金流向进行实时动态监管，不断规范金融从业人员、金融机构、金融市场、金融监管等相关制度体系建设。强化金融监管的重要作用，重视功能监管和行为监管，充分认识实体经济健康发展对防范化解金融风险的基础性作用，以创新监管工具、完善监管规则、推动数字化监管为基础，积极构建跨部门、跨领域的“一带一路”联动执法、协同监管机制。在稳定经济增长的同时，强化财政、货币政策的调节作用，强化金融科技创新风险评估，构筑金融发展和监管强大合力，建立“一带一路”危机处理完备预案，确保经济运行在合理区间，守住不发生“一带一路”系统性金融风险的底线。

第十二章　深度融入“一带一路”，密切与共建国家人文交流

“一带一路”是经济合作之路，更是文明互鉴之路。“一带一路”建设坚持“共商、共建、共享”的原则，中国将与共建国家共同打造命运共同体，为人类现代文明进步与发展贡献中国包容开放的政治智慧，改变全球“零和博弈”的治理模式。从区域地理视角来看，丝绸之路是一个具有固定线路的空间现象，但也不仅仅局限于空间范围。宏观上来看，“一带一路”更是一个文化符号，是一种对于合作与交流、平等与互信的新倡导。这种开放包容、互利共赢的“丝路精神”，是中国与世界各国共享的文化遗产，随着新时代“一带一路”高质量建设的深入推进，未来很有可能成为一种新的世界文明。“一带一路”不仅需要交通等基础设施的“硬联通”，更需要人文交流、民心相通的“软联通”。河南历史悠久，文化灿烂，人文资源富集优势突出，在人文交流合作方面应走在前列。

第一节　构建河南与“一带一路”共建国家人文交流新机制

一　创新人文交流机制与平台

围绕文化、体育、旅游、医疗、养老等领域，搭建国际交流合作平台，扩大“一带一路”共建朋友圈，推动开展各类国际人文合作交流活动，持续提升河南的国际影响力和辐射力。

（一）打造对外交流平台

聚力搭建系列重大国际活动平台，丰富国际交往载体，提高国际知名

度。充分利用国家高层互访、使领馆、友好往来等渠道，提高对外交流的层次和水平。利用高层出访和接待工作，广泛接触外国地方政府部门和工商企业、文化界，拓展合作渠道。加强与国际组织和外国地方政府的交流合作，邀请更多国家元首、政府首脑、国际组织要员、国际名人来河南考察访问。不断增设具有国际影响力的驻豫常设组织机构等，提升河南的国际影响力。成立对外友好协会理事会，利用海内外理事的资源和渠道优势，推动与外国官方和民间的友好往来不断深入。积极申请加入“世界城市和地方政府联合组织”，积极推动外事机构、国际组织分支机构、签证中心落地郑州。加快郑州领馆区建设，为外国领事机构落户郑州提供更好的服务。

（二）深化郑卢“双枢纽”合作机制

全面深化与卢森堡等欧洲国家在教育、科技、文化、旅游、卫生、体育等领域的合作，拓展面向全球的国际交流平台，建设对外人文交流重要门户。在卢森堡旅游签证（郑州）便捷服务平台的基础上，进一步拓宽河南居民赴欧便捷通道，做实中欧区域政策合作平台，共建中欧创新能力合作高层次研发平台。

（三）着力打造国际会展赛事举办地

从高端交易会落户、持续举办特色赛事、聚集高端会议要素方面将郑州打造成国际会议目的地、国际会展之都。着力引进一批高端国际会议和论坛。高水平举办好国际少林武术节、国际旅游城市市长论坛等重大活动。举办并利用国际旅游节等，宣传中国文化和河南文化。积极承办国际顶级体育赛事，持续提升自身国际影响力。引入国际一流赛事，努力培育和打造一批具有国际、国内影响力的职业体育俱乐部，建设特色航空体育训练交流基地。建立健全国际会赛引进和申办联动机制，加强与国家级行业协会、国际展览业组织、国际体育组织、重大赛事主办方等合作，争办具有国际影响力的品牌会展和赛事活动。培育国际化会赛市场主体，支持知名会展、赛事企业在河南成立分公司和办事处。通过引进世界知名外资公司来豫举办企业年会、行业峰会等经贸活动，培育与河南产业优势相契合的国际知名会展品牌。

（四）积极承办或组织参加国家级国际经贸交流活动

经贸和人文交流相辅相成。要重点办好中国（河南）国际投资贸易洽谈会、河南国际友好城市经贸合作洽谈会、黄帝故里拜祖大典、中国（郑州）世界旅游城市市长论坛、国际民航组织航空货运发展论坛、华侨华人中原经济合作论坛、中国（郑州）产业转移对接会等大型活动，支持各地依托现有展会平台扩大国际影响。充分发掘民间力量，加强与共建国家的民间交流往来，深化国际交流合作。提升全球跨境电子商务大会、中国（河南）国际投资贸易洽谈会、亚欧互联互通产业合作论坛、中国（郑州）国际期货论坛等会议影响力。

二　创新人文交流合作新模式

（一）拓展人文交流合作平台

一方面，要积极谋划建立更多的与“一带一路”共建国家的交流合作平台，例如城市品牌网络宣传平台、经贸信息平台，及时推介城市品牌、风土人情、教育优势、科技创新、文化旅游等信息，全方位提升内陆城市知名度和影响力。积极利用融媒体平台，加强媒体双向合作，定期将最新城市资讯发送至国际友好城市，在对方较有影响力的政府网站、报纸、电视、社交账号等媒体进行宣传。有效利用推特、脸书、抖音等具有较强传播力和世界影响力的社交 App，大视角小切口多角度展示河南城市人文魅力。在组建郑州航空港卫视的基础上，打造中原文化海外传播、人文交流合作、经贸往来和“互联网+融媒体”综合服务平台。另一方面，要积极鼓励社会民间组织开展非官方人文合作交流，逐步淡化人文交流的官方政治色彩，激发社会组织和民营文化产业、文化事业的活力，进一步丰富双边交流合作的领域和内容，为“一带一路”民心相通奠定群众基础，形成文化共鸣。充分利用华侨华人独特优势，鼓励参与“一带一路”建设。

（二）积极推动友城交流合作

持续缔结国际友好城市和友好合作关系城市，加强与对我友好、合作潜力大、互补性强的外国城市交往，与欧洲、非洲、东南亚、拉美等地区“一带一路”节点城市拓展缔结友好城市，建立国际城市合作平台与合作机制。争取友好国家在郑州设立商贸办事处、签证中心或领事馆，吸引国际组织、跨国公司在郑州设立代表处或分支机构。优化国际友好城市布局，以国际友城、地方政府合作论坛为平台，广泛开展公共外交、城市外交、民间外交。

可依托国际友好城市平台，推动河南各城市与共建国家和地区在经贸项目、文化旅游、媒体交流、教育体育、医疗卫生等领域务实合作，形成成熟稳定、紧密联系、互利共赢的合作格局。推动形成友好城市—友好城区—友好机构“三位一体”交往格局，实现友城交流平台化、机制化、项目化和常态化发展。优化城市国际人文交流和对外交往的空间布局，构建形成对外交往的科技核心区、文化核心区、教育核心区、国别产业园区、国际交往聚集地等功能明确、特色各异的城市人文交流新格局，凸显开放包容的城市品质和人文底蕴。

三　全面提升郑州、洛阳等城市国际化水平

积极争取实施 72 小时乃至 144 小时过境免签政策及设立郑州机场口岸进境免税店，完善外籍人士定居制度，建立海外高层次人才申请外国人永久居留资格绿色通道，推动建立国际交流中心作为一站式涉外综合服务专门场所，提高公共服务国际化水平。打造郑州、洛阳等一批高品质国际化生活城市，建设产业服务型、文化教育型、商旅生态型、居住生活型等特色国际化社区群落，完善配套服务体系，营造生态优美、宜居宜业的生活空间，满足外籍居民本土融入需求，从而更好地吸引外籍人士来豫发展。支持郑州创建国际消费中心城市。支持引进国际化的规划、建筑工程、建筑设计、仲裁、会计、知识产权、医疗健康、影视、会展等专业服务机构，推进服务要素集聚。运用信息技术手段、优化审批办理流程等方式，建立全市统一的涉外咨询和服务凭条。引进一流国际学校和教育团队，建成一批具有国际资格认证的国际学校，提供与国际完全接轨的基础教育，为在豫外籍人士提供优质教育服务，形成与国际化城市建设相呼应的教育开放格局。提高医疗卫生国际化服务水平，积极引进外资医疗机构和外籍执业医师，健全国际化医疗服务体系，方便外籍人士就医。

实施公共场所国际化标识改造工程，营造国际化语言环境，提升城市外向度和对外开放水平。在机场、会展中心、风景旅游区等公共场所，设置双语或多语的国际通用标识，建立与国际接轨的游客服务体系、导游服务队伍和旅游环境。顺应国际化发展需要，适度超前建设城市信息技术基础设施，推进基本公共服务和生活服务数字化，推广各行业领域数字化建设应用。拓展海外锻炼学习、机构培养等渠道，提升公务员职业素养，形成与国际贸易、投资通行规则相衔接的制度体系和监管模式。此外，还要加强城市景观风貌的规划管理，不断提升城市宜居品质和吸引魅力。

打造国际化便利化法治化营商环境。深入推进“放管服”改革，最大限度减少审批事项和环节，进一步提高办事效率，降低企业成本。深入实施优化营商环境三年行动方案，强化顶层设计和政策协同，增加优质的制度供给、服务供给、要素供给，以营商环境高地带动内陆开放高地建设。坚持依法行政，努力营造公平、公正、透明、稳定的法治环境。着力推动“双随机、一公开”监管模式，加快实施“证照分离”改革。加快建设河南各城市政务服务云平台，全面实现与省级、国家政务服务信息的互通共享。大力发展“互联网+政务服务”，加快建设一体化政务服务平台，推进政务服务事项网上办理，打造“数字政府”。实施政务服务能力提效、行政审批工作提速行动，提升各城市“市民之家”智能化水平，优化服务导航，推进数据共享。实施好《民法典》和相关法律法规，依法平等保护各种所有制企业产权和自主经营权。

第二节　加强文化和旅游交流合作

丝绸之路是贯穿古今、跨越四大古文明的经济带、文化带，也是风光如画、多姿多彩的旅游带。随着旅游业发展逐步趋向文旅融合、科技赋能，河南与“一带一路”共建国家创新开展文化旅游合作潜力巨大，文化旅游也是更容易突破壁垒形成合作共识的重要领域。河南要依托与共建国家历史文化渊源，加强文化和旅游交流合作，增强相互理解和认同，为深化合作奠定坚实的民意和社会基础。

一　积极构建文化交流品牌区、旅游合作试点区以及“古丝绸之路”文化交流合作试点区

一方面，河南是知名的文化大省，具有源远流长的丰厚文化底蕴。因此，要把文化大省建设与共建“一带一路”深度融合。丝绸之路经济带是轴心文明中心之间相互交流的一条纽带，河南是华夏文明的重要发祥地，历史上洛阳、开封都曾经是轴心文明的中心，与共建国家开展文化旅游交流具有坚实的基础。新丝绸之路经济带要成为全球化时代文明交流与对话的桥梁，就要充分发挥中原文化、黄河文化、河洛文化优势，通过建立“一带一路”文化交流机制，让世界更多地了解河南、走进河南。河南作为华夏文明的发源地，要充分发挥悠久丰厚的历史文化底蕴，积极融入“一带一路”建设，担负起对外文化交流、讲好中国故事的时代重任，积极打造文化交流品牌，建设“古丝绸之路”文化交流合作试点。

另一方面，各城市要深度挖掘各自独特的城市文化优势，打好“文化牌”，塑造城市文化名片，积极参与文明交流互鉴。例如，郑州、洛阳、开封、安阳等是中国传统的古都。近年来，洛阳文旅发展迅猛，热度持续高涨，成为年轻人纷纷打卡的“网红”文旅目的地。从古代的天选帝都，到当前的爆红之城，低调了千百年的洛阳，带着数千年时光积蓄沉淀的灿烂文化，以璀璨瑰丽的风雅，惊艳全国乃至全世界。河洛文化爆款频频出圈，洛阳城市IP深入人心。《唐宫夜宴》、真人版《帝后礼佛图》、《洛神水赋》、《龙门诗酒雅集》、《龙门金刚》、《鹤归来兮》、《龙门香山奇幻夜》等惊艳节目，彰显出洛阳深厚的文化魅力。2021年7月，在携程发布的《2021上半年旅游夜经济报告》中，洛阳力压北上广深四大一线都市，并超越西安、成都两座网红城市，稳居全国“夜游目的地”排行榜首位。特别是2023年上半年洛阳文旅持续出圈，汉服、博物馆等沉浸式体验古都火爆全国。经过2023年“五一”黄金周和“端午”小长假的考验，洛阳已跻身全国文旅城市“顶流”。洛阳，既见证了中国古代王朝兴衰的历史，也印证了中国当代文化复兴的巨大力量。开封有“八朝古都”之称。北宋时期作为王都，叫作“东京”，是当时世界第一大城市。开封从此以孕育了上承汉唐、下启明清、影响深远的“宋文化”而闻名于世。历史给开封留下了最美宋式风情和惊人的文化财富。近年来，开封市通过推进文化开封建设，唤醒城市

记忆，丰富宋文化内涵，"宋韵开封"品牌愈加出彩，甚至外国网红来此沉浸式体验开封宋文化。作为中华文明的发源地之一，"七朝古都"安阳拥有丰富的文化遗产，其中商文化最为著名。安阳殷墟是中国考古史上最早、最大、最具规模的商代遗址之一，被誉为"东方的特洛伊"。中华民族最早使用的文字——甲骨文、世界上最大的青铜器——后母戊鼎（原名司母戊鼎）在这里出土问世。郑州位居黄河中下游分界处，是黄河文化孕育、形成、发展的重要地区之一。"天鹅之城"是三门峡市的城市名片。

这些都是河南各地市要重点培育和不断刷新的城市对外交往名片，也是对接融入"一带一路"的独特路径，可以最大限度发挥各城市的自身比较优势，避免扎堆竞争和重复建设。各城市可以联手打造中西部国际交往中心，与"一带一路"共建国家城市共同举办文化展、旅游展、产品展、特色展，提升城市的全球联系度和对外交往功能。通过构建文化交流品牌区、旅游合作试点区和"古丝绸之路"文化交流合作试点区，提升节点城市软实力和国际影响力。以文化交流带动经济合作，共塑"一带一路"经济带、文化带的美好未来。

二　全面提升河南形象传播影响力

（一）加强宣传影响

品牌形象塑造和传播对于河南全面参与"一带一路"国家人文交流非常重要。要积极开展河南形象及城市形象传播，提升国际交往影响力。主动融入国家大外宣格局，充分利用本地人才力量，加强河南以及各城市国际形象研究。依托"老家河南""行走河南，读懂中国"等河南名片，促进中原文化与"一带一路"共建国家文化交融互鉴；通过健全新闻发布工作机制、构建河南形象立体传播体系、创新国际传播活动品牌、制作系列宣传片等方式和渠道，扩大河南的海外知名度和国际影响力。加大文化宣传力度，增强吸引力，提升辨识度，实现国际化现代化和民族化本土化的有机融合与高度统一。建立对外宣传和城市形象推广机制，借助国内外知名媒体，如脸书、优兔等境外社交媒体向全球推送河南形象。

突出河南文化特色，精心组织策划"一带一路"主题宣传报道。扎实推进丝绸之路影视桥工程、丝路书香工程、中非影视合作创新提升工程、经典中国国际出版工程等系列工程项目优化升级。继续推动中非电影频道在非洲国家的落地覆盖，加快比什凯克中原文化交流中心等项目建设。利用中国洛阳牡丹文化节、客家文化学术交流活动等国家级重点节会，加强与中央广播电视总台等国家级主流媒体合作，积极参与具有河南元素的纪录片合作摄制项目，进一步提升河南作为我国内陆开放高地的国际影响力。

（二）加强旅游宣传推广及对外旅游交流合作

积极参与文化和旅游部“欢乐春节”活动，深化与“一带一路”共建国家的交流与合作。落实“部省合作计划”与“海外中国文化中心合作计划”，承办“中国文化年”活动。

在东南亚、日韩、欧美、澳新等“一带一路”重点客源市场开展河南旅游主题推广活动。谋划实施中国功夫走进孔子学院等活动，举办中国功夫联盟大会，抓好功夫路线打造提升工作，利用河南在境外的入境游推广中心等渠道，提升河南旅游的国际化形象和文化旅游产品的国际化传播，吸引更多入境游客。实施境外旅游营销计划，面向中东欧、中亚、日韩、东南亚等入境旅游市场，积极宣传展示河南文旅品牌形象，提升河南文化旅游国际知名度和影响力。采用网络传播等新颖灵活的方式，提升旅游宣传水平，增强河南对潜在游客、留学生、外国金融机构等个人和组织的吸引力。

（三）加强城市形象营销，彰显城市魅力

比如，郑州是中华文明的起源地，黄河文化、黄帝文化等文化资源丰富，要发挥祖先赋予的文化优势，实施城市形象海外推广工程，做好面向全球的城市宣传工作。树立城市品牌形象，推出一批具有国际影响力的文化交流活动和旅游产品，让世界了解郑州，让郑州走向世界，充分发挥丰富的旅游资源和人文资源优势，全力建成世界旅游目的地。改进政府门户网站外文网页，提升外文报刊、电视、广播等传播平台的国际化水平。加强郑州城市形象的研究，深度提炼郑州文化精神标识、时代价值，精心制作一批城市入门读物、影视纪录作品、城市宣传片。充分利用电视、短视频平台、广告等宣传媒介，推广宣传郑州城市品牌形象。加强国际化议题策划，创新国际叙事方式和对外话语体系，让世界更好感知郑州、读懂郑州。

三 创新开展文化旅游合作

（一）塑造河南文旅品牌，打造文旅特色新业态

以黄河、大运河、功夫等为代表，塑造一批享誉世界的标志性文旅品牌，办好中国（郑州）国际旅游城市市长论坛、黄帝故里拜祖大典等重大活动。围绕老家河南、天下黄河、华夏古都和中国功夫，打造河南文化和旅游国际品牌，打造华夏文明名片、中国功夫名片、中原风情名片。以“少林”“太极”功夫为抓手，打造中国武术走出去“河南名片”。举办年度世界功夫大会，推动河南优秀文化品牌积极参与“欢乐春节”、文化旅游年和建交庆祝等重大国家对外文化品牌活动。办好“世界古都论坛”“世界旅游城市市长论坛”“全球文旅创作者大会”等，争取“世界大河文明论坛”永久会址落户郑州。支持郑州、洛阳、开封申办国际性旅游主题活动和国际精品赛事。推动二里头遗址申报世界文化遗产，加快郑汴洛国际文化旅游目的地建设。

积极参与“丝绸之路文化之旅”，与“一带一路”共建国家联合举办丝绸之路艺术节、河南文化年。依托丝绸之路河南段世界文化遗产，加强古丝绸之路历史遗迹保护利用和项目合作。大力宣传推广历史文化、民俗文化，加强禅武文化、太极文化海外交流，扩大宋文化等影响力。推动少林文化“走出去”纳入国家文化软实力建设重点工程。围绕文化新丝路主题，通过音乐、演出、动漫、网游等文化产品和文物外展、丝路考古，传承古丝绸之路精神，提升中原文化影响力。

积极打造文化特色新业态。推进郑州、洛阳、鹤壁等 8 个新型智慧城市试点市建设，搭建以省辖市为主体的新型智慧城市统一中枢平台，实施一批智慧景区、夜间文旅、互动游戏、数字展览等文旅沉浸新体验示范项目。持续推进景区、酒店、旅行社、乡村旅游点以及文博场馆的智慧化，打造一批高等级智慧景区、文化场馆和博物馆，推动全省 A 级景区全部建成钻级智慧景区。围绕文化旅游强省建设，讲好河南故事、弘扬黄河文化，依托中原科技城、中牟文化创意产业园、汴西产业园等载体，加快发展文化娱乐、休闲旅游、动漫游戏，打造中原特色文化创意产业品牌。

（二）注重旅游业特色化和差异化发展

受制于国家和地区综合实力和发展阶段的巨大差异，“一带一路”共建国家的城市旅游业发展存在显著的区域不均衡，南亚、西亚国家旅游产业发展普遍相对成熟，而中亚国家大部分城市旅游业发展尚处在初级阶段，因此，需要对文化旅游合作形式和内容进行整体谋划、特色布局。河南首先要形成具有“丝绸之路+”统一辨识的文旅品牌，增强旅游产品的认知度和可信度，提升旅游品牌的影响力和吸引力。

积极推进与共建国家的旅游合作，将河南建设成为具有较高知名度的国际旅游目的地和客源地。突出“古丝绸之路”主题，重点打造洛阳龙门石窟、登封“天地之中”历史建筑群、安阳殷墟、汉魏故城、隋唐洛阳城、新安汉函谷关、陕县崤函古道等黄金旅游点，与沿线省份共同建设丝绸之路文化旅游产业带。整合旅游资源和品牌，积极策划开发丝绸之路自驾游、丝绸之路文化寻根探秘之旅、中国功夫研修之旅、茶文化休闲之旅等一批独具特色的系列旅游产品。优化客源市场结构，大幅提升省外游、境外游比重。

（三）积极开展多层次、多维度的文化旅游合作

创新文化服务海外推广模式，可与丝绸之路沿线国家和地区协商推出丝绸之路沿线城市旅游产品，避免重复建设，深入推进丝绸之路主题艺术精品创作、文化遗产保护传承、公共文化服务体系、文旅产业国际合作、旅游产品供给、文旅科技成果推广、非物质文化遗产交流等领域的合作共建，将文化旅游交流合作纳入丝绸之路经济带城市合作机制当中。充分挖掘各地文旅资源比较优势，提升“行走中国 读懂河南”等文旅品牌影响力，建设丝绸之路国际旅游目的地。适时开通对南亚、西亚等国际旅游线路，策划推出南亚和西亚国际友城的城市风光游、文化游、体育游、民俗游等精品旅游系列和相关文化产品。要加强各城市在旅游方面的协作。全省 18 个省辖市可整合现有旅游资源，并与省外周边地区加强合作，串通各旅游景点和线路，共同打造我国内陆地区的黄金旅游圈，可重点推出古丝绸之路游、世界文化遗产游等精品旅游线路，吸引海内外游客。

（四）创新文旅合作模式，延伸文旅合作边界

可以通过文旅推介、市民互访、博物馆展览等多种形式，举办文化周、专场音乐会、民间艺术展、文创产品展、旅游商品展等，及时、全面、立体宣传推介双方，营造良好舆论氛围，讲好“一带一路”故事。引进优秀文化资源，深化和扩大人文领域交流合作，延伸开展双方教师互派、体育交流等合作项目，推动多领域交流交融、互学互鉴。

利用广播电视创新创优扶持政策和资金，支持全省广播电视节目制作机构围绕中华文化“走出去”创作优秀新闻作品、广播电视节目、网络视听节目、公益广告、国产纪录片、动画片、电视剧和少儿节目。

加快创建“东亚文化之都”，持续办好“华夏文明之源——河南文物珍宝展”“世界古都论坛”。继续举办中国（郑州）国际旅游城市市长论坛，促进旅游交流合作。在2023年4月南阳举办首届世界月季博览会的基础上，持续深化月季产学研国际交流合作。

（五）加快建设世界文化旅游名城

以郑州为例。充分发挥郑州丰富的旅游资源和人文资源优势，深入挖掘郑州独特的自然和文化底蕴，提升城市文化品质，全方位推进国际交流合作，全面提升城市国际吸引力和美誉度。要坚持国际化、高端化、特色化发展方向，推进文化和旅游深度融合，依托综合枢纽优势，着力打造“天地之中、华夏之源”的郑州文旅品牌形象。建设以黄河生态带为核心的华夏文明传承展示主体工程，打造“华夏文明之源、黄河文化之魂”主地标，做强“功夫郑州”、黄帝文化、嵩山文化、河洛文化等知名品牌，加快建设中牟国际文化创意园区、华强中华复兴之路等项目，树立独具特色的国际文化品牌，提升郑州文化的国际影响力。开发满足不同层次游客需求的文旅服务，整合全域文旅资源，链接中原城市群兄弟城市特色优势，打造一批享誉国内外的精品景区和精品旅游线路，带动郑州文旅发展由传统景区模式向现代全域模式转变，由观光产品向“游购娱养食”一体化产品服务体系转变，率先建成国际文化旅游名城。此外，还要依托美术馆、博物馆、非物质文化遗产馆场所，举办有国际影响力的音乐、动漫、美术等国际文化交流活动，加强文化国际交流融合。

第三节　加强教育医疗合作

一　加快教育对外开放

加快推进河南深度参与共建“一带一路”教育行动，深度拓展教育合作交流空间和内涵。

（一）深入实施推进共建“一带一路”教育行动

打造推进共建“一带一路”教育行动升级版。优化教育对外开放工作区域布局，创新与“一带一路”共建国家教育合作方式，巩固发展与欧美发达国家的教育交流，积极推进与日本、韩国等国家的教育交流，深化与俄罗斯、白俄罗斯等国家在人才培养、科研创新等方面的合作，推动与东南亚、南亚、中亚、西亚、北非等区域青少年交流，深度拓展合作交流空间和内涵。充分利用国家与东盟、中东欧、非洲、拉美、阿拉伯地区等区域及次区域教育交流机制。推动“一带一路”各类教育联盟特色发展。鼓励与“一带一路”共建国家开展“小语种+专业”合作办学。支持特色学校、社会力量参与探索多种形式境外办学。实施“中文+职业技能”项目，建立若干所具有河南特色的“鲁班工坊”，打造“大禹学院”等境外办学品牌，提升河南职业教育国际影响力。实施国际化特色高校建设工程，支持若干高校率先成为“一带一路”建设的领跑者和教育对外开放的示范者。

（二）提升河南教育“引进来”水平

实施中外合作办学提质增效工程，鼓励河南省内高校与“一带一路”共建国家高水平大学开展中外合作办学。紧密结合河南经济社会高质量发展需要，加强顶层设计和整体规划，优化合作区域国别和学科专业布局，多种形式引进国外优质教育资源，推动中外合作办学从规模速度型向质量效益型转变。积极推动高水平中外合作大学筹备建设，启动省级示范性中外合作办学机构和项目建设。重点支持高校与教育科技发达国家高校围绕智能制造、人工智能、生物医药、现代农业、大数据、新能源和先进材料等产业，在理工农医和急需、薄弱、空白学科领域以及新兴、前沿、交叉学科领域开展合作办学。严格控制国外高校“连锁店”式办学。

推动河南科技大学与美国加州大学河滨分校签署的《工程教育联合培养协议》落实。推动河南科技大学与俄罗斯托木斯克理工大学共建的先进材料和机器人研究院建设，支持合作举办自动化本科专业。办好洛阳师范学院与马来西亚城市大学联办的“河洛学院”及“一带一路”中马研究院，办好设在洛阳师范学院的教育部国别和区域研究基地——意大利研究中心。办好河南大学迈阿密学院、中原工学院中原彼得堡航空学院、华北水利水电大学乌拉尔学院，积极推进郑州铁路职业技术学院与俄罗斯交通大学合作设立的亚欧交通职业学院获批并启动招生，努力打造国际化人才培养平台、海外高水平人才引进平台和科技创新合作平台。

高质量实施“留学河南计划”，吸引更多“一带一路”共建国家学生来豫留学。扩大“丝路奖学金”规模，在“河南省外国留学生政府奖学金”的框架下，推动设立省级和省辖市级政府、企业和高校奖学金，形成多层次、多类别的奖学金体系。打造“留学河南”品牌，推进来豫留学生教育规模质量双升级。拓宽来豫留学生招生渠道，实施河南高等教育海外推介计划。完善留学生奖学金体系，提高学历生比例和硕博层次留学生数量，提升培养质量。提高管理水平，推进中外学生趋同化管理，加强来豫留学生的知华教育，培养来豫留学青年杰出人才。

（三）加快河南教育“走出去”步伐

支持中医、武术、农业等特色院校赴共建国家开展合作办学或设立海外分校，推动与共建国家举办孔子学院（课堂）。支持河南省高校及职业院校依托自身优势“走出去”，共建海外学院、特色专业、培训机构等，为推进“一带一路”建设提供智力和技术支撑。支持社会力量参与探索多种形式的境外办学。支持有条件的职业院校与企业联合在境外建设特色产业学院，服务国际产能合作，打造“仲景学院”“大禹学院”等境外办学品牌。

加大国际中文教师和志愿者培养选拔力度，提升师资队伍的专业化职业化水平。推动高校与“一带一路”共建国家合作举办孔子学院，做好郑州大学格鲁吉亚第比利斯自由大学孔子学院中方院长和教师的选派工作，推动华北水利水电大学与马来西亚沙捞越科技大学、河南省实验中学与刚果（布）姆皮拉中学合作举办孔子学院（课堂），等等。

提升国际中文教育水平。完善支撑体系，注重教材开发，优化师资配备、课程设置，培养复合型“中文+”新时代国际中文教育人才。支持海外华文教育工作，在师资、教材、培训、文化体验活动等方面给予支持，促进海外华文教育向标准化、正规化、专业化、信息化方向发展。推动国家和省级汉语国际推广基地转型发展，打造2~3个国际中文教育实践与研究基地。加快独具中原文化特色教材和多媒体国际中文教育资源的开发与推广。

（四）积极开展国际教育交流活动

加强河南省内教育资源共享，成立全省高校联盟，并以此为平台，与“一带一路”共建国家和地区开展学术合作和人才交流。支持学者到共建国家进行访学、合作研究和参加高水平学术活动，鼓励高校及研究机构合作共同设立研究组织和合作课题。举办“一带一路”共建国家校长论坛、“中国国际汉字大会”等具有国际影响力的活动。推进院校和科研机构与境外机构合作开展人才联合培养，鼓励企业在境外设立实习培训基地，支持有条件的高等院校为更多共建国家培养教师、学者、管理和各类技术人才。

支持河南高校创新国际科研合作。实施高校学科创新引智计划，建设国际合作联合实验室，在基础学科、交叉学科等领域开展国际科研合作。改进国际合作与交流评价，实施国际化特色高校建设工程，定期开展高等教育国际化评价，建立国际化年度报告制度，推动高等教育对外开放治理体系和治理能力现代化。推进“中哈环境变化与人类文明研究国际联合中心”“东南亚棕榈油加工与储藏技术协同创新中心”“中亚粮食加工与储藏技术协同创新中心”“吉中农牧业合作中心”建设。办好中原工学院与圣彼得堡国立航天仪器制造大学联合设立的中原航空技术协同创新中心，实施“4+1”国际人才培养研究生项目。

支持高校参与高级别中外人文交流活动，开展双边或多边交流，参加国际性联盟或组织。鼓励高校参与国际科技交流合作，深入组织实施高校学科创新引智计划，建设国际合作联合实验室，重点支持高校基础学科、交叉学科等领域国际科研合作，举办具有国际影响力的高水平国际会议或论坛，推动中外科技人文交流。打造具有中原风格的中外人文交流品牌，提升“武林汉韵”等人文交流品牌国际影响力。做好对外教育援助工作，支持河南省对外援助培训中心建设。利用友好省州（城市）关系，深入推动中外师生友好往来，讲好河南故事、黄河故事，提升河南形象、中原文化国际影响力和对外传播能力。

二　加强医疗卫生合作

尽管已进入后疫情时代，但是全球公共卫生领域的传染病风险仍然存在，要积极推动河南与“一带一路”共建国家的跨境公共卫生领域的合作，密切与“一带一路”共建国家在传染病防控以及其他医疗卫生健康等领域的政策沟通和技术交流。

（一）依托河南中医药优势促进交流合作

提升中医药在“一带一路”建设中的地位。强化对中医药纳入国家“一带一路”的谋划部署，切实加强战略研究和顶层设计，从战略高度引领中医药事业海外发展。针对“一带一路”沿线不同区域进行合理布局，制定差异化的中医药发展策略。加强与“一带一路”共建国家开展先进医疗技术与设备的引进推广、医学教育与人才培养、健康服务业、中医药推广应用等多方面的合作，针对国外受众心理和接受习惯，充分利用孔子学院和海外文化中心等平台，与多个国家建立中医药长效合作机制。全面推进全国中药资源普查，加强中药资源的开发与保护，打造正规药材品牌和中医药养生保健国际旅游品牌，提升正规药材在国际市场的竞争力，使之成为丝绸之路经济发展的新亮点。

加强中医药对外交流信息化建设。加快建立中医药对外交流信息数据库，促进中医药对外传播。加强全国中医药信息资源的整合，建立实体化的国际中医药信息研究中心，构建连接国内外的多向数字信息传输网。积极利用信息网络宣传推广中医药科技成果、中医名家诊疗故事、中医药文化故事、医疗技术、养生保健旅游景区等，提升中医药的国际影响力。加强中医药服务贸易信息平台建设，提升中医药信息资源在知识服务中的应用水平，加强中医药国际科技合作与交流。

加强中医药合作与服务贸易。积极与“一带一路”共建国家开展医疗卫生合作和医疗资源互动，在医疗卫生与产业层面搭建合作平台，加强中医药发展“走出去”与“请进来”。积极发展中医对外医疗服务贸易。加强发掘传统医药在治疗疑难杂症方面的价值，提高传统中医学在世界医学疑难疾病防治中的贡献率；扩大中医药医疗服务贸易国家范围，充分发挥中医药治未病、养生保健的特色优势，输出简便、价廉、优质的中医医疗保健服务。积极推动中医药经贸合作。推动中药及中医器械出口；积极向西亚、欧洲等国家出口高科技含量、高产品附加值的中药产品、养生保健品。加强中医药技术的输出和推广。大力促进中医药科技成果的转移转化，积极实施中医药科技创新驱动战略和海外发展战略，开展高水平的中医药国际科技合作，加强新技术、新成果、新产品的研究开发和推广，发展技术贸易。加强河南中医药服务出口基地和中医药海外中心建设，鼓励有条件的地市和单位申建中医药服务出口基地，支持与“一带一路”共建国家开展中医药服务合作、教育培训等活动。推进海外中医药中心建设，推动河南中医药高质量走向世界，着力提升医疗卫生合作水平。

（二）加快与“一带一路”共建国家医疗卫生合作交流

持续深化与“一带一路”共建国家医疗卫生合作，推动医学科技创新，重点推动六大国家级区域医疗中心建设主体单位参与国际前沿技术研发合作。引进先进理念、技术和管理模式，加快发展健康管理型医疗服务、医养结合、医疗体验旅游等健康服务业。加强重大疾病防控、突发公共卫生事件应急处置国际合作，有效防控境外重大公共卫生事件和新发传染病疫情。鼓励“一带一路”共建国家境外资本来豫投资设立国际医院、康复中心、养老院等机构。

发挥河南中医药大省传统优势，积极推进与共建国家开展中医药技术交流合作，构建与共建国家医药卫生科技交流合作平台，开展多渠道合作交流。加强与俄罗斯、以色列等国在中医、康复、医养结合、疫苗研发等方面的合作。持续做好医疗卫生援外工作，积极发挥援赞比亚中赞腔镜中心、中国妇幼健康中心等对口支援项目作用，推进中国中医中心建设，开展“光明行”活动。在国家卫生国际合作框架下，积极参与公共卫生、卫生应急国际合作。启动河南省人民医院、郑州大学第一附属医院和郑州大学第二附属医院分别与埃塞俄比亚、赞比亚和厄立特里亚受援医院开展对口合作，支持对口医院开展重点专科建设，提升非方医院综合能力。推进援厄立特里亚中国中医中心项目建设，争取尽快建成服务厄立特里亚及周边国家民众。

（三）加快共建“一带一路”互联网医疗体系

加快“互联网+医疗健康”发展。推动和规范“互联网+医疗健康”服务，创新互联网健康医疗服务模式。持续推进智慧医院建设，加强全省各级各类医疗卫生机构智能化建设，优化数字化医院评审，创建智慧医疗、智慧服务、智慧管理三位一体的智慧医院。推进全民健康信息系统建设应用，健全公共卫生、医疗服务、药品管理、综合管理等业务应用，推进业务协同。创新“互联网+数字影像”服务，全面建立完善远程医疗应用体系。创新“互联网+医疗健康”便民惠民服务新模式，开展线上咨询、诊疗、预约检查、送药上门全流程服务，为患者提供全流程、个性化、智能化服务。推进“互联网+医疗健康”发展，提供覆盖全生命周期的预防、治疗、康复和自主健康管理一体化的居民健康信息服务。支持互联网医疗发展，探索检查结果、线上处方信息等互认制度，建立健全患者主导的医疗数据共享方式和制度。

推动“一带一路”医疗健康大数据创新应用。加强医疗健康大数据应用体系建设，推进大数据开放共享、深度挖掘和广泛应用。建立健康医疗数据共享机制，实现公共卫生、人口监测、医疗服务、医疗保障、药品供应、医养结合、综合管理等应用信息系统数据采集、集成共享和业务协同。深化大数据在行业治理、临床、科研、公共卫生、教育培训等领域的应用，推进医疗健康大数据互联共享和创新应用，重点支撑医疗机构绩效考核、医疗卫生服务监测分析、智慧化预警监测服务、临床科研创新等应用，培育医疗健康大数据应用新业态。

推动新一代信息技术融合应用。推动5G、人工智能、物联网、虚拟现实、区块链等新一代信息技术有机融合、相互补充，构建新基建体系。推进5G技术与卫生健康融合应用，重构医疗卫生机构信息化基础设施布局，丰富应用场景，实现5G技术在远程医疗、院前急救、公共卫生等领域深度应用。加快智慧医疗物联网应用，推动形成人机、机物、物物互联。加快虚拟现实技术在医疗教学培训、在线诊疗、虚拟探视等环节的应用，鼓励发展虚拟现实健康养老等服务。加快人工智能技术应用，积极发展“人工智能+医学影像”、辅助诊疗，提升智慧化、智能化水平。

第四节　加强科技、人才交流合作

一　促进科技创新开放合作

密切跟踪国际新产业、新技术和新业态发展前沿，加强科技创新人才资源和技术双向开放和流动，推动创新资源共享、创新优势互补，增强国际创新要素配置能力，从开放创新中积累产业创新优势，提升创新能力。

（一）优化开放创新生态

以全球视野谋划和推动科技创新，以开放式创新加快集聚创新资源，形成全方位、宽领域、多层次、高水平的对外开放合作新格局。深化与国家部委、科研院所和知名高校的科技合作，积极推动高水平科技成果在河南转化。发挥部省会商平台作用，争取国家相关部委在区域科技创新中心建设、大科学装置布局、高端创新平台基地建设等方面加大对河南的支持力度，实现地方发展重点与国家战略目标紧密结合。承接国家重大科技成果在豫转化，重点争取国家重大科技专项、重点研发计划等科技项目成果转化落地。完善与中国科学院科技合作联席会议制度，深化省院合作，发挥中科院河南产业创新与育成中心作用，推动中科院在河南开展高水平的科技创新活动。加强与中国工程院合作，充分发挥中国工程科技发展战略河南研究院作用。积极引进大院大所、一流大学和国家技术（产业、制造业）创新中心等在河南设立分支机构和研发中心。建立省际创新资源共享、科技联合攻关、科技成果协同转化统筹协调机制，持续深化与长江经济带、粤港澳大湾区、京津冀地区等创新优势地区对接合作。坚持引进与共建并举，加强与京津冀、长三角、粤港澳等国内发达地区的科技战略合作，打造中原—长三角科技走廊。积极推进与省外优势创新力量建立战略合作关系，建设郑洛西高质量发展科技合作带，吸引更多高水平创新团队带项目来豫创新创业。

（二）主动融入国家“一带一路”科技创新行动计划

拓展国际合作的广度与深度。优化拓展河南省国际联合实验室建设布局，优先支持与“一带一路”共建国家联合共建实验室，同时为申报国家“一带一路”联合实验室奠定基础。推动国际联合实验室间的横向协作和资源共享，强化考核评估，不断提升建设水平。组织实施“一带一路”科技合作项目，引导省内创新主体参与“一带一路”建设，不断提升与“一带一路”共建国家间科技合作层次与水平。实施一批有影响力的国际科技合作项目，通过汇聚国际科技力量，突破一批重点领域关键技术。加强与“一带一路”共建国家的科技交流与合作，积极开展“数字丝绸之路”“创新丝绸之路”“绿色丝绸之路”务实合作。鼓励省内有实力的研发机构积极参与国际科技合作，提高吸纳全球科技知识的能力。加快“一带一路”国际科技合作基地建设，推动落实“调理肉制品与面向中亚的肉类加工关键技术研发”“面向中亚五国的棉花玉米现代种业技术示范与产业化”等与“一带一路”共建国家合作的省重大科技专项。积极与俄罗斯、白俄罗斯在能源化工、节能与绿色发展等领域开展科技示范合作，在高端制造、现代农业等领域，与以色列、乌克兰等国家建立联合研发平台，加快建设“一带一路”国际科技合作基地。鼓励省内骨干企业在日本、欧洲等海外先进地区建立研发中心，借力“外脑”开展技术联合攻关。引导支持海外高层次人才和团队、先进技术项目在豫落地。实施技术转移机构培育计划，加快建设专业化技术转移人才队伍。持续办好开放创新暨跨国技术转移大会，打造河南的国际科技合作品牌。

（三）夯实创新主体扩大科技开放合作

加快建设郑洛新国家自主创新示范区，组织实施一批科技创新合作重点项目，探索先进技术联合孵化、跨境加速和产业化落地推动的新模式。持续完善“成果中关村、转化郑洛新”的常态化合作机制。以世界视野、开放姿态加快建设嵩山实验室、神农种业实验室、黄河实验室，集聚高端创新资源要素，打造科研“国家队”。

发挥开发区在生产制造、产业链配套、市场渠道等方面的综合优势，建设一批科技成果转化中试基地，构建“研发中心—中试基地—产业园区”全链条技术研发和转化体系。梳理开发区主导产业链供应链发展“卡脖子”问题，与高水平科技创新平台、链群之上的龙头企业、高新技术企业围绕关键技术节点，联合开展重大科研项目攻关。

高标准规划建设中原科技城、龙子湖智慧岛等一批开放式创新平台，加大国际研发机构、高校研究院、人才培养基地、技术研究中心等创新平台引进力度，加快建设欧洲农业物理（新乡）研究院等国际合作项目。建立政府间科技合作关系，与共建国家共建技术研发中心、技术转移机构和科技创业园。依托高校和科研院所，引进海外关键技术和研发团队，建设联合实验室、科技成果转移转化基地。鼓励有条件的科技企业孵化器、大学科技园建设国际孵化基地，开展国际企业境外孵化服务，促进国际交流培训和项目合作。

实施新型基础设施提升工程，加快建设神农国家实验室等创新驱动平台载体，组建重大任务导向的创新团队及创新集群，强化与中科院及世界一流高校的战略合作，构建“学院—研究院—基地”一体化创新链条，打造新型特色智库，产出一批原创性标志性成果。深化网络安全、人工智能、自动驾驶、云计算、大数据、数字治理等细分领域创新合作，构建从基础研究、应用开发到产业示范的协同创新合作体系，与共建国家加强在绿色科技创新、绿色科技成果转移转化等方面的国际合作，共建创新“一带一路”和绿色“一带一路”。

二　加强人才交流合作

推动“一带一路”建设的互联互通，促进共建国家经济繁荣，加强不同文明交流互鉴和合作共享，需要充分发挥高层次人才的积极性和创造性，主动融入“一带一路”建设。河南要建立起“一带一路”高质量建设人才库和智库联盟，积极推动与“一带一路”共建国家高层次人才交流合作。

（一）构建高层次人才引进体系

人才是“一带一路”建设的重要基础和保障。相对于东部沿海地区，河南长久以来都是我国的人才凹地，短期内要想突破人才匮乏瓶颈，需要创新构建高层次人才引进体系，大力实施人才强省战略，打造中西部地区区域性科技创新高地和人才高地。

一是要建立政府引进、服务企业的引才用才机制。政府要创新推出具有吸引力的人才引进政策措施，建立良好的回报机制和人才技能施展平台，改善城市人居环境，创新人才流转机制和配套机制，使得高端人才能够“留得住、回得来”，进而服务于“一带一路”对外开放的规划和实施。加快布局招才引智工作站，建立人才工作海外联络站，发挥驻外机构和“人才特使”引才作用，吸引更多人才来豫工作。建立政企协作引才机制，探索实施市场化引才荐才奖励政策，支持用人单位通过承办和参加学术会议、实施国际合作项目等方式引进海内外高层次人才。探索发挥猎头机构引才融智作用，给予精准化引才奖励。建立豫籍人才数据库。加强与欧美同学会、中国博士后科学基金会、世界顶尖科学家协会等协会组织的合作，发挥统战部门、工商联、侨联优势，打造“老家河南”引才品牌。

二是要依托河南自贸区、郑洛新自主创新示范区、综保区等创新开放平台率先开展区内人员流动的便利化。自贸区可探索实行更加便利开放的出入境政策，例如推进某些国际职业资格的互认试点。在税收领域，对企业的高级管理人员、紧缺人才、高技术人才给予一定的个税优惠，同时，建议在全国范围内率先改革劳务报酬收入扣税起点过低导致的个税过高、过频问题。

三是要深入实施“中原英才计划”，高质量办好中国·河南招才引智创新发展大会，健全重点领域、重点产业人才需求预测预警和引才目录定期发布机制，引育一批管理型、技术型、复合型海内外高端人才，建设具有全球战略眼光、市场开拓精神和熟悉国际经贸规则的开放型干部队伍。实施高端（海外）人才引进专项行动。建立高端人才举荐制度。完善顶尖人才引进一事一议“绿色”通道制度。支持海外院士等高端人才以专职聘任方式在豫工作。

四是要积极引进国际学术组织、国际级学术研讨会议等落户河南。培育有国际影响力的学术刊物，着力打造郑州国际人才创业创新基地和具有全球影响力的科技成果转移转化中心。深入推进众创空间商事制度改革，引导国际人才向众创空间集聚。

（二）创新“一带一路”高端人才培养体系

一是要搭建校企联盟，加强学校、政府和企业之间的紧密联系，提升人才培育的适用性和复合性。由知名出海中资企业、行业协会、中外商会、各类企业联盟等共同发起成立“一带一路”人才培养校企联盟，共同培养外交、政治、法律、经济、金融等方面的国际化人才，有效应对高校课程化人才教育培养与现实需求的脱节，尽快弥补对外交流合作中的人才缺口。通过校企合作，凝聚合力、搭建平台，共同培养国际化、本地化专业人才。

培养一批具有国际化视野和较高研究水平的智库机构和研究团队，力争形成若干重大战略研究成果。

二是要以技术创新驱动“一带一路”高端人才培养模式。随着5G等新一代信息技术的不断深入渗透，要善于利用新技术打造更加紧密的“一带一路”教育共同体，运用网络技术将有限课堂空间转变为无限学习机会，创新推进虚拟现实技术在医学等实操性课程中的运用和远程诊疗的实现，促进教学研究资源在全球范围内更加公平地分配，将“一带一路”教育共同体打造成人才共育共享的重要平台。

三是加强高精尖和紧缺人才境外培养。完善公派留学选派机制，积极拓宽派出渠道，优化留学目的地布局，继续实施国家留学基金委国家公派、地方合作项目，实施教育系统高层次创新人才境外培养工程，着力打造高水平创新团队，培养具有国际影响力的高水平专家、学科领军人才和青年学术英才，建设具有国际视野的高素质专业化创新型教师队伍。鼓励高校支持学生赴国际组织实习，培养具有国际视野、中国情怀并通晓国际规则、可参与国际竞争的青年人才。

四是实施企业家队伍建设工程，加快培养和引进“走出去”战略性企业人才，建设高素质、国际化企业家人才队伍。要实施企业家素质提升工程，形成百名领军企业家、千名骨干企业家和万名成长型企业家的优秀企业家雁阵，打造外向型、国际化企业家队伍。建设郑州国家产教融合型试点城市，构筑专业技能人才队伍发展体系，壮大应用型、技能型人才队伍，新培养75万人以上高技能人才和一批“中原大工匠”，为产业开放发展提供人力支撑保障。

五是要更加重视中高端职业技能人才的培养。我国和“一带一路”共建国家对职业教育人才存在共同需求。因此，河南要抓住机遇，发挥自身中高端职业教育资源富集优势，主动到境外办学，积极接纳留学生，提升职业教育的国际化水平，打破职业教育层次低的刻板印象，为职业教育进一步融入“一带一路”高质量建设打下坚实基础。一方面，可以复制推广“人人持证技能河南”举措，充分发挥河南的技术领先优势，为“一带一路”共建国家定向设计制造业、农业发展、服务业等方面的职业培训、产业技能培训，满足共建国家地区对于技能人才的现实需求；另一方面，积极参与职业教育体系构建、技能培训的标准制定和输出，着力培育和打造河南教育的国际品牌。

（三）建立“一带一路”高端人才交流平台

一是要搭建“一带一路”高端智库平台。合力构建服务“一带一路”建设发展的专业型智库机构，汇聚科技、经济、管理型专家人才的智慧和力量，设立专项课题，建设国别与区域研究基地，为沿线省市“一带一路”建设的战略布局、规划制定、重大任务实施建言献策。充分发挥高层次科技人才在决策咨询、技术攻关、科技成果转化以及人才培养等方面的独特优势，组织专家与沿线省市、行业领域共同拟定规划方案，共同谋划区域、行业创新驱动发展方向、技术路线和实现路径。鼓励国家“一带一路”研究机构、高等院校、服务中心等智库平台优先落户郑州，建立郑州“一带一路”研究中心。

二是要建设科技领军人才创新驱动中心。围绕“一带一路”区域创新发展急需解决的重大技术难题、人才需求和“卡脖子”问题，组织人才跨界研讨、实地对接，为地方产业转型升级和创新发展、企业发展方向调整、市场开拓以及与资本市场议价等提供全链条、常态化、开放式、一站式人才服务。搭建平台，增进交流，在合作创新、支撑发展、人才培养、创新与文化融合等方面持续推进开放、交流与融合。

三是要定期举办“一带一路”相关主题峰会，促进人才和智库交流。结合地方和行业的创新驱动发展需求，围绕国际科技交流、人才培养合作等专题轮值主办“一带一路”主题峰会，推动形成合作交流的良性机制，积聚科技人才的智慧力量共同服务“一带一路”建设。积极推动与“一带一路”共建国家高层次人才交流合作，支持吸引共建国家专业技术人才来豫开展学术研究和技术指导，依托“一带一路”共建国家相关项目，鼓励河南专业技术人员参与合作科研。

（四）完善高层次人才服务体系

建立并完善国际化人才服务体系，制定实施更加开放便利的人才政策。建立健全人才培养、引进、激励机制，出台落户激励等办法和政策，引进和培育一批国际贸易、国际金融、跨国经营等领域领军型人才。鼓励全省各地进一步放宽人才引进限制，优化人才聚集环境，解决人才待遇政策落实“最后一公里”问题。对引进的海内外高层次人才、外国专家和创新创业团队，按照不同层次，分别给予相应资金和政策支持。逐步放开专业领域境外人才从业限制，建立国际职业资格证书认可清单。深入推进郑州航空港引智试验区建设，以河南自贸试验区为依托，申建海外人才离岸创新创业基地。

完善国际化人才日常管理服务，为引进的“高精尖缺”海外人才提供出入境和停居留便利。一是要提高出入境便利度。积极创造条件，在卢森堡旅游签证（郑州）便捷服务平台的基础上，进一步拓宽省内居民赴欧便捷通道。优化出入境办理程序，实行“网上办”“就近办”“一次办”工作模式。建立河南省海外高层次人才申请外国人永久居留资格绿色通道，推进外国人在豫永久居留工作，为“一带一路”共建国家来豫人员提供服务便利。二是要做好高端外国人才管理服务。为“一带一路”项目内符合条件的外籍高层次人才办理外国人才签证开辟“绿色通道”，依规签发有效期为5年、停留不超过180日的R字签证，为其配偶及未成年子女办理与主申请人一致的居留证件，营造外籍高层次人才来华创新创业的良好条件。

建立优质高效的高层次人才服务队伍。从政府自身的队伍来说，要积极地推进公职人员理念和素质的国际化，从而更好地深入对接高端人才的需求。可深化聘任制公务员制度改革，加大外向型培训力度，探索政府、企事业单位公职人员与国际企业人才“双向挂职”制度，建立一支具有全球视野、了解国际规则和国际惯例、具备跨界交流能力、业务素质优秀的公职人员队伍。

参考文献

[1] 学习贯彻习近平新时代中国特色社会主义经济思想做好“十四五”规划编制和发展改革工作系列丛书编写组编《推动共建“一带一路”高质量发展》，中国计划出版社、中国市场出版社，2020。

[2] 刘伟主编《读懂“一带一路”蓝图》，商务印书馆，2017。

[3] 杜人淮：《共建“一带一路”倡议的时代内涵、意蕴和要求》，《观察与思考》2019 年第 9 期。

[4] 李虎成、代娟：《实现中原更加出彩 新乡应有更大作为》，《河南日报》2021 年 9 月 30 日。

[5] 唐晓旺：《高质量建设现代化河南的逻辑站位、时代特征及推进路径》，《中共郑州市委党校学报》2022 年第 2 期。

[6] 杨伟峰、赵晓刚：《借势弄潮疾 风劲正扬帆》，《许昌日报》2019 年 7 月 26 日。

[7] 王平、王烜：《许昌电商何以“网”天下》，《河南日报》2023 年 3 月 7 日。

[8] 董学彦、王烜：《书写改革开放的奋进之歌》，《河南日报》2018 年 11 月 22 日。

[9] 李晓琳、卢伟：《“四路协同”融入“一带一路”建设 着力打造内陆开放新高地——基于河南省参与“一带一路”建设的调研》，《中国经贸导刊》2020 年第 24 期。

[10] 李富：《“一带一路”背景下河南省“四路协同”发展研究》，《河南广播电视大学学报》2022 年第 35 期。

[11] 吕越、马明会、李杨：《共建“一带一路”取得的重大成就与经验》，《管理世界》2022 年第 38 期。

[12] 苑希、孟寒、祁欣：《共建“一带一路”十周年：成就、经验与

展望》,《国际贸易》2023年第4期。

[13] 赵继鸿、梁波、金薇、乔斐:《河南加大金融服务“一带一路”建设力度》,《金融时报》2018年6月23日。

[14] 赵培玲:《河南加大金融服务推动“一带一路”建设》,《中国经济导报》2018年7月17日。

[15] 张福良:《释放红利优化结算业务》,《厦门日报》2019年12月5日。

[16] 史晓琪:《河南教育的国际朋友圈越来越大》,《河南日报》2020年6月20日。

[17] 郎志慧、尹江勇:《科技拓宽合作发展之路》,《河南日报》2015年7月23日。

[18]《交通运输部关于推进交通运输治理体系和治理能力现代化若干问题的意见》,中国政府网,https://www.gov.cn/zhengce/zhengceku/2020-10/28/content_5555262.htm。

[19]《加快推进绿色循环低碳交通运输发展指导意见》,中国政府网,https://www.gov.cn/gongbao/content/2013/content_2466586.htm。

[20] 张晓鹏:《内陆地区建设“空中丝绸之路”综合试验区路径研究》,《区域经济评论》2021年第1期。

[21]《河南省人民政府关于印发河南省“十四五”现代综合交通运输体系和枢纽经济发展规划的通知》,河南省人民政府网,https://www.henan.gov.cn/2022/01-26/2389095.html。

[22] 中共中央、国务院:《国家综合立体交通网规划纲要》,《人民日报》2021年2月25日。

[23] 中共河南省委、河南省人民政府:《河南省加快交通强省建设的实施意见》,《河南日报》2022年7月25日。

[24] 中共河南省委、河南省人民政府:《河南省综合立体交通网规划(2021~2035年)》,《河南日报》2022年7月25日。

[25] 郭阳琛、张家振:《公路铁路民航水运齐头并进 交通强国战略铺就经济腾飞基石》,《中国经营报》2022年10月31日。

[26] 中国行政管理学会课题组:《聚焦市场主体关切持续打造市场化法治化国际化营商环境》,《中国行政管理》2021年第8期。

[27] 张浩楠、袁家海:《统筹电力安全与有序减排的近中期煤电发展策略研究》,《煤炭经济研究》2023 年第 1 期。

[28] 韩保江:《构建新发展格局推动高质量发展的着力点》,《中国金融》2023 年第 5 期。

[29] 韩保江:《加快构建新发展格局,着力推动高质量发展》,《科学社会主义》2022 年第 6 期。

[30] 习近平:《高举中国特色社会主义伟大旗帜 为全面建设社会主义现代化国家而团结奋斗——在中国共产党第二十次全国代表大会上的报告》,人民出版社,2022。

[31] 王一鸣:《中国式现代化的发展进程和走向未来的目标任务》,《全球化》2023 年第 2 期。

[32] 张美涛、全毅:《国际产能合作中的风险防控能力建设研究》,《南海学刊》2022 年第 6 期。

[33] 胡雅蓓、陈群、徐锋:《RCEP 背景下江苏自贸区数字贸易发展机遇与推进策略》,《对外经贸实务》2021 年第 5 期。

[34] 尹向东、黄永忠:《奋力打造国家重要先进制造业高地》,《新湘评论》2020 年第 24 期。

[35] 张占斌:《以创新为核心引领现代化建设新征程》,《中国经济时报》2020 年 11 月 10 日。

[36] 《中共中央关于制定国民经济和社会发展第十四个五年规划和 2035 年远景目标的建议》,中国政府网,https://www.gov.cn/zhengce/2020-11/03/content_5556991.htm。

[37] 郑京平:《把握全球经济大势做好自己》,《全球化》2023 年第 1 期。

[38] 张亚培:《关于建设南阳中医药强市的路径研究》,《国际公关》2023 年第 2 期。

[39] 金鑫:《“一带一路”无问西东 共同繁荣》,《今日中国》2019 年第 5 期。

[40] 张莉:《大国博弈下区域经济一体化新发展与中国策略》,《世界经济与政治论坛》2023 年第 2 期。

[41] 陈旭、刘行:《批判与重构:人类命运共同体视野中的新经济全

球化》，《经济问题》2022年第9期。

［42］孙忆：《CPTPP、RCEP与亚太区域经济一体化的前景》，《东北亚论坛》2022年第4期。

［43］冯维江、张宇燕：《世界百年未有之大变局》，《经济研究》2022年第6期。

［44］中国社会科学院世界经济与政治研究所课题组：《世界百年未有之大变局与世界政治格局演进》，《世界社会主义研究》2022年第4期。

［45］林毅夫：《百年未有之大变局下的中国新发展格局与未来经济发展的展望》，《北京大学学报》（哲学社会科学版）2021年第5期。

［46］杨河：《“世界处于百年未有之大变局”的哲学思考》，《北京大学学报》（哲学社会科学版）2021年第5期。

［47］黄金辉、黄杰：《理解“百年未有之大变局”深刻内涵的三个向度》，《思想理论教育导刊》2021年第3期。

［48］徐芳亚：《古代洛阳与海上丝绸之路研究》，《洛阳师范学院学报》2018年第3期。

［49］齐爽：《河南开放型经济发展战略的历史演进与评述》，《区域经济评论》2016年第6期。

［50］张清廉：《丝绸之路上的中原印记：历史记忆与现实书写》，《平顶山学院学报》2014年第4期。

［51］洛阳市地方史志编纂委员会办公室编《洛阳—丝绸之路的起点》，中州古籍出版社，1992。

［52］吕娅丹、公欣：《河南郑州：开展中欧班列集结中心示范工程建设优势突出》，《中国经济导报》2021年1月29日。

［53］董娉、郭北晨：《丝路十年 越飞越广》，《河南日报》2023年6月14日。

［54］王访贤：《“现在每隔两三分钟订舱系统就有新订单跳出”》，《河南商报》2022年12月16日。

［55］盛垒、权衡：《从政府主导走向多元联动：“一带一路”的实践逻辑与深化策略》，《学术月刊》2018年第4期。

［56］栾姗：《郑卢“空中丝路”链接全球》，《河南日报》2020年6月15日。

［57］孙静：《打造新时代制度型开放高地》，《河南日报》2021 年 10 月 23 日。

［58］张倩：《郑州“海上丝路”发展步入新阶段》，《郑州日报》2023 年 3 月 24 日。

［59］牛进、亢玉锋：《河南深度融入“一带一路”倡议的“四路”协同发展研究》，《物流科技》2023 年第 4 期。

［60］曹婷：《郑州外贸总值突破 6000 亿元》，《郑州日报》2023 年 1 月 17 日。

［61］吴军：《平均每天超 20 吨“中国造”通过河南寄往全球》，《河南商报》2022 年 8 月 9 日。

［62］康燕来：《“一带一路”倡议背景下中原文化建设与传播研究》，《北方经贸》2019 年第 5 期。

［63］西宁市人民政府经济发展研究室：《着力深化“一带一路”大背景下沿线城市的合作与发展》，《大陆桥视野》2017 年第 12 期。

［64］《河南省人民政府关于印发河南省“十四五”开放型经济新体制和开放强省建设规划的通知》，河南省人民政府网，http://m.henan.gov.cn/2022/01-21/2386288.html。

［65］崔青山：《西宁市与丝绸之路沿线国际城市交流合作机制建设实践与思考》，《青海社会科学》2016 年第 5 期。

［66］王发曾、毛达：《“一带一路”战略的河南行动》，《地域研究与开发》2016 年第 5 期。

［67］《河南省人民政府关于印发中国（河南）自由贸易试验区建设实施方案的通知》，河南省人民政府网，https://www.henan.gov.cn/2017/04-25/239708.html。

［68］《河南省人民政府关于印发河南省“十四五”教育事业发展规划的通知》，河南省人民政府网，https://www.henan.gov.cn/2022/01-21/2386257.html。

［69］安晓明：《“一带一路”背景下我国内陆节点城市功能优化研究》，《城市与环境研究》2016 年第 4 期。

［70］河南省发展和改革委员会：《河南省企业境外投资发展报告（2021）》，2022。

[71]《融入“一带一路”河南脚步铿锵》,《河南日报》2015年12月15日。

[72]《关于构建更加完善的要素市场化配置体制机制的实施意见》,《河南日报》2021年5月10日。

[73]《豫企“走出去”有了新指南》,《河南日报》2022年6月14日。

[74]《河南省人民政府关于印发河南省国民经济和社会发展第十四个五年规划和2035年远景目标纲要的通知》,河南省人民政府网,https://www.henan.gov.cn/2021/04-13/2124914.html。

[75]《河南省人民政府关于印发河南省“十四五”航空经济发展规划的通知》,河南省人民政府网,https://www.henan.gov.cn/2022/01-26/2389073.html。

[76]《河南省人民政府关于印发中国(河南)自由贸易试验区2.0版建设实施方案的通知》,《河南省人民政府公报》2023年3月25日。

[77]《中华人民共和国国民经济和社会发展第十四个五年规划和2035年远景目标纲要》,《人民日报》2021年3月13日。

[78]《关于以“一带一路”建设为统领加快构建内陆开放高地的意见》,《河南日报》2019年6月18日。

[79]《河南省人民政府关于印发河南省“十四五”现代能源体系和碳达峰碳中和规划的通知》,河南省人民政府网,http://m.henan.gov.cn/2022/02-22/2402738.html。

[80]李哲、陈富雯:《大力推动湖北现代能源绿色转型发展》,《湖北日报》2022年5月10日。

[81]赵文静:《大力发展清洁能源 为实现“双碳”目标做贡献》,《郑州日报》2022年12月29日。

[82]林轩:《“十四五”煤炭产能稳定在1.4亿吨/年左右》,《中国能源报》2022年2月28日。

[83]任旸:《我国石化企业绿色转型的措施研究》,《中国石化》2023年第4期。

[84]曹雅丽:《河南将大力推进节能降碳增效》,《中国工业报》2022年3月15日。

[85]胡祖才:《推进以人为核心的新型城镇化》,《旗帜》2021年第1期。

[86] 吕建中：《以立为先的能源安全转型发展逻辑》，《世界石油工业》2023年第3期。

[87] 王婧：《“一带一路”倡议下国际能源合作的风险及应对》，《中外能源》2023年第4期。

[88] 余晓钟、白龙：《“一带一路”背景下国际能源通道合作机制创新研究》，《东北亚论坛》2020年第6期。

[89] 余晓钟、罗霞：《东盟“10+5”能源高质量合作与中国的策略选择》，《亚太经济》2023年第1期。

[90]《关于印发〈河南省新能源和可再生能源发展“十四五”规划〉的通知》，河南省发展和改革委员会网站，https://fgw.henan.gov.cn/2023/04-17/2726482.html。

[91] 宋敏：《“空中丝路”新动能释放新流量》，《河南日报》2023年6月14日。

[92]《洛阳市国民经济和社会发展第十四个五年规划和2035年远景目标纲要》，河南省人民政府网，https://www.henan.gov.cn/2021/12-31/2375119.html。

后　记

习近平总书记关于河南工作的重要讲话和指示批示精神内容丰富、思想深刻，为河南发展注入了强大的政治动力、精神动力。为充分发挥理论先行、理论引领、理论破难、理论聚力的重要作用，充分展示河南贯彻落实习近平新时代中国特色社会主义思想的辉煌成就与宝贵经验，经河南省委领导同志批准，河南省社会科学院创研编写了“习近平新时代中国特色社会主义思想的河南实践”系列丛书第三辑。

本书是系列丛书之一。该书全景式描述了河南在融入“一带一路”建设方面的成功探索，全过程介绍了河南历届省委省政府在融入“一带一路”建设上的生动实践，全方位阐述了河南融入“一带一路”建设的辉煌成就、宝贵经验与发展取向。撰写这本书的初衷就是试图通过记述融入“一带一路”建设的河南实践，充分总结习近平新时代中国特色社会主义思想在河南的探索与实践，充分彰显习近平新时代中国特色社会主义思想的理论精髓，充分展示习近平新时代中国特色社会主义思想的内涵魅力，充分证明习近平新时代中国特色社会主义思想的正确方向。

本书的编撰得到了河南省委宣传部的大力支持，已被列入省委宣传部“八大工程”重点项目。河南省社会科学院党委书记、院长王承哲、党委副书记李同新高度重视该书的编撰工作，王玲杰副院长全程指导本书的撰写工作，在总体框架设计、撰写、统稿、修改、定稿等各环节提出了建设性的意见和建议。本书由河南省社会科学院改革开放与国际经济研究所集体创研，河南平高集团、许继集团和河南航投集团也参与了本书第五章相应部分的撰写。参与本书撰稿的同志（以章为序）：第一章，申政永、张健；第二章，申政永；第三章，安晓明；第四章，张健；第五章，郜永军、唐晓旺、李俊涛、陈曦等；第六章，常青；第七章，唐晓旺；第八章，王彦利；第九章，齐爽；第十章，王彦利；第十一章，齐爽；第十二章，安晓明。

在本书付梓之际，谨向所有为本书编撰出版作出贡献的同志表示衷心的感谢。由于水平有限，书中难免有差错和不妥之处，恳请读者批评指正。

编　者

2023 年 7 月

图书在版编目(CIP)数据

深度融入“一带一路”建设的河南实践 / 郜永军，马子占，唐晓旺主编. -- 北京：社会科学文献出版社，2023.10

ISBN 978-7-5228-2704-9

Ⅰ.①深… Ⅱ.①郜… ②马… ③唐… Ⅲ.①“一带一路”-国际合作-研究-河南 Ⅳ.①F125

中国国家版本馆CIP数据核字(2023)第205169号

深度融入“一带一路”建设的河南实践

主　　编 / 郜永军　马子占　唐晓旺

出 版 人 / 冀祥德
组稿编辑 / 任文武
责任编辑 / 刘如东
责任印制 / 王京美

出　　版 / 社会科学文献出版社·城市和绿色发展分社(010)59367143
地址：北京市北三环中路甲29号院华龙大厦　邮编：100029
网址：www.ssap.com.cn
发　　行 / 社会科学文献出版社(010)59367028
印　　装 / 三河市尚艺印装有限公司

规　　格 / 开　本：787mm×1092mm　1/16
印　张：20.75　字　数：336千字
版　　次 / 2023年10月第1版　2023年10月第1次印刷
书　　号 / ISBN 978-7-5228-2704-9
定　　价 / 68.00元

读者服务电话：4008918866